歎異抄講話 上

聖人のつねのおおせ

松井憲一［著］

法藏館

まえがき

「宗教は、生涯をたくして悔ゆることのない、一句のことばとの出会いである」

と、金子大榮先生はいわれました。この一句に呼応するように、

「書き残す、言の葉一つなけれども、南無阿弥陀仏、忘れたもうな」

とのメモを机の引き出しに残して、浄土へ還られたご住職がありました。人生に残るのはただ一つ、南無阿弥陀仏でいい、これひとつを相続してほしいとの遺言なのでしょう。

親鸞聖人の教えを聞けば、自分の人生を見直すことばを、数多く聞くことができます。社会的歴史的存在であることをわすれて、徹底してジコチュウになっている自分、恥ずかしい自分が限りなく教えられます。そうした教えのことばが、ただ一句になる。それが南無阿弥陀仏なのでしょう。

『歎異抄』のなかで、一番多くでてくることばは、念仏です。その念仏は、第二条に、

親鸞におきては、ただ念仏して、弥陀にたすけられまいらすべしと、よきひとのおおせをかぶりて、信ずるほかに別の子細なきなり。

とあるように、法然上人との出遇いにおいて得られた金言です。

ところが、日常性にどっぷりつかっているわれわれは、その日常性を破る念仏までも、自分の思い

で受け取ろうとします。自分の思いを立てる限り、ただ念仏とうなずくことはありません。それで、著者の唯円大徳は、序で、

幸いに有縁の知識によらずは、いかでか易行の一門に入ることを得んや。

と、念仏に生きる人に出遇うことの大切さを教えられるのでしょう。

こうした、いつの時代にもある課題、念仏の教えにご縁をいただきながら、その念仏に満腹しないあり方を、

一室の行者のなかに、信心ことなることなからんために、なくなくふでをそめてこれをしるす。

と、歎異された書物が『歎異抄』です。それで、唯円大徳は、序で「先師の口伝の真心に異なることを歎き」「ひとえに同心行者の不信を散ぜんがために」書いたといわれます。だから、『歎異抄』は「先師の口伝の真信」にあたる親鸞聖人の語録の部分と、その真信に「異なることを歎」く唯円大徳の歎異の部分に大きくわかれますが、その中心は、信心にあります。

信心は、『歎異抄』のなかでは、念仏と往生に続いて多くでることばです。つまり、第二条に、

親鸞におきては、ただ念仏して、弥陀にたすけられまいらすべしと、よきひとのおおせをかぶりて、信ずるほかに別の子細なきなり。

とある、「ただ念仏して」の「ただ」は、「信ずる」にかかるのです。だから、この信心は、

たとい、法然聖人にすかされまいらせて、念仏して地獄におちたりとも、さらに後悔すべからずそうろう。そのゆえは、自余の行もはげみて、仏になるべかりける身が、念仏をもうして、地獄

> にもおちてそうらわばこそ、すかされたてまつりて、という後悔もそうらわめ。いずれの行もおよびがたき身なれば、とても地獄は一定すみかぞかし。

と、いわれます。つまり、ただ念仏の信心は、「いずれの行もおよびがたき身なれば、とても地獄は一定すみかぞかし」と、念仏でなければ救われない廻心に伝燈されるのです。廻心は、第十六条に、

> 一向専修のひとにおいては、回心ということ、ただひとたびあるべし。その回心は、日ごろ本願他力真宗をしらざるひと、弥陀の智慧をたまわりて、日ごろのこころにては、往生かなうべからずとおもいて、もとのこころをひきかえて、本願をたのみまいらするをこそ、回心とはもうしそうらえ。

といわれます。

『歎異抄』で、念仏のつぎに多くでることばは、往生ですが、その往生は、弥陀の智慧をたまわりて、日ごろの自分本位のこころでは、生きていくことも死んでいくこともできないと知らされて、「本願をたのみまいらする」廻心にたまわるのです。弥陀の智慧は光ですから、智慧の光に照らされてはじめて闇がわかる。つまり、日ごろのこころは底なしの自我愛の闇の心であったと知らされて、本願をたのむ方向へ歩みを始めるのが往生生活であると教えられます。

こうして、『歎異抄』の中心は、念仏・信心・往生ですが、この三つは、第一条に、

> 弥陀の誓願不思議にたすけられまいらせて、往生をばとぐるなりと信じて念仏もうさんとおもいたつこころのおこるとき、すなわち摂取不捨の利益にあずけしめたまうなり。

とあるように、阿弥陀仏の摂取不捨の利益にきわまるので、その本源は、弥陀の誓願不思議にあるのです。歎異される内容は、つねに念仏・信心・往生を自己流に解釈する私にあるのです。

されば、『歎異抄』の一言一句は、唯円の歎異編はもちろんのこと、親鸞聖人の語録も、教えのようにいただかない自己流を聞思して、わが身を歎異するよりほかないのでしょう。これは、共に『歎異抄』に聞く、同朋のうなずきをご縁にして、法に生きることを教えられた、その時その時のささやかな感想です。

洛北・道光舎にて

松井憲一

聖人のつねのおおせ　目次

まえがき

前序　竊に愚案を回らして

第一条　弥陀の誓願不思議

第二条　おのおの十余か国のさかいをこえて

第三条　善人なおもて往生をとぐ

第四条　慈悲に聖道・浄土のかわりめあり

第五条　親鸞は父母の孝養のためとて

第六条　専修念仏のともがらの

第七条　念仏者は無碍の一道なり

第八条　念仏は行者のために非行非善なり

歎異抄講話　上

聖人のつねのおおせ

前序　竊に愚案を回らして

（原　文）

竊かに愚案を回らして、ほぼ古今を勘うるに、先師の口伝の真信に異なることを歎き、後学相続の疑惑あることを思うに、幸いに有縁の知識によらずは、いかでか易行の一門に入ることを得んや。まったく自見の覚悟をもって他力の宗旨を乱ること莫れ。よって、故親鸞聖人の御物語の趣、耳底に留まるところいささかこれをしるす。ひとえに同心の行者の不審を散ぜんがためなりと云々

（現代語訳）

愚かな身と教えられた私が、ひそかに親鸞聖人のご在世の頃と、亡くなられた今日のありさまとを思いくらべると、聖人から直接お聞きしたまことの信心が間違えて伝えられているのは、歎かわしいことです。これでは、後に続いて教えを学ぶ人びとにも、疑いや惑いが生じるのではないかと心配でなりません。幸いにも縁あって、身をもってまことの世界に導いてくださるよき師に出遇うことがなければ、すべてが平等に救われるたもち易くおこない易い念仏の道に入ることができましょうか。決して自分本位の勝手な解釈にとらわれて、阿弥陀仏の本願力にうなずく他力の教えのかなめを混乱さ

せてはなりません。

それで、いまは亡き聖人がお話しされたみ教えで、いつも耳の底に残って忘れられないお言葉を、ほんの少しばかり書き残すことにします。これは、ひとえに同じ心で念仏する朋の疑問を明らかにしたいからです。

『歎異抄』の著者

『歎異抄』は、字数からいえば一万二千字ほどのもので、親鸞聖人が書かれたものではありませんが、親鸞聖人の信仰、思想をもっとも簡明に表すものとして、今日いちばんよく読まれている書物です。隠れたベストセラーともいわれて、各国の言葉にも翻訳されており、解説書もたくさん発行されている書物です。

それほどよく読まれた『歎異抄』ですが、著者の名前がどこにも書いてありません。それは、ほんとうに無私といいますか、名前なんか出なくていいという、そういう世界に触れた人が書いた書物だということです。「仏法は無我にてそうろう」といわれますが、私事の思いが消えて親鸞聖人の教え、南無阿弥陀仏の法が伝わればよいと深くうなずいた人が書いたものだといえます。しかも『歎異抄』は、原本も伝わっていなくて、蓮如上人の写本がいちばん古いのです。

そこで、いつごろだれが書いたものかが問題となります。

『歎異抄』は、親鸞聖人が亡くなって二十七年ほどたったころにでき上がったといわれます。だから『歎異抄』は、親鸞聖人のお弟子が書かれたのです。それではどういうお弟子かということになります。少なくともこれだけの短い文章で親鸞聖人の思想信仰を明確に伝える人は、聖人の直弟子で、しかもよく教えを聞かれた人であることはわかります。そして、おそらくこの文章の中に出てくる人であるに違いないと見当がつきます。もとは、本願寺三代目の覚如上人がつくられたといわれていたのですが、江戸時代に三河の了祥というかたが、『歎異抄』の中に名前が出ている唯円大徳が書かれたのだろうといわれて、いまはそれが定説になっています。

ではどこに唯円大徳の名が出てくるかといえば、まず第九条です。

「念仏もうしそうらえども、踊躍歓喜のこころおろそかにそうろうこと、またいそぎ浄土へまいりたきこころのそうらわぬは、いかにとそうろうべきことにてそうろうやらん」と、もうしいれてそうらいしかば、「親鸞もこの不審ありつるに、唯円房おなじこころにてありけり」

ここに唯円房ということばがでます。唯円大徳は、南無阿弥陀仏を申して、ずいぶん喜んでおられたが、何年かたって喜べなくなった。そこで親鸞聖人にしかられるのを覚悟で、「念仏もうしそうらえども、踊躍歓喜のこころおろそかにそうろうこと、またいそぎ浄土へまいりたきこころのそうらわぬは、いかにとそうろうべきことにてそうろうやらん」こう質問した。すると親鸞聖人が、「親鸞もこの不審ありつるに、唯円房おなじこころにてありけり」とおっしゃった。

それからもう一つは第十三条です。

弥陀の本願不思議におわしませばとて、悪をおそれざるは、また、本願ぼこりとて、往生かなうべからずということ。この条、本願をうたがう、善悪の宿業をこころえざるなり。よきこころのおこるも、宿善のもよおすゆえなり。悪事のおもわれせらるるも、悪業のはからうゆえなり。故聖人のおおせには、「卯毛羊毛のさきにいるちりばかりもつくるつみの、宿業にあらずということなしとしるべし」とそうらいき。また、あるとき「唯円房はわがいうことをば信ずるか」と、おおせのそうらいしあいだ、「さんぞうろう」と、もうしそうらいしかば、「さらば、いわんことたがうまじきか」と、かさねておおせのそうらいしあいだ、つつしんで領状もうしてそうらいしかば、「たとえば、ひとを千人ころしてんや、しからば往生は一定すべし」と、

この中に唯円房ということばが出てきます。これは、二つとも会話ですから、親鸞聖人と対話をしたお弟子の名前です。それで、このような生き生きした文章は、その場にいた人でなければ書けないということで、ここに名前の出てくる唯円房が『歎異抄』を書かれたに違いないということになったのです。

それで、その唯円房という人は、親鸞聖人の直弟子たちの中で、どんな人だろうと捜してみたら、唯円という人が二人あった。その中で河和田に住んでいた唯円大徳だろうといわれています。いまも茨城県水戸市に河和田町という所があります。そこに報仏寺というお寺がありますが、そのお寺の開基の唯円大徳だろうといわれています。唯円大徳は、奈良県の下市に来られて、下市の草庵（立興寺）で、六十八歳で亡くなられます。先日お参りしてきましたが、立興寺の裏手にお墓があります。

『歎異抄』の序文

それでは次に、河和田の唯円大徳がなぜ『歎異抄』を書かれたのかということを考えてみたいと思います。『歎異抄』には序にあたる文があり、それを読みますと、

窺に愚案を回らして、ほぼ古今を勘うるに、先師の口伝の真信に異なることを歎き、後学相続の疑惑あることを思うに、幸いに有縁の知識によらずは、いかでか易行の一門に入ることを得んや。まったく自見の覚悟をもって、他力の宗旨を乱ること莫れ。よって、故親鸞聖人の御物語の趣、耳底に留まるところいささかこれをしるす。ひとえに同心の行者の不審を散ぜんがためなりと云々

とあります。「窺に愚案を回らして」といわれますから、『歎異抄』は「異なることを歎く」という名前の書物であっても、みんなまちがっているから、私が堂々と書きますというようなことではないのです。「窺に」というのですから、親鸞聖人から教えられた南無阿弥陀仏の世界を心静かにいただいて、考え直してみるといわれるのです。「窺に」というのは親鸞聖人からの伝承で、私を超えた世界、本願や賜りたる信心を推察するときに使われる言葉です。そしてさらに、「愚案」といわれます。人は自分の考えを愚案と思わないものです。みな自分の考えは賢案だと思って、愚案は他人だと思っています。

しかし、南無阿弥陀仏の教えに出会うと、自分の愚かさが見えてくるのです。これは不思議なことです。第二条には親鸞聖人がご自分の信心を「愚身の信心」といわれたことがでています。南無阿弥

陀仏の教えがわからないのは、みな賢すぎてわからないのです。愚かになったら、いつでもわかる。私たちの事実はみな愚かなのです。私たちは、自分に都合の良いことしか考えていません。偉そうなことをいって正論を吐いているようでも、自分に都合のいいほうへかたむいて発言しています。「金バッチつけたとたんに痴呆症」という人もいますが、都合の悪いことを忘れるのは政治家だけではありません。みんな「奢られてよい人だなあとすぐ思い」と、自分に都合のいいほうへ上手に変わっていくのです。それほど人間は愚かなのです。

しかし、愚かで生きていても、愚かだと自覚している人は、もうごく少数、まれなことでしょう。人は教えに遇ってはじめて、なるほど自分は愚かなものなのだということが見えてくるのです。教えに遇ってはじめてうなずくことは、「自分が愚かだ」ということです。教えに遇わずに愚かといったら、それは劣等感、卑下慢です。いってみただけです。だから教えに遇わずに「わたしは愚かな者です」といっている人に、「そのとおりや、君は愚かだ」といったら、怒るに違いない。ところが教えに遇うと、「君は愚かだ」といわれたとき、「違う」といい返せないようになってくる。もしそのときに、いやそんなことはないというようなら、それはまだまだ教えがはっきりしていない証拠です。

唯円大徳は、南無阿弥陀仏の教えに遇ったから、「竊に愚案を回らして」といわれる。愚かだといっても、その愚かさを全うして、教えの広さ深さをいただかなければならない。だから竊に愚案をめぐらす、こういうのです。愚かだから考えないというのではないのです。愚かだからこそ、いよいよその愚かさを知らされる仏さまの教えを聞かなければならない、こういう歩みになるのです。

そして、「ほぼ古今を勘うるに、先師の口伝の真信に異なることを歎き」とあります。古今というのは、親鸞聖人が亡くなった昔と、それから二十七年たった今です。それがどういう状況になってきているか考えてみると、親鸞聖人がおっしゃった真信、まことの信心がそのとおりに伝わっていないことが歎かれるというのです。口伝というのは秘伝ということではありません。親鸞聖人の口からお弟子たちの耳へと直接伝わったまことの信心のことです。その親鸞聖人に教えられたまことの信心が、孫弟子に伝わるようになって異なってきた。その異なることを歎くのですが、それは異なる孫弟子を歎くのではありません。親鸞聖人の口伝の真信のごとく、伝えることができなかった唯円大徳自身を歎いておられるのです。

続けて、

後学相続の疑惑あることを思うに、幸いに有縁の知識によらずは、いかでか易行の一門に入ることを得んや。

といわれています。「後学」というのは、後の人が学んでいくということです。相続というとすぐ遺産とか財産とかを想像します。近年は、遺産相続の「相続」は、遺産「争族」と書くほうがふさわしいとまでいわれますが、ここでは法義相続、南無阿弥陀仏の相続のことです。法義を相続しようとすれば、必ず疑惑がおこる。それで、「後学相続の疑惑あることを思うに」といわれる。南無阿弥陀仏の教えがずっと正しく相続していってほしいのに、後に学ぶものが誤りなく相続していくことが疑われる。ほんとうによき師匠、御縁のある南無阿弥陀仏に生きておられる人に遇わなければ、「易行の一門に入ることを得んや」、すなわちたもち易くおこない易い念仏の一門に入ることはできないだろうといわれるのです。

この序を見ますと、なぜ『歎異抄』を書かなければならなかったかという理由が見えてきます。つまり、親鸞聖人がおられたときは、唯円大徳のような直弟子が幾人かおられた。しかし、親鸞聖人が亡くなられてしばらくすると、孫弟子の時代になっていきます。ところが親鸞聖人の教えが孫弟子に正しく伝わっていないことが見えてきた。さあ、たいへんだ。どうするか。自分の了解を主張する人、黙って法をたのしむ人、世間に妥協して弟子を多く持とうとする人などもいたのでしょう。しかし、教えをほんとうに受けた人は、教えからいつも離れて生活している愚かな自分が見えてくるようになるのです。だから、教えが孫弟子に伝わっていかないのは他人事ではない。教えられたことが教えの通り伝わらないのは、面授口伝の直弟子の自分に問題があるといえる。「若い者にいっても、わかるまい」とほうり出してしまうようでは、教えを受けたことにはならないのです。ほんとうに自分が教えられたら、なんとしてでもいただいた教えを伝えていきたいでしょう。そのうちにわかる、そんなのん気なことをいっているわけにはいかないのです。遇い難くして遇い得た教えの喜びを語り続けて残していきたい。そういう、無我の伝統に出遇った故に、無我の使命責任が出てくる。自分が伝えてあげるといった有我の使命でも、我執の責任でもない。無我におけるほんとうの使命感責任感が唯円大徳に出てきた。だからほうっておくわけにいかなかった。これが『歎異抄』が書かれた理由なのです。

『歎異抄』という名のいわれ

それで、親鸞聖人の教えが正しく伝わらなくなった状況は、第十条に詳しく書かれています。

そもそもかの御在生のむかし、おなじこころざしにして、あゆみを遼遠の洛陽にはげまし、信をひとつにして心を当来の報土にかけしともがらは、同時に御意趣をうけたまわりしかども、そのひとびとにともないて念仏もうさるる老若、そのかずをしらずおわしますなかに、上人のおおせにあらざる異義どもを、近来はおおくおおせられおうてそうろうよし、つたえうけたまわる。いわれなき条々の子細のこと。

つまり親鸞聖人が生きておられたころ、「おなじこころざしにして、あゆみを遼遠の洛陽にはげまし」というのですから、唯円大徳とその同朋たちは、関東からわざわざ京都まで教えを聞きにやってきた。京都のことを、昔の中国の都の名前の洛陽に当てはめて、「あゆみを遼遠の洛陽にはげまし」というのです。今でも京都へ行くことを上洛という人がいます。

『歎異抄』の第二条を見ていただくとわかりますが、「おのおの十余か国のさかいをこえて、身命をかえりみずして」とありますように、当時関東から京都へ来るのには、東海道でも東山道でも数多くの国境を越えて命がけでこなければならなかった。そしておおよそ二十日はかかる。それも順調にきて二十日です。箱根で追いはぎに遭ったり、大井川で水が出たり、伊勢の海が荒れたりしたら、そう簡単には来られない。おまけに庶民でありますから、何人かのグループで来なければ、どんな災難に遭うかも知れない。

いずれにしても、たいへんに遠い旅です。いまなら新幹線で四時間ほどです。松阪から行っても、五時間あれば行けますが、当時はそうはいかない。片道で二十日ほどかかるのですから、往復すれば四十日かかります。いまインドへ行ってお釈迦様の仏跡を訪ねるより大変な旅です。さらに京都に何日かいるわけですから、三か月も四か月もいっしょに生活をすることになるのです。だから、みんな友だちになる。同じ釜の飯を食べて、足に豆できたか、腹痛は治ったかと、慰め合い励まし合っての友だちです。しかもそれはただの物見遊山ではなくて、南無阿弥陀仏の信心一つを明らかにするための、同宿同飯の旅です。その同朋として歩みを同じくした念仏の朋に集う人々が、親鸞聖人のおっしゃった信心と違うことをいうようになった。これは、親鸞聖人の責任にするわけにいきません。そのことを伝えた直弟子の責任です。それも同じ釜の飯を食べた仲間におこった出来事ですから、朋を責めていても事ははじまらない。親鸞聖人のおっしゃったとおりに伝えることができなかったのは私の責任だという、教えを聞いたゆえにおこる悲しみなのです。だからほうっておけない。南無阿弥陀仏の教えが子々孫々に相続していってほしい。これが唯円大徳の立場でしょう。

親鸞聖人のおっしゃったままが、ずっと純粋に相続されていけばいちばんいいのです。だから唯円大徳からいえば、『歎異抄』を書かないのがいちばんよかったのです。けれどあまりにも教えの内容が異なってきたから、書かざるを得ない状況に追い込まれた。だから唯円大徳自身はどういったかというと、こんどは『歎異抄』の最後を見ていただきたいと思います。そこに、

一室の行者のなかに、信心ことなることなからんために、なくなくふでをそめてこれをしるす。

なづけて『歎異抄』というべし。外見あるべからず。

といわれています。「一室の行者のなかに」といわれるのですから、『歎異抄』は初めから公開されることを意図して書かれた書物ではないのです。いっしょに京都まで行って教えを聞いて、また関東へ帰って、お互いに語り合って、そして朋を見いだしてはお念仏を喜んでいた、その一室に集うような、そういう人々が親鸞聖人のおっしゃったことと違ってきた。信心が異なってきた。それで書かざるを得なくなって、なくなくふでをそめて、『歎異抄』と名づけた。

歎異とはいい名前でしょう。自分の信心の正当性を主張したのでも、信心の異なる朋を批判してやっつけたのでもない。親鸞聖人の教えの口伝を固執するのでも、批判して強制的に改邪させるのでもない、歎異なのです。まさしく信心の異なることを共に歎いていく聞法者の歩みの集成なのです。つまり、歎異は親鸞聖人が、『愚禿悲歎述懐』の第一首目で、

浄土真宗に帰すれども　　真実の心はありがたし
虚仮不実のわが身にて　　清浄の心もさらになし

といわれた、真の仏弟子としての悲歎の精神を踏襲しているのです。

そして、なくなくふでをそめたのには、もう一つ事情があるのです。『歎異抄』の後ろの方には、

露命わずかに枯草の身にかかりてそうろうほどにこそ、あいともなわしめたまうひとびとの御不審をもうけたまわり、聖人のおおせのそうらいしおもむきをも、もうしきかせまいらせそうらえども、閉眼ののちは、さこそしどけなきことどもにてそうらわんずらめと、なげき存じそうらい

て、かくのごとくの義ども、おおせられあいそうろうひとびとにも、いいまよわされなんどせらるることのそうらわんときは、

とあります。唯円大徳は、親鸞聖人に聞いたことを伝えてきたが、朝露のようにすぐ消える命が枯草のような老衰の身に残っているような状態になった、もう間もなく命が終わるというのです。だからそのままほうっておいては、ますます混乱していくだろう。また自分が閉眼し命終わったら、それこそしまりなく取り乱していくだろうから、聖人から聞いた大切なことばだけは残しておきたいと書いた。書き終わって、唯円大徳は一年ほどで亡くなったといわれます。それで、「なづけて『歎異抄』というべし。外見あるべからず」。つまり、あまり外に見せるな自分自身のこととして受け取ってほしいといわれるのです。おもしろいですね。みんなに公開するためでなく、一室の行者のために、自分自身の信心をハッキリさせるためになくなくふでをそめて書いた書物が、外部の人にいちばんよく見られるようになったのです。公開して読んでほしいと宣伝したのではないのです。「外見あるべからず」と最後に書いてあるのに数多く読まれている。それは、私心で書いたのではない、私心を歎異して書いているからなのでしょう。私心を悲しむということで、いつでもどこでもどんな人のうえにも共感を呼び起こすのです。

自見の覚悟

もう一度序にもどりますが、「後学相続の疑惑あることを思うに、幸いに有縁の知識によらずは、

いかでか易行の一門に入ることを得んや」とありました。易行の一門に入るには有縁の知識が必要だといわれるのです。有縁の知識というのは、易行、南無阿弥陀仏に生きている人です。やはり生きた念仏者に遇うということが大事なのです。おじいさんが念仏しておられる。おばあさんが念仏しておられた。どこか自分と違ったところがあった。あの先生は念仏しておられた。どこか違ったところがあった。そういうことに触れて、はじめて南無阿弥陀仏の道を私も歩ませてもらおうと、うなずいていくのです。だからこそ、「有縁の知識によらずは、いかでか易行の一門に入ることを得んや」とこういわれるのです。これは唯円大徳が、自分が善知識になろうとしていったのではなく、自分が教えのご縁にあった実験済みの事柄だったのでしょう。親鸞聖人に遇ったればこそわかったという、そういう易行の一門に入門するかたじけない事実を語られたのです。

その次、「全く自見の覚悟をもって、他力の宗旨を乱ること莫れ」といわれます。「自見の覚悟」というのは、勝手な解釈です。カニは甲羅にあわせて穴を掘るといわれますが、私たちもよく理解したつもりでも自分流の見方をしているのです。自分の寸法でしか、教えが聞けないのです。

讃岐の庄松というお同行は、京都より出張した名僧の法話に感動して、

「今日の法話はいかにもありがたかった。日頃の邪見の角が落ちた」

という人の言葉を聞いて、

「また生えなよいがのう。角があるままと聞こえなんだか」

といったそうです。こんな聞き違いがおうおうにしてあるのです。

私の周囲にも「お寺が大事なのはよくわかっていますから、そのうちに参らしてもらいます」という人がいます。しかしそれは自分の勝手ないい方でしょう。お寺がほんとうに大事だとわかっていたら、参ってこれるでしょう。「大事なのはよくわかってますが、いま忙しいからそのうちに」というのは、わかっていない証拠でしょう。わかったら参れるのです。だから、「わかっていないから行きません」というのが正しいのでしょう。このように、自分の都合で見るのが、自見の覚悟なのです。厳密にいえば、教えに眼が開かれなければ、自見の覚悟でない人はいないといってもいいのでしょう。

今日の無碍光寺さんの掲示伝道板には、

一病息災

病には病の値打ち

身を横たえて知る空の高さ

と書いてありました。ほんとうに健康なときは空が高いということも知らないけれども、寝てみて、「はあ、高い空やな」、こう見えてくる。病をしたことで初めて空の高さが見えて、健康のありがたさが見えたら、それで十分です。われわれは自見の覚悟にさえとらわれなければ、無限の広がりを持って病からも学んでいくことができるのです。ところが私たちは、仏教を知っているといっても、信心が大事だといっても、結局は自見の覚悟、自分流にしか見ていない。それをここで悲しんでいるのです。

「自見の覚悟をもって、他力の宗旨を乱ること莫れ」とありますが、他力ということばもよくまちがいます。他力というのは、本願他力のことです。宗旨は、宗もむね旨もむねですから、教えの最も肝要なところです。

親鸞聖人は、『教行信証』の「行巻」に、

他力というは、如来の本願力なり。

といわれます。他力とは如来の本願力、本願のことをいうのです。他人の力をあてにして、自分は何の努力もしないでいい思いをしようというのは、他力ではありません。家族のために辛抱した頑張ったというけれど、家族がなければ辛抱する力も頑張る力もでてこなかったのでしょう。そうしたわたしのすべての発想、自見の覚悟を転換せしめるはたらきを他力というのです。だから「自見の覚悟をもって、他力の宗旨を乱ること莫れ」といわれるのです。他力というのは、本願力に安んじて人事を尽くす、自力を尽くせる世界です。本願力である他力にふれて、支えられてあるいのちの広さ深さを教えられて、自分も精一杯頑張っていける道が開かれてくる。それが他力なのです。

耳底に留まることば

それで、「よって、故親鸞聖人の御物語の趣、耳底に留まるところいささかこれをしるす」といわれます。親鸞聖人がいろいろと語ってくださった内容、その趣旨を聞いて、耳の底にとどまったいくつかをここに書すといわれます。唯円大徳は、忘れようとしても忘れられないことばを、親鸞聖人からたくさん聞いたのでしょう。たくさん聞いたけれども、やはり親鸞聖人が亡くなってから二十七年もたつのですから、あれも大事これも大事だと思っていることがだんだん減っていく。減っていっても、自見の覚悟を解く言葉は残る。『歎異抄』の終わりの方では、

> 古親鸞のおおせごとそうらいしおもむき、百分が一、かたはしばかりをも、おもいいでまいらせて、かきつけそうろうなり。

とあります。だんだん減っていって百分の一になったが、最後まで残ったことばがある。その残ったことばが「耳底に留まるところ」です。だからそれはもう、まさしく忘れようとしても忘れられないことばです。しかもそれを「いささか」というのですから、全部ではない、ほんの少しです。ほんの少しですが、唯円大徳の生涯に力を与え続けてくれたことばです。『歎異抄』を見るとわかるのですが、前半の第一条から第十条までは、各条の終わりが、「と云々」と「とおおせそうらいき」のどちらかで終わっています。ということは、「何々といわれました」「とおっしゃいました」ということで、唯円大徳が耳の底に留まるまでお聞きしたということです。ではだれがおおせられたかというと、親鸞聖人ですから、第一条から第十条までは親鸞聖人のおっしゃったこと、つまり親鸞語録なのです。

『歎異抄』の中で、よく読まれ印象に深く残るのは、語録のところが多いのです。それはおっしゃった親鸞聖人と、聞いた唯円大徳が、口伝のままに一つになっていることばだからでしょう。親鸞聖人のことばが、そのまま唯円大徳の感動になっている。それが前半の十か条の親鸞語録です。そうしてその親鸞聖人のおっしゃったことと異なる主張を歎異八か条として、あとの第十一条から第十

八条にとりあげているのです。こうして前半の十か条と後半の八か条は呼応しているのです。

最後に、「ひとえに同心の行者の不審を散ぜんがためなりと云々」とあります。それは、親鸞語録の十か条によって歎異八か条の同心の行者の不審、疑問を散らしていくことを指しているのです。「同心の行者の不審」とありますが、この同心ということばもいいことばでしょう。これはもともと善導大師がおっしゃった異体同心ということばからきたものだと思います。異体同心というのは、体は違うけれども、心は同じ方向を持つということです。ところが、われわれは、同じ屋根の下に住む家族でも心が違う。お母さんはお母さんで向こう向いているし、お父さんはお父さんでこっち向いている。背中合わせで寝ているみたいなものでしょう。顔は合わせていても、思っていることが違ったら、方向は違うものになります。親子も異心です。それで幼児虐待の親や親に暴力をふるう子もでてくるのでしょう。教師と生徒も異心になっている。不登校や保健室登校の現象はそのひとつでしょう。互いに同じ方向を向いていない。異体異心です。それに対して同心というのは、体は違っても心は同じ方向を向く。浄土への歩みを持つ存在としてお互いに生きていこうという、そういう意味があるのです。「同心の行者」とは、同じ心で念仏する同行同朋ということでしょう。親鸞聖人は同行の上に「御」の字をつけられて御同行とか御坊といわれましたが、人と人とが向き合うのではなく、夫婦も親子も師弟も教えられて南無阿弥陀仏の方を向く、ともに教えられる同心の行者となることが大事なのでしょう。

こうして『歎異抄』は、親鸞聖人の教えをほんとうに命がけで聞いて感動した人が、同心であることを確かめ願いつつ、みんなに少しでも広めていきたいという、そういう責任感情から書かれたものです。曾我量深先生は、「歎異の精神は真宗再興の原理だ」といわれました。真宗再興の精神ということで思いますのは、蓮如上人と、清沢満之先生です。『歎異抄』のいちばん最後のところを見てみますと、蓮如御判と書いてあります。つまり蓮如上人が写されたということで、この蓮如上人書写本が、いま残っているいちばん古い『歎異抄』なのです。これによっても、蓮如上人がまず『歎異抄』を大切にされたことはわかります。蓮如上人は、御承知のように本願寺の第八代留守職で、真宗の信心を再興した人「御再興の上人」ともいわれています。

それからもう一人、『歎異抄』を大切にした人に清沢満之先生がみえます。清沢満之先生は『阿含経』と『エピクテータスの語録』と『歎異抄』が自分にとっての三部経だといわれました。清沢満之先生は、近代のヨーロッパの精神を受けながら、なおかつ親鸞聖人の思想信仰に生きられた人です。だから清沢先生ほどの人が、あれほど自力を尽くすような人が他力に帰するというのは、やはりなにかあるはずだというので、それこそ有縁の知識として大きなはたらきをしてくださった人です。そういう意味で、近代になってから真宗をいま一度再興されたかたであるといえると思います。『歎異抄』が読まれてきたのは、一つは蓮如上人、そしてもう一つは清沢先生と近角常観先生の恩恵によることが大きいのです。

第一条　弥陀の誓願不思議

（原　文）

一　弥陀の誓願不思議にたすけられまいらせて、往生をばとぐるなりと信じて念仏もうさんとおもいたつこころのおこるとき、すなわち摂取不捨の利益にあずけしめたまうなり。弥陀の本願には老少善悪のひとをえらばれず。ただ信心を要とすとしるべし。そのゆえは、罪悪深重煩悩熾盛の衆生をたすけんがための願にてまします。しかれば本願を信ぜんには、他の善も要にあらず、念仏にまさるべき善なきゆえに。悪をもおそるべからず、弥陀の本願をさまたぐるほどの悪なきがゆえにと云々

（現代語訳）

すべてをみな平等に救おうと誓う阿弥陀仏の願いの、人間の思いを超えたはたらきによって、まことの世界に生まれるのであると信じて念仏もうそうと思いたつこころのおこるとき、ただちにすべてを摂め取って捨てることのない無量のひかりといのちのなかを生きる身となるのです。

阿弥陀仏の本願の救いには、老人と若者の選別も善人と悪人の差別もありません。ただこの阿弥陀仏の願いに目覚める心、すなわち、信心のみが必要と知るべきです。それは、阿弥陀仏の本願が、身

の重さ罪の深さに泣き煩い悩み続ける人間を救うためにおこされた願であるからです。

だから、阿弥陀仏の本願を信ずる身には、他のどのような善も必要ではありません。念仏よりすぐれた善はないからです。また、どのような悪も恐れることはありません。阿弥陀仏が救わないような悪はないからですと、親鸞聖人からお聞きしました。

第一条だけは丸暗記しなさい

『歎異抄』は、親鸞聖人が日常に話されたことばを言行録として、信心の内容をもっとも簡明に書き残された唯一のものです。『歎異抄』はお弟子の唯円大徳によって書かれたものですから、第一条の場合も、いちばん終わりは「と云々」、「とおっしゃいました」ということばになっています。第二条の終わりも「と云々」、第三条は「とおおせそうらいき」です。そして、第四条から、第五条、第六条、第七条、第八条、第九条までは「と云々」です。そして第十条にはまた、「とおおせそうらいき」とあります。

第一条から第十条までは、唯円大徳が親鸞聖人のお話を「耳底に留まるところいささかこれをしるる」されたものですから、ノートにとって覚えたことばではなくて、ほんとうに耳の底から離れなかったことばなのです。親鸞聖人のことばがあったればこそ、日のよしあしや迷心にまどうこともなく、人生をしっかり受けとめて、しかも肩の力を抜いて明るく生きてこられた。こういう唯円大徳にとっては、宝石のような親鸞聖人のことばが第十条までにまとめられているのです。

とりわけ、いま読みました第一条は『歎異抄』の中心、総説です。親鸞聖人のご信心の全部がここに込められている。だから第一条がうなずければ、親鸞聖人の信心を全部唯円大徳と同じようにいただけたことになるといえるのです。

曾我量深先生は、第一条だけは丸暗記しなさいといわれたそうです。宝石のようなことばは、知的理解の対象ではなくて、生活の中でいつでもそのことばが出てくるような聞法求道の歩みとしていただくべきだと教えられるのでしょう。中でも特に初めの第一句、「弥陀の誓願不思議にたすけられまいらせて、往生をばとぐるなりと信じて念仏もうさんとおもいたつこころのおこるとき、すなわち摂取不捨の利益にあずけしめたまうなり」、ここまでは一息で読めといわれたそうです。

一息で読めというのは、南無阿弥陀仏のひと言の中には、「弥陀の誓願不思議にたすけられまいらせて、往生をばとぐるなりと信じて念仏もうさんとおもいたつこころのおこるとき、すなわち摂取不捨の利益にあずけしめたまうなり」という意味があるというのでしょう。それは、一々文を区切って読んでいては、南無阿弥陀仏の意味がいきいきと聞こえてこないからでしょう。特に仏教のことばは、日頃聞き慣れない用語がでてきますから、実体化して観念的にうけとる傾向があります。そうするとことばの分析に終始して、中身を確かめることがむつかしくなります。分析するのも大切ですが、やはり総合的に、そうだったのかと、まず感動する、身がうなずくということが大事なのです。共感がないと、理屈をこねただけ頭で覚えただけで、教えが身につきません。そういうことがないようにと、第一句は特に一息で読めといわれたのでしょう。つまり、弥陀ということばにもう第一条の全部が入っているのです。誓願ということばに、第一条全部が入っている。不思議ということに感動すれば、それでもう全部であるということなのです。

ところがわれわれはこの第一句を、弥陀があり、誓願があって、それが不思議ということであって、それに助けられることが起こり、そして往生をばとぐるということがあり、それを信じて、念仏しようと思う、その心が起こると、摂取不捨という利益がいま私のところへやってくると、こう説明的に読むでしょう。そうしますと、せっかくの仰せがいったいなになのかということがはっきりしない。親鸞聖人の仏教はただ念仏です。南無阿弥陀仏一つに全部が入っている。しかし、そういっているだけでは内容がはっきりしないから、いちおう分析的に申しますが、とにかく第一条の第一句は、南無阿弥陀仏に出遇った感動をもっとも簡明に語ったものであることを、念頭に置きたいと思います。

弥陀の誓願不思議

まず、「弥陀の誓願不思議にたすけられまいらせて」といわれます。弥陀は、もとはインドのことばの翻訳語で、阿弥陀とも、また仏を入れて阿弥陀仏ともいいます。弥陀というのは限りない智慧と慈悲の仏のことです。普通は智慧を光、慈悲を寿といいます。ひかりといのちです。しかもそれは無量ですから、無量の智慧と慈悲の仏を弥陀と名づける。弥陀と名づけるので、そういうものがあるというのではありません。ほんとうに明るい智慧、いつまでも変わらぬいのちとの出遇いを私のうえに実現させようとしてはたらいているはたらきを弥陀というのです。

弥陀があって私を助けるのではない、私を助けるはたらきを弥陀という。たとえば、君、暗い顔をしているではないか。それは、自分の思いどおりになるのが幸せだと思っているからだろう、だから暗いのだ。そういうふうに、私の姿を限りなく照らしてくるはたらきを弥陀という。

君、ほんとうの無量のいのちに遇ったか。無量のいのちに遇わなければ、五年や十年長生きしたってどうってことないだろう。平均寿命が延び健康であると喜んでいてもいのちの終わりがあるが、ほんとうにそれでいいのかと自分自身に問いかけてくる。生活の中でこういうことにときどき気づくでしょう。こうして、無量のいのちに気づかせるはたらきを、弥陀と名づけるのです。だから弥陀は、無量の智慧と慈悲の、限りないひかりといのちの仏なのです。そういう、限りないひかりといのちのはたらきに気づいた感動を南無というのです。

それで、真宗の御本尊は南無阿弥陀仏なのです。つまり、弥陀は私に南無、帰依せしめる仏さまなのです。帰依という尊いことを私に起こさしめる仏さまです。御本尊は南無阿弥陀仏ですが、形にするときには阿弥陀仏のすがたになりますからお木像であったり、御絵像であったりします。本尊というのは、ほんとうに尊いことという意味で、尊いものではありません。だから、御本尊は本山から下付されるのが正式です。お下げいただくという意味があるのです。弥陀に帰依するというほんとうに尊いことをいまからさせていただきますから、その実現のために本山から下付をしてくださいということなのです。

だからご本尊は、ほんとうに尊いことであって、ものではない。ものなら火事に遭ったら焼けます。

弥陀は拝むものではない、拝むという尊いことをおこすはたらきなのです。なぜそんなことばにこだわるかというと、拝むことが行われなければ尊いということにはならないからです。いくら本山から下付された御本尊をお内仏に安置しても、置いてあるだけでは尊いことになりません。その前へ家族中が座って、拝まなければ、尊いこと、御本尊にはならないのです。お内仏も拝む人がなければ、家具の一つになってしまいます。

仏さまを拝むことがいちばん尊いことになっていた時代もありましたが、最近はものや金や楽しみのほうが尊いものになって、その下に人間が仕えているでしょう。いつの間にかお内仏をおろそかにしてしまった。これを逆さま、顚倒というのです。だから、テレビドラマを見る時間はあるけれども、お内仏へ参る時間はないのです。ゲートボールをする時間はあるけれども、寺参りする時間はない。温泉旅行に行く時間はあるけれども、本山まで参る時間はない。忙しいものですから、そして忙しいといえばゆるされることになっていますから、いまは尊いことがわかりにくい時代なのでしょう。尊いことがわからないから、尊くないものが尊いように思えて、ごまかして生きているのです。しかし、ほんとうに尊いことは何かということはうっすら感づいているのです。

たとえば高校生の意識調査を見ても、そういうことがでているように思えます。日本の将来をどう感じているかという質問に対して、やはり暗いと答えている。日本人の生活はどうかといえば、けっこう豊かだと答えている。豊かだとは思いながら、将来が明るくなるとは思えないのです。そういうところにも、ものや金が上になって、その下で人間が商品化されて、規格品になってきていることへの不安がうかがえます。人はみんな個性がありますから、規格化されると、私でよかったといえないようになってくる。みなお互いに普通で、中流で、そしてそう感動もせず、人並みならいいのだといって、何となく生きている。そういう私の在り方に対して、ほんとうに尊いことはなにかということに気づかせようというはたらきが弥陀であり、御本尊であるのです。弥陀から出発する、南無阿弥陀仏から出発するのが真宗です。

阿弥陀仏から始まる超歴史の教え

仏教もいろいろですが、ほとんどは釈尊から出発しています。真宗は弥陀から、超歴史から出発する。釈尊は地上で最初に悟りを得られた歴史上の人物です。悟られたのは、悟らしめるはたらきがあったからです。その悟らしめるはたらきにいちばん早く気がついてくださったのが釈尊です。その釈尊をして釈尊たらしめた真理、釈尊を悟らしめるはたらきを弥陀というのです。だから初めに弥陀ありき、初めに南無阿弥陀仏ありき、初めにひかりありき、初めにいのちありき、こういうのでしょう。親鸞聖人は弥陀からいつも初められるので、これは大事なことです。といいますのは、釈尊から初めれば、時代の制約や国の制約や風土の制約があります。釈尊のごとくといっても二千数百年前のことではないか、それは昔々のインド人の考え方だということになります。そういういろいろな条件を全部抜いて、ほんとうに釈尊を釈尊たらしめた精神、弥陀から初めるのが親鸞聖人なのです。

悟りについて、先般中日新聞に、南山大学教授の青山玄という神父さんが、京都木屋町三条界わいの住人たちは、いまでも毎朝家々の前の通りを掃き清め、よその人の捨てた吸いがらや空缶を、それぞれのごみ箱に取り込んでいる。自分の家の前だけではなく、高瀬川にかかる橋の上や、映画館の前などまできれいにしていた。自分の部屋や車の中はきれいにしても、公道を汚す現代人が多い中で、市が雇う清掃人に任せるのではなく、自分たちの街は自分たちの手できれいにしておこうとするこころが、京都の歓楽街を美しくしているのではなかろうか。鴨川の河原には、ここは月に一度しか清掃人が来ない所ではないか、と思われるような場所もあって、空缶を備え付けのかごまで運ばずに捨てる人も見受けたが、せめて住む家々の前だけでも、入念に掃除する人の姿は美しく感じられた。雑草の繁茂するわが家では、たまに草取りすることぐらいしかできないが、ある日、草を取る私の姿を眺めていた知人のベルギー人の神父が、クサトリの苦がなくなればサトリになるといった言葉が私には忘れられない。毎日でなくてもよい、自分の生活環境を自分の手で清掃することに心を清く明るくする秘訣が隠されているのではなかろうか。

と、書いておられました。

「くさとり」の「く」がなくなれば、「さとり」になる。確かに、草取りの苦が抜ければ悟りなのです。身が庭をきれいにしているのですから、草取りしていることに満足すればいいのです。身が一生懸命に草を抜いているのに、心はなんとよく生える草だなあと苦にしている。心はちっともきれいになっていない。考えてみれば、草が生えないような田圃なら、米はできません。草が少しも生えずに米だけ取れる田圃はないだろうか。野菜だけ大きく育って、草は全然生えてこないような畑はないだろうか。そんな人間の都合にだけ合うようなものがあるはずがないのです。そういうことからいえば、草を取るのはむしろ申し訳ないことなのです。草もせっかく一人前に生えてきてこれから大きくなろうというのを人間の都合で引き抜くのだから、むしろ、「ごめんよ」といって謝って引いてもよい。ところが、引かれる草の身にもならずに、文句をいっている。このようなことは、自分が引き抜かれる側だったら大変でしょう。この人、要らんとこへよく出てきて、向こうへ行けと他人にいわれたら腹立つでしょう。

身で草を引きながら、していることに心が落ち着かないのです。こういうのは心身分裂症でしょう。われわれはみな心と身がばらばらで迷い、困っているのです。家にいると、寺の報恩講だから参らなければと思っている。寺へ来ると、洗濯物を干したままで参ったが天気は大丈夫かしらとか、保育園から孫が帰ってくるが法話は長引かないかしら、などという算段ばかりをしている。身は念仏申す本堂におりながら、心は家へ飛んでいっている。それはなにも寺参りだけではないのです。草を取っていても、洗濯をしていても、結局身と心が分かれて困っている。自我で見ているとすべてが落ちつかず、暗くなるのです。身といっても、心からいえば外、環境です。外である限り、身や環境が思うようになったといって喜んでも、それは一瞬でしょう。また次、その次と、外へ外へ心が動きます。だから永遠に不満足なのです。飽き足りるほどものはあっても、満ち足りる心はない。いつの間にかそうなっているのです。

そういう私の在り方は、ほんとうに尊いことがはっきりしていないからでしょう。ほんとうのいのちにすこしも目が開いていない。それでも不思議なことにそういうことに気がつくことがあるのです。これでいいのかとふと思うことがあるでしょう。こんなお参りでいいのか、こんなふうにあの人に対していていいのか、このように子どもを育てていていいのか、聞法してもこのような聞き方でいいのかと思うでしょう。そう思えてくることを御縁にして、ほんとうのいのちに気づけというはたらきが私のところにかかってきている。そのはたらきのいちばんもとを弥陀と名づけるのです。だから弥陀は無量の智慧であり、無量の慈悲であるといわれるのです。

その弥陀から始める。そういうことでいえば、釈尊も南無阿弥陀仏によって救われたのです。善導大師も南無阿弥陀仏によって救われたし、法然上人も南無阿弥陀仏によって救われたし、親鸞聖人も南無阿弥陀仏よって救われた。そのいちばんもとの弥陀から始めるのが、親鸞聖人の南無阿弥陀仏の仏教です。弥陀から始めると、弥陀と私との関係、つまり、まこととまことでない私との触れ合いがいちばん大切になるのです。

だから、とっつきにくいといえばとっつきにくいのです。とっつきやすいのは、お頼みの宗教です。しかし、お頼みはいちばんあてにならないでしょう。なんでも自分の都合がよくなるように頼むのが宗教だと誤解されていますが、頼んで自分の思うようになったら、いったいどうなります。

以前に、熊野の本宮大社へ行ったら、参道にたくさんの旗が並び、旗にいろいろとお頼みごとが書いてありました。入試合格とか、交通安全とか、家内円満とか、息災延命とか書いてある。中に一枚、

「和歌山県中を自分の土地にしたい」と書いてあるのがあった。そのようなお頼みが聞いてもらえたら、いま和歌山県に住んでいる人はみな借地になる。人間が頼むのはそのようなことです。それが闇だということを知らしめてくださるようなところから出発しなくてはいけないでしょう。個人的なお頼みは、共に生きているといういのちの事実に反する。だから弥陀から出発するのです。その弥陀の衆生にかける願いを、誓願といいます。その弥陀の誓願から始めるところに南無阿弥陀仏の仏教の大事な点があるのです。

人間の思いを破る阿弥陀仏の誓願

ひかりを失い、いのちの事実を忘れて、自我の枠の中に閉じこもり、だんだん世間を狭くし、世界を暗くしている私に、なんとか広い場所で、もっと肩の力を抜いて、ゆったりと、いきいきと生きられる世界を実現させようとする願いを、誓願というのです。つまり、すべての人間を目覚めさせ無量のひかりといのちに帰らそうとするはたらきが弥陀の誓願です。これは人間の願いと全然関係がないわけではない。けれど人間の願いに直接応答しようとすれば、人間の願いというのはさきほどのように、和歌山県中をわが土地にしたいというようなことになりますから、人間の願いを否定するような形で積極的にかかわらなくてはならないのです。弥陀の願いは純粋です。それに対して、人間の願いは欲であって不純です。自分の都合のよいことだけを求めていますから濁ってきます。

新聞にこんな投書をしている女性がありました。

「子どもなんて大嫌い、うっとうしいだけだよね」と、バスに揺られて眠ってしまった息子を抱いた私の後ろの席で、女子高校生が話していた。「結婚なんか全然したくないわ」「ぞっとする」と、話は続く。あすは三回目の結婚記念日という私は、一瞬頭にガッンとパンチを受けたような気がした。見ると、ごく普通の女の子たちだ。いまの女の子たちは、みんなこんなことを考えているのだろうか。「将来の夢は?」と聞かれ、「お嫁さん」と答えていた私たちの時代とはまるで変わってしまった。もしかしていまの女性は、結婚や育児を流行の三Kの一つぐらいにしか考えていないのかもしれない。結婚なんてしたくない。したって子どもはつくらない。自分の時間が削られてしまうのは我慢できない。こんなことを考えているのかな。たしかに私もよく「独身はいいなア、一人の時間が欲しい」とボヤいている。でも、自分が独身だったら、主人や息子のようにほんとうに私を必要としてくれる人がいるだろうか。うわべの楽しさはあっても、何気ない安らぎはあるだろうか。料理、洗濯、掃除、そして育児など、日常の中にも小さな夢はあるものだ。化粧っ気もなく、ミニスカートなんてとんでもないというママだけど、これでいいんだよね…。胸にもたれて安心しきった息子の寝顔を見ながら、そうつぶやいていた。

自分の都合を立てていったら、この女子高校生たちのような考え方になるのではないでしょうか。人間の欲は、いろいろです。こんな話も朝日新聞の天声人語に出ていました。

教室で、先生が生徒たちに実際にあった話をする。

「二組の婚約中の男女がいた。一組は女性が事故で半身不随となり、男性が結婚を破棄した。別の組は女性が癌で子宮摘出の手術をした結果、不妊の体になった。しかし男性は約束を果たして結婚した。もしきみたちが同じ立場に置かれたら、どうするか」

生徒一人一人が意見を述べる。破棄に傾く現実派と愛を貫くという理想派、熱を帯びた討論に発展する。

と、討論ならいろいろいえます。しかし現実になるとどうでしょうか。たとえ、愛を貫くために結婚したとしても、子どもが授からないということで、将来いろいろな問題が起こるはずです。一時的に純粋に、不妊の体でもかまわない、結婚しようと決めても、その愛が純なままで貫けるかということ疑問でしょう。そういうのがわれわれの在り方なのです。

自分の都合を立てる在り方が、最近はどんどんエスカレートして、わざと人に迷惑をかけて他人が困るのを楽しんでいる若者までいるようです。こんな新聞の投書がありました。

先日デパートで次のようなことがあった。私は、地下から五階へ行こうと思い、エレベータに乗った。幾人かが乗り、それぞれ目的の階のランプを押した。最後に入ってきた学生であろう三人の女の子のグループの一人が、残りのランプを全部押し、「私全部押すの好きなの」といった。みなははっと思ったとき、一階でドアが開き、女の子らは笑いながらさっと出ていってしまった。エレベータは各階にとまることになり、残ったお客たちの間にむっとした空気がただよった。彼女は自分のしたことを悪いことだと思っていないから、注意しても聞かないだろう。彼女らには遊びなのだ。みながもっと他人を思いやる気もちを持ってくれていたらと願ってやまない。

学生ですから、遊びでするのでしょうが、ひとの迷惑を考えていない。それどころか、人を困らせて楽しんでいると批判したい。しかし考えてみればわたしにも、人のことなんか知ったことじゃないというこころもあるでしょう。お粗末な存在なのです。

けれども、どんなにわがままであろうと、どんなに勝手であろうと、私を生かそう生かそうとしているいのちがはたらいていることは確かです。そして、どんなにわがままであろうと、なんとかそのわがままに気づいて、もうすこしみんなと手を握れるような世界へ出てほしいと願われていることも確かでしょう。『安心決定鈔』には、

しらざるときのいのちも、阿弥陀の御いのちなりけれども、いとけなきときはしらず、すこしこざかしく自力になりて、「わがいのち」とおもいたらんおり、善知識「もとの阿弥陀のいのちへ帰せよ」とおしうるをききて、帰命無量寿覚しつれば、「わがいのちすなわち無量寿なり」と信ずるなり。

とあります。人間は多かれ少なかれ欲を離れることができず不純です。純になろうということがたまにあったとしても、やがてまた不純の影を落とす。けれど、どういう生き方をしておっても、最後には自分の姿に気づいて、ほんとうに純粋な世界へ向き直るということが願われているはずです。そしてまたそういうことに気づかないかぎり、ほんとうに人に生まれた喜びはないといえます。根性がいいからとか悪いからとか、男だからとか女だからとかいうことではなくて、どういう人であろうと、とにかくこのままでいいのだろうかとふと思うこころを通して、純粋な方向へと向き直させるような、

そういうはたらきが平等にはたらいているはずです。その平等のはたらきに気づかしめるはたらきを、弥陀の誓願といったのです。

それで、弥陀の本願は四十八願ですが、その第一願は無三悪趣の願といって、弥陀の国には地獄、餓鬼、畜生のようなところはなくしたいという願から始まっています。地獄、餓鬼、畜生をなくしたいというところから四十八願が始まるのは、欲と欲でお互いに争いあい傷つけおうていくところから、まず脱皮させたいというのが弥陀の本願なのです。その始まりが、不純さを気づかせ、純化させるはたらきまで具体化されてくる。それが南無阿弥陀仏なのです。つまり、そういうはたらきは人間が考えてもわかりませんから、南無阿弥陀仏と称えることを通して、生かされていた、いや、支えられていたということに気づかしめる。人間はことばを持つ動物ですから、ことばを通してなんとか超歴史のまことに気づかせようという、それが南無阿弥陀仏ということばなのです。

それで、本願を一言でいえば、

若我成仏十方衆生　称我名号下至十声　若不生者不取正覚　彼仏今現在成仏　当知本誓重願不虚
　衆生称念必得往生

であると、善導大師はいわれます。そして、このただ一つの本願は、親鸞聖人が法然上人の真影を写させてもらったときに、法然上人の手で書いていただいた真影の銘文でもあるのです。だから、第十一条には

誓願の不思議によりて、たもちやすく、となえやすき名号を案じいだしたまいて、この名字をと

なえんものを、むかえとらんと、御約束あることなれば、
といわれるのです。

誓願不思議

弥陀を親さまといった人たちもいました。べつに阿弥陀仏は親ではない。けれど親さまということばでいおうとしたのは何か。われわれは親というと、なんだ親のようなものか、親ぐらいの程度かと思いがちですが、よく考えてみると自分のことを自分以上に思うているのは親でしょう。私でも、外出するときには母親が門まで出てきて「気いつけて行きな」というてくれる。自分のほうが心臓が弱くて、いまにも倒れそうで、気をつけなきゃいかんのはどっちだと思いますが、そういうのが親というものです。つまり自分がどうであろうと、相手のことを先に考え、相手の真の幸せを願う。そういうはたらきを感じて弥陀のことを、親さまといったのでしょう。向こうを向いていようと、こっちを向いていようと、気づこうと気づくまいと、それでもなおかつ私を先にし、私を許し、私を心配してくれているようなはたらきがあるのです。不純で欲深で、およそ弥陀の願いとは逆さまの方向へまっしぐらに走っているにもかかわらず、そういう在り方の私たちになんとかしてひかりをあてて目覚めさせ、いのちのもとへ帰るのがほんとうに落ち着く道なのだと叫び続けておられるはたらきが弥陀の誓願なのです。

そういうはたらきを弥陀の誓願と名づけたのです。そのはたらきに気づいたときに、ああ、不思議

だこうなずいたのです。それが誓願不思議です。不思議というのは感嘆詞です。これほど弥陀の願いと逆さまに向いて走っていても、弥陀の手の中にあった、ひかりの中にあった、智慧の中にあった。弥陀のいのちの中を生きていた、慈悲の中にあった。そういう世界があることに気づかしめられたのも、不思議であった。だから不思議というのは一切不思議なので、一部分が不思議だというのではないのです。

北陸には、阿弥陀さまのことを不可思議さまという人たちがあるそうです。欲で不純な自分が、南無阿弥陀仏と申している、それは不可思議な、思いを越えたことが起こっているのです。だから不可思議さまに遇えば、一切が不思議です。孫の不思議さ、子どもの不思議さ、夫婦の不思議さ、自然の不思議さ、出遇うものすべてに不思議といただけたらいいのです。

ある先生がお母さんたちの会で、いっぺん子どものいいところばかり書いて下さいとお願いしたら、いいところがたくさん出たそうです。ちょっと読み上げてみます。「明るい。活発。仕事が早い。素直。まじめ。自分の好きなことに熱心。努力家。家族に協力的。やさしい。のんびりしている」。のんびりしている、これもいいところだそうです。「よく気がつく。友だちがすぐできる。元気。何事にも興味を示す。友だちと仲よく遊べる。好奇心が強い。夢中でやる。思いやりがある。約束は正確に守る。芯が強い。大きな声で話す。創造的思考ができる。人と違う発想がある。ちゃめっ気がある」。うちの子はちゃめっ気ばかりでというのとは違いますね。「自主性がある。前向きに考える。方向音痴でない」。方向音痴でない、これも特色ですね。「描写が上手。算数大好き人間。根気よくやる。

机の周りを整頓。くよくよしない。だれにでも同じ気持ちで接する。頑固」、頑固もなかなかいいところだとみえてくる。「頑張り屋。時間をよく守る。行動力がある。後片づけができる。よく手伝う。ものごとに取り掛かったら最後までやる。よく食べ、よく寝る」。よく寝る、これも感心するところだと。「頼まれたことはきちんとやり通す。本好きで物知り。話をよくしてくれる。友だちを大切にする。几帳面。ものを大切にする。粘り強く物事を簡単にあきらめたり投げ出したりしない。弱いものへの思いやり心配りができる。手芸が好き。さっぱりしている。学校を欠席しない。お菓子つくりが上手。動物や花が好き。じっくり考えてから行動する。素直に感動する」。いいという視点から見直すと、日頃欠点と見ているところも、不思議と長所に見えてくる。教えられてみれば、みんな不思議なのでしょう。不思議だといただけるのは、こころの奥深いところで弥陀の誓願に出遇うからです。うちの嫁も不思議だといえればいいのです。けれど、うちの嫁はというので、話がややこしくなるのでしょう。

外国人による日本語弁論大会で優勝した福井在住のアントワネット・ジョーンズさんは、日本にはいい歌があるといわれた。「さいた、さいた、チューリップの花が。ならんだ、ならんだ、あかしろきいろ。どの花見ても、きれいだな」というあの歌です。どの花見てもきれいだな、というのが日本人の心のよさだ、だから肌の色で差別しないでほしいといわれました。それで教えられたのですが、南無阿弥陀仏の世界は、どの花見ても不思議だなと教えられる世界なのでしょう。不思議は、弥陀のはたらきであり、そのはたらきに出遇った感動です。

不思議の感動を私に与えてくださるのが弥陀の誓いです。弥陀の誓願にふれると、みな不思議といただける。不思議だというのもきれいだというのもこの場合同じでしょうが、どの孫見てもきれいだな。どの嫁見てもきれいだな。どのひと見てもきれいだな。これが一切不思議の出遇いの世界です。喧嘩しながらも、夫婦で三十年もいっしょにいるのでしょう。よく考えればほんとうに不思議でしょう。別れるとか嫌いとかいいながら、ずっといっしょに暮らしてきたではないか。そこを都合の善し悪しを越えて、ほんとうに不思議であったとうなずけるかどうかです。しかもその不思議だとうなずくこころもまた頂戴しているのです。一切不思議は自分でいおうと思ってもいえるものではありませんが、そういわれればそうだったなとうなずく心はある。そういううなずく心に応答せしめる唯一のことばとして、南無阿弥陀仏が選ばれた。だから「たもちやすく、となえやすき名号」、つまり念仏を申すことで不思議とうなずくこころが相続できる。南無阿弥陀仏がなければ相続できないのです。あのときよかったなといくら感動しても、それだけのことで終わる。そのときに南無阿弥陀仏と感動すると、あとは南無阿弥陀仏ということばを通して、ああ、そうだった、不思議であったと、不思議を忘れた日常生活を初心に帰らせ、その感動を持続していくことができる。そのために南無阿弥陀仏ということばを通して、阿弥陀の智慧と慈悲の中にある自分ですよ、無量のひかりと無量のいのちにいつも支えられてある自分の身ですよと知らしめられる。その知らしめるはたらきの先端として南無阿弥陀仏ということばが選ばれた。この南無阿弥陀仏ということばを選ばれたのも、弥陀の誓願不思議のはたらきなのです。それで、親鸞聖人は『末燈鈔』で、誓願をはなれたる名号も候わず候う、名号をはなれたる誓願も候わず候う。と誓願不思議はそのまま名号不思議であるといわれるのです。こういう意味で弥陀の誓願不思議、その不思議に出遇うことが助かるということなのです。

体失往生・不体失往生

だから弥陀の誓願不思議に助けられるのは、私の思うように助けられるというのではなくて、私の思いを超えて助けられることでしょう。思うようになったのを、「あなたのおかげで助かった」といいますから、思い通りになることを助けられるということだと考えるのも無理はありませんが、不思議を不思議といただくのが助けられることであって、思うようになることが助けられることではないのです。弥陀の誓願不思議に助けられるのは、不可思議さに出遇うことであって、その不可思議さに出遇うことがそのまま無量のいのちと無量の光に出遇うこと、そういう出遇いを助けられるというのでしょう。ほんとうのひかりに出遇う、ほんとうのいのちに出遇う、こころの奥深く求めていたものに出遇う、それが助けられるということの内容なのです。けっして物をもらったり、人が思うようになったり、状況が好転するのが助けられるということではないのです。

それで、「弥陀の誓願不思議にたすけられまいらせて、往生をばとぐるなりと信じて」といわれます。つまり不可思議さまのご縁に出遇う、その出遇いを賜って、生涯にわたって不可思議さまとの出遇いを深める道を歩もうとする身になることが、往生をとげるということなのです。今日、往生はまったく誤解された概念になっています。きょうは暑くて往生したというように、困ったことを往生といいます。しかしそのような意味は、往生ということばにまったくありません。字を見てもそのような意味の字ではありません。往生の往はいく、生は生まれるでしょう。だから往生は往きて生まれるということ、つまり浄土へ往き生まれていくものとなるということです。浄土を願い求めて生きる存在となるのが往生をとげるということなのです。浄土は、涅槃界ともいわれて、人生の業火の燃え尽きたところ、完全燃焼の世界です。だから、ほんとうに未来を明るく生きていくような身になるのが、往生をとげるという意味です。それで親鸞聖人は、往生はいつでも現在の問題だといわれます。

たとえば、体失往生・不体失往生ということがあります。覚如上人の書かれた『口伝鈔』に、親鸞聖人が法然上人のお弟子として吉水におられたころに、先輩がたと議論をしたことが載っております。

「体失、不体失の往生の事」とありまして、

上人親鸞のたまわく、先師聖人源空の御とき、はかりなき法文諍論のことありき。善信は、念仏往生の機は体失せずして往生をとぐという。小坂の善恵房証空は、体失してこそ往生はとぐれと云々　この相論なり。

つまり善信、親鸞は体失せずというのですから、体は失わない状態、生きたままで往生するといわれた。そうしたら善恵房は、体がなくなって往生があるのだといった。そこで議論になったのです。それで、

ここに同朋のなかに勝劣を分別せんがために、あまた大師聖人源空の御前に参じて申されていわ

く、

と。そこでどちらが正しいのかをはっきりさせるために、ついに法然上人の前へ出たというのです。そうしたら法然上人は両方とも「さぞ」といわれた。ところが、両方「さぞ」といわれたものだから、みんなどう考えてよいかわからないようになってしまったのです。そこでお弟子たちがもう一度法然上人にお尋ねしたところ、

善恵房の体失して往生するよしのぶるは、諸行往生の機なればなり。善信房の体失せずして往生するよし申さるるは、念仏往生の機なればなり。

とお答えになったのです。つまり念仏往生ということは、体を失わずして往生するということなのです。つまり往生というのは現在のこと、現生のことなのです。

曾我量深先生は、「往生は心にあり、成仏は身にあり」といわれました。「成仏は身にあり」ということですから、この身を持っている間は成仏したとはいえない。しかし、往生は心にありということですから、この身を持った現在のことなのです。だから往生をとぐるということは、弥陀の誓願不思議に助けられて、その不思議を不思議といただいて、浄土に向かって歩まんと欲する、そういう生き方を始めるということなのです。自分の都合を立てる迷いへの生が、つまり闇に向かって落ち込んでいく私の歩みが、転じて明るい方向へと変わるのが往生をとげるということなのです。

つぎに、「往生をばとぐるなりと信じて」とあります。だから、ここにいう信心は、浄土へ生まれるものとなりたいと願う、願生心です。浄土を願うわれとなる、それが信ずることの内容です。だか

ら、親鸞聖人はお手紙の中で、善導大師のことばを引かれ、「信心のひとは、その心つねに浄土に居す」といわれます。信心は、あなたのいうことはまちがいありませんと、信ずることではない。われわれが信ずるのは、裏切らないだろうという程度の信です。信と疑いとが半分半分の信、半信半疑です。

よく「君を信じているから」といいますが、それが、信じていない証拠でしょう。信じていれば、「信じる」という必要もない。ときには、子供に「あなただけは信じていたのに」といかにも信じていたようにいう場合もあります。あなただけは信じていたのにといったら、いまは疑っているのでしょう。いま疑いながら子どもを育てることなどどうしてできますか。だから結局人間が立てる信心は、間に合わないのでしょう。状況が変わればいつでも崩れる。しかし、崩れる体質を持っているような信しかあり得ないということはわかる、そのうなずきだけは崩れないのでしょう。われわれは、純粋に人を信ずるということはないと徹底する。半信半疑でしかあり得ないと、そこに座らしめられるのです。

半信半疑でしかあり得ないとはっきり知らされる、その眼だけは賜った眼です。弥陀の智慧をいただいて開けた眼です。それで、その開かれた眼で歩む。半信半疑をやめて、信ずるというふうに心を固めずに、そのまま半信半疑とつねに教えられ、闇を知らされてひかりに向かって歩むものとなる。それが「往生をばとぐるなりと信じ」る願生心でしょう。真実から照らされる方向へ向かって歩む人間になるのが信です。だから、親鸞聖人はさきほどのお手紙の続きで「浄土に、信心の人のこころ、つねにいたり」といわれます。だから信ずるというと、自分の思いを固めるように思いますが、固めるのが信心ではありません。固めようと思っていた自分の全体に頭が下がるのが信なのです。

念仏もうさんとおもいたつこころ

そして、「往生をばとぐるなりと信じて念仏もうさんとおもいたつこころのおこるとき」とありますから、その信ずる内容が念仏申すことなのです。われわれは念仏申すことと信ずることと二つあるように思いますが、そうではないのです。念仏申すことが信ずることなのです。

第二条には「ただ念仏して」とありますが、その「ただ」が信心です。念仏だけがたしかだと主張するのではない。念仏よりほかになかったと、いただくのを信という。だから信ずるということの中身は、「念仏もうさんとおもいたつこころのおこるとき」ということなのです。念仏もうさんとおもいたつこころは、弥陀の誓願不思議の呼びかけに応じたこころであって、私のこころではない。私のうえに起こったおもいたつこころですが、それはおよそおもいたちようもないこころなのです。つまり自分の思いではおもいたちようもないこころが、計算にのらないようなこころが起こったのです。そういう意味で念仏もうさんとおもいたつこころは、弥陀の誓願不思議に呼応したこころです。

それで、そのこころは「おこるとき」といわれます。考えてみると、念仏は申していますが、それがおこっているこころだとは思わないのです。自分がおこしているこころと思っている。それでせっかく南無阿弥陀仏と口に出ながら、不満なのです。念仏は人間のこころでできるものではない。たまに大きな声で念仏申したら、助けてくれという悲鳴か、どうぞ頼みますというお頼みかでしょう。そんな私に南無阿弥陀仏ということばが出るのは、本願からおこってくるからなのです。そういう弥陀の誓願不思議にたすけられている事実の世界に気がついた叫びを、「念仏もうさんとおもいたつこころのおこるとき」というのです。われわれにおこりっこないこころがおこるという、そういう意味で「念仏もうさんとおもいたつこころのおこるとき」というのです。それで「おこすとき」とはいわず、「おこるとき」といわれるのです。

念仏申せるのは、無数の民衆が伝えてくださった、七高僧が教えとして伝えてくださった、そして親鸞聖人が出られて伝えてくださった、その歴史に出遇ったからでしょう。その歴史に出遇うのが、念仏もうさんとおもいたつこころのおこるときでしょう。第十一条にありますように「誓願の不思議によりて、たもちやすく、となえやすき名号を案じいだしたまいて、この名字をとなえんものを、むかえとらんと、御約束ある」心が、私のうえにおこったのです。

私がいま現に念仏申すのは、「念仏のもうさるるも、如来の御はからい」と弥陀の本願から賜っておるからでしょう。その弥陀の本願が、釈尊を通して、七高僧を通して、親鸞聖人を通して、祖父母や親を通して私の念仏のところに出ていてくださるのでしょう。弥陀の誓願不思議が歴史の遺産となって、南無阿弥陀仏の一声になって伝燈しているのです。だから私はお粗末であっても、称えるお念仏は、どこへどんな形で広まっていくかわからない。あんな根性の悪い者でも念仏申すのだから、自分も称えてみようかという人が出てくるかも知れない。そういう意味で、念仏は諸仏の世界として無限なのです。田圃でひとことといった念仏はカエルが聞くということがある、そういう無限の世界です。そういう諸仏の歴史に初めて出遇うのが念仏申すことであり、「念仏もうさんとおもいたつこころのおこるとき」でしょう。

こうして弥陀の誓願不思議からおこるこころが、南無阿弥陀仏と申すところまで凝縮されておこっているという、その内容として摂取不捨の利益が語られるのです。それで、つぎに、

すなわち摂取不捨の利益にあずけしめたまうなり。

といわれます。「すなわち」というのは、「念仏もうさんとおもいたつこころのおこるとき、すなわち」と前の文章にかかると同時に、「すなわち摂取不捨の利益にあずけしめたまうなり」と後ろにかかることばです。「すなわち」は、漢字にすると「即」。親鸞聖人は、『一念多念文意』で、「即」について、「ときをへず」という即時という意味と、「つく」という即位という意味があるといわれます。だから、「念仏もうさんとおもいたつこころのおこるとき」、即時に即位して「摂取不捨の利益にあずけしめたまう」のです。

摂取不捨の利益

摂取不捨は、ものを抱き取ってしかも捨てないことです。人は、取るのは取りますが、捨ててもいきます。人が取って捨てるのは、食物だけではありません。嫌なもの不都合なものは、見ないようにし捨てていくのです。今日の社会のリストラとうば捨てはその現れでしょう。アメリカでは年寄りの

いじめというのがあるそうです。そういう傾向は、少し遅れて日本にもきます。あの、腰の曲がった老人の歩き方を見よとさげすまれるのも、近い将来の問題です。そのように人は取るのは取るけれど、役に立たなくなるとどんどん捨てていくのです。

それに対して阿弥陀仏のはたらきは、摂取不捨でけっして捨てないのです。しかもこの摂取の摂について、親鸞聖人は御和讃の左訓で、「もののにぐるをおわえとるなり」といわれます。「もののにぐる」というのは、弥陀に対する人の在り方です。人の在り方を、逃ぐるというのですから、自主的に弥陀の誓願不思議にうなずこうとしない存在だというのです。つまり、自分の思うようになることなら喜んで行くけれど、弥陀の誓願不思議に感動する方へは行こうとしない。逃げよう逃げようとする存在であるというのです。だから摂取というのは、その逃げる者を摂め取るという意味、「もののにぐるをおわえとるなり」だと、親鸞聖人はおっしゃる。これは辞書を引いても出てこない解釈です。それはまさに如来より賜った信においてあらわになる領解でありましょう。そしてまた、そういう利益は弥陀の誓願不思議によって賜ることのできる利益なのでしょう。その利益は不思議の利益ですから、思いを超えて、いまここにあったことが深々といただける。今の自分を受け取れないわたしが、そのままであることとかたしと受け取れる。それが不思議の内容なのでしょう。

不思議について、蓮如上人のおことばがあります。『蓮如上人御一代記聞書』の七十八条に、

法敬坊、蓮如上人へ申され候う。「あそばされ候う御名号、焼け申し候うが、六体の仏になり申し候う。不思議なる事」と、申され候えば、前々住上人、その時、仰せられ候う。「それは、不

思議にてもなきなり。仏の、仏に御なり候うは、不思議にてもなく候う。悪凡夫の、弥陀をたのむ一念にて、仏になるこそ不思議よ」と、仰せられ候うなり。

とあります。火事で南無阿弥陀仏の六字のお名号が焼けたときに、名号が炎の中で六体の仏さんになったように見えたというのです。それに対して蓮如上人は、そのようなことはなにも不思議ではないといわれるのです。仏が仏になるのは不思議でもなんでもない。けれどこの私が悪凡夫と教えられて、弥陀をたのむ一念に仏になる、そのことが不思議なことだといわれるのです。

だからこそ、凡夫を仏にするような弥陀の誓願を、誓願不思議というのでしょう。ところが、凡夫を仏にするためには、ただ待っていて、来たものを助けてやろうというのでは間に合わないわけです。逃げる存在である凡夫を仏にするには、さらにおわえとって、しかも捨てないということでなければ凡夫を仏とすることはできないのです。そういう弥陀の誓願不思議のはたらきの内容を摂取不捨というのです。その弥陀の摂取不捨の具体的な現れが、南無阿弥陀仏なのです。それで、『観無量寿経』には、

光明偏照十方世界。念仏衆生摂取不捨。
(光明偏く十方世界を照らす。念仏の衆生を摂取して捨てたまわず。)

といわれるのです。親鸞聖人は、人が弥陀の方へ向かう存在ではなくて、弥陀から逃げる存在であったと懺悔されたからこそ、南無までも、本願招喚の勅命だといわれるのです。『教行信証』の「行巻」に、

「帰命」は本願招喚の勅命なり。

とあります。つまり私が阿弥陀仏から逃げる者でありましたと頭の下がることまで、本願の呼びかけ、本願招喚の勅命だとおっしゃる。だから南無阿弥陀仏の六字の全部が仏さまなのです。

自分はいままで弥陀の方へ行ける人間だと思っていたがまったく逆だった。逃げる私でありましたと、ほんとうにわが身がどうしてみようもないものとして自覚できたときに、凡夫が仏になる弥陀の誓願が現れておってくださったことに遇う。それが、摂取不捨の利益にあずかることで、その現れておってくださった弥陀の誓願に応答したことばが南無阿弥陀仏でしょう。だから南無阿弥陀仏は、人をいちばん尊いことへ呼び帰すことばなのです。私を浄土へ呼び帰すために、頭を上げて生きようとしている私に、頭が下がる世界があるといつでも教えてくださることばが南無阿弥陀仏でしょう。だから南無阿弥陀仏の南無までも、親鸞聖人は本願招喚の勅命なりと、みんな他力であると説かれるのです。一切を他力に帰した。一切を不可思議に帰した。一切を仏力に帰した。その一切を帰せしめるはたらきを、弥陀の誓願不思議というのでしょう。南無阿弥陀仏を申して浄土へ往くものとして、この生涯を尽くしていく。浄土へ往くものというのは、具体的には聞法していく一生でしょう。業縁の身を法に聞く場にしていくのです。忙しいからこそ法に聞くような場所に身を置いていこう、それが念仏もうされんようにすぐべしという法然上人からのお念仏の伝燈でしょう。衣食住のために念仏があるのではない。念仏のために衣食住がある、そういう世界です。だから、「宗教を求むべし、宗教に求むるべからず」といわれるのです。そういう世界を教えてくださるのが、「弥陀の誓願不思議にたすけられまいらせて、往生をばとぐるなりと信じて念仏もうさんとおもいたつこころのおこるとき、すなわち摂取不捨の利益にあずけしめたまうなり」というおことばでしょう。だからこの第一句はどのことばにうなずいてもいいのです。摂取不捨という一語でもいいし、念仏もうさんとおもいたつこころのおこるときでもいいし、往生をとぐるといってもいいし、弥陀の誓願不思議でもいいのでしょう。その全体を押さえて、「弥陀の誓願不思議にたすけられまいらせて、往生をばとぐるなりと信じて、念仏もうさんとおもいたつこころのおこるとき、すなわち摂取不捨の利益にあずけしめたまうなり」、というのです。だから、曾我先生がここは一息で読めといわれた。そういう意味で、この第一条の第一節は、『歎異抄』全体をもっとも簡明にまとめたことばだといえるのです。

老少善悪のひとをえらばれず

次に「弥陀の本願には老少善悪のひとをえらばれず」とあります。「老少善悪の」をカッコに入れて読めば、「弥陀の本願にはひとをえらばれず」となります。

弥陀の本願がひとをえらばないと注目していわれるのは、われわれがひとをえらびづめの生活を毎日しているからです。そのえらぶ内容を大ざっぱに分けて平易なことばでいえば、老少善悪なのでしょう。老少は身、善悪は心のえらびです。いまの日本で老少の区別をいえば、二十二歳までは収入がなければ扶養家族になる。それから六十五歳になると年金がもらえ、七十歳を過ぎると医療受給者証がもらえます。二十歳になるまでは、酒も飲めずタバコも吸えず選挙権もありません。普通自動車の免許は、運転が上手でも十八歳になるまでは取れません。そういう老少の区別は、法律や制度だけではなくて、日常生活でもみな老少をいいます。

世間の常識では、ひとに年齢を聞くのは失礼ということになっているでしょう。しかし、日常生活では「失礼と思うなら歳聞かないで」というように、失礼といいながら平気で歳を聞いている。「クラス会うっかり若くいっちゃった」という川柳もありましたが、少し若く見てもらうのがよいようです。若いということがきれいということに通じると思うのでしょうか。「若ければ若いですねといわれない」というのが事実なのに、お若いですねといわれるといい気になるのです。それでも百歳近くになると、長生きを多少誇示する気持ちもはたらくとみえて、自分の年齢をわざと数え年でいう人もあります。人はみな平等に老いさらばえていくのに、老少にとらわれこだわって生きているのです。

それからもう一つは善悪。これは精神的なとらわれです。自分の好みとか都合にとらわれて、すべてを選別し差別して生きているでしょう。私たちは普通頭がいいというのがよいことと思い込んでいますが、考えてみるとそうとは限りません。いまでいえば偏差値の高いのがいい子だ、低いのは悪い子だと決めてかかっていますが、いい子か悪い子かはまったく別の問題でしょう。にもかかわらず知能指数や偏差値を、すぐ善し悪しの判断にしてしまっている。

サラリーマン川柳百選の中にこんな句がありました。「お互いに悪いところはあなたの子」。子どもというのは、夫婦の子に決まっているのですが、お互いに悪いところはあなたの子という。「成績が上がった途端おれの子だ」というのもありました。二句を対にするとよくわかります。そういうふうに、自分の思わくで作りあげた善し悪しにとらわれて、いいところは自分似、悪いところはおまえ似と、いつでも自己主張して悪いところは相手に押しつけていくのです。

平等だけは、どの時代においてもよいことだろうと思われますが、先だって新聞に建築家のかたがこんな寄稿をしておられました。

私たちが学生時代を送った六十年代は、学生運動真っ盛りの時代だった。建築学科の学生だった私も、本科そっちのけでマルクスやエンゲルスやレーニンの著作を読みふけった。いま思いがけず次々と社会主義政権が倒され、複雑な思いがするが、マルクスに教えられたことでいまでも変わらない考えが一つある。それは、人間はその欲望のために他人からあらゆるものを奪ったということだ。本来身体も心も能力も努力も、それほど変わらない人間が、ちょっとした立場の違いやきっかけで他人より何倍も得る。その奪った分を余剰価値というが、この余剰価値を巡って争いや戦争が起こり、不幸が起こる。マルクスの失敗はなんだったのか。それは人間はどんな制度をもってしても価値を平等に分配できるほど本質的によい存在ではないということではないだろうか。

ということでした。ソ連の崩壊で教えられたのは、人間が価値を、善悪をいわずにほんとうに平等に分けられるほど善い者ではなかったということなのでしょう。平等、平等といっても、努力した者もしなかった者も平等だということになると、努力しないほうが得でないかという人間が出てくる。社長も部長も課長も社員も、平等にすると、仕事の分担がはっきりせず、能率も上がらないことになる。

せめて給与だけでも平等にすると決めても、これもまた問題がでてきます。つまり本質的によい存在ではないという自分が見えていないと、平等を主張することが次の不平等を呼び起こし、不満を残すことになっていくのです。

だいたい善し悪しというのは、時代や社会によって違っているのです。ものを大切にするのがよいという時代もありましたが、消費がよい使い捨てのほうがよいという時代もあるのです。家電製品でも修理に出すと、ものによっては直すより買われたほうがお得ですよといわれることもある。自動車でもガス台でも、数年たつと修理の部品が無くなっているものもある。

ものを大切にするということはいいことなのですが、時代や社会によっては単純に善し悪しという範疇でピシッと割り切るわけにいかないでしょう。戦争だってそうです。戦争は悪いに決まっていますが、戦争を始めるときは、どの国もどの民族も、みな我こそは正義だといって戦争するのです。正義と正義がぶつかる。自分のほうが実は悪いのだがといって戦う民族や国はありません。悪いのは相手だといって戦う。選挙でもそうでしょう。選挙戦といいますから、結局あいつが悪い、おれのほうがいいと自覚の正当性を主張して戦う。おれがいいというものばかりが寄っているのです。そして、いい悪いという選びは、全部自分のその場、その時の好みや都合で選ぶのです。そして、その選びの中に入らないものは、粗末にし排除することになるのです。

たとえばわれわれは健康はいいことだと決めてかかっています。けれど、ほんとうに健康なことがいいに決まっているかどうか確かめる必要があるでしょう。『徒然草』に「友とするにわろき者、七つあり」といって、三番目に、「病なく身強き人」と書いてある。さすが兼好法師、健康そのものという人は友だちに持ちたくないといわれます。それは、健康な人は健康に恵まれるがゆえに、他人への思いやり、ことに病気の人に対する思いやりというようなものが出てこないからでしょう。

ある御住職が話されたことですが、三十年以上も前に、仲人さんのお勧めで、結婚された。そのとき仲人さんのいわれるには、お寺の坊守さんは、本堂や庫裡の掃除をはじめとして庭掃き草取りと労をいとわず働かなければならないからまず健康が第一だ。この女性はしっかり者でいい人だが特に健康だけは保証するという話だったから、それではということでいっしょになった。仲人さんのことば通り結婚して三十年、まだ一度も医者にかかったことがない、健康そのものであったと。ところが自分には持病があって、陽気の変わり目になると胃がニカニカする。気分が悪いものだから、法要のない日は、一日寝ていると、妻は長年連れ添ったのに、少しもわかってくれない。「胃がニカニカするってどんなのです。私もいっぺんそんなふうにニカニカして寝てみたいですわ」という。自分としては胃が痛くて、やさしいことばの一つもかけてほしいのに、妻は健康そのものだから理解ができない。また仮病使ってサボっている、なまくらを起こして寝ているのだといわんばかりのもののいい方をするといっておられましたが、そういうものなのでしょう。一度も病気をしたことがないという人は、病の痛みがわからないのでしょう。

だから、健康であることが絶対にいいとは限りません。長生きしたらいいとも限らないのです。おじいさんが長生きしたので、おじいさんを送ってから逝きたいといっていたおばあさんが先に逝ったり、あるいはまたその息子の嫁さんが先に逝ったりして、結局おじいさんの長生きがたいへんなことになることもあります。それなら若死がいいかというと、それはなお困る。お与えの寿命なのですから、都合で決めるわけにはいきません。だから、人間のいう善し悪しは、もう全部幻想ではありませんか。

親鸞聖人は、『正像末和讃』の最後のところに、

よしあしの文字をもしらぬひとはみな　まことのこころなりけるを
善悪の字しりがおは　おおそらごとのかたちなり

と和讃しておられます。親鸞聖人は、まことということばは、普通は如来のところにしか使われません。まことといえば如来なのです。ところがここでは、そのまことということばをわざわざ「よしあしの文字をしらぬひと」のところへ付けておられる。そして「善悪の字しりがおはおおそらごと」とおっしゃるのです。

だから善悪をいう人間は、善意に満ちてなどいないのでしょう。善悪を知っているといっても、自分に都合が悪かったら、もう向こうが悪いのだと決めつけていくのですから、その知り方は自分の分別で、理性で知っているだけです。理知で知っているような善悪のこころは、善と決めたものを選ぶとともに悪と決めたものをのけものにしようとさえしていくのです。

裸の王さまという話があります。虚栄心が強く衣装狂いの王さまがだまされたのは、家来もふくめて見栄を張って我れ賢しと思っていたからでしょう。「世界一の素晴らしい服を作りましょう。ただ

し不思議な服で、正直でりこうな人にだけ見え、うそつきや心の悪い人には見えません」という商人の言葉にのせられて、上手に朝から晩まで機織る真似をしたものだから、みんなだまされた。大臣がまず見に行ったが、反物が見えない。見えないといえば、心の悪い人とみんなに思われるのがこわいから、「素晴らしい織物でございます」と心にもないお世辞をいう。それで、その織物で作った衣装を着せてもらった王さまは、なにも着ていないのだが、見えないというわけにはいかないので、「素晴らしい服だ」といった。それで、その服を着て王様が街へ出たら、子どもが、「王さまは裸だ！」と叫んだからみんなのうそがばれたという寓話です。

人間の知恵はそんなものではありませんか。われ賢し、われ知り得たりというのが、善悪の字しりがおです。善悪の字しりがおにみんなだまされている。大臣や王さまがだまされたのは、ばかだからだまされたのでなくて、人間の分別、理知があったから、浅知恵があったから、かえってだまされたのでしょう。

そういうことで私たちは、老少善悪のひとをえらんで生きている。しかもそのえらんでいる範疇がまことにいいかげんな、一貫性のない、どの世界へ行っても通じるというわけではない普遍性のないものでしょう。にもかかわらず、老人と若者を選び、あれがいいこれが悪いと、そのときそのときの自分の都合をいい立てて生きている。弥陀の本願は、そういうことを一切えらばないのです。だからこれは、仏にしかない世界でしょう。弥陀の本願だけがひとをえらばない。人間はひとをえらびづめです。親もえらぶし、子もえらぶし、夫もえらぶし、妻もえらぶでしょう。周囲に住むひとをえらび、友だちをえらぶ。えらんでえらんで、善悪をつけて裁き、最後は孤独地獄に落ち込んでいくのです。そういう在り方をほんとうに根本から開くのは、弥陀の智慧と慈悲だけです。弥陀の限りないひかりといのちだけが、人間の闇を照らし、いのちの尊さを回復する。「弥陀の本願には老少善悪のひとをえらばれず」、その一言でいかにわれわれが老少善悪をえらびづめの生活をしているかということを知らしめて、そこから解放せしめようとするのが弥陀の本願だと教えているのです。

ただ信心を要とす

次に、「ただ信心を要とすとしるべし」とあります。ここでいう信心は、「弥陀の本願には老少善悪のひとをえらばれず」という仰せを、そうです、そのとおりですと深く信ずる心でしょう。それには、老少善悪にとらわれづめでありますという懺悔がなくてはなりません。老少善悪を救いの条件にしない本願のすばらしさに気づくのは、老少をえらび、善悪をえらんでばかりの私でありました、いつも老少善悪にとらわれて、平等でみんなといのちがつながっている広い世界にありながら、狭いところにこだわっている私でありましたと、頭が下がらなければならないでしょう。「老少善悪のひとをえらばれず」ということばにおいて、老少善悪のこだわりから一歩も出ることのできない自分に気がつく。ほんとうにどうしようもないもの、厄介な自分だと気づく。そう頭の下がる廻心がなくてはならない。つまり教えられて直るようなものでない。教えられても教えられても直らない、とんでもないものであったというわが身に覚める、それを廻心、信心というのでしょう。弥陀を対象にして信じるのが信心ではなくて、そういう老少善悪をえらびづめの私であったと深くうなずくことが信心なのです。気づくというよりもむしろうなずくのです。それで、信心を要とすると「しるべし」といわれるのでしょう。安田理深先生は、信心はなるほどそうだったとひざを打つということだといわれました。老少善悪をえらびづめの自分であったとひざをたたいてうなずく。それが信心です。

『歎異抄』の第十五条では「不簡善悪の法」といってあります。親鸞聖人は『唯信鈔文意』に、

「不簡」は、えらばず、きらわずという。

と述べておられます。だから老少善悪のひとをえらばれずということは、同時に嫌わないということなのです。嫌わないというのは、どんな悪い人ともいっしょにおれる、どんな老いたる人ともいっしょにおれる、どんな赤ちゃんともいっしょにおれるということでしょう。このごろの若いお母さんの中には赤ちゃんは嫌いだという人があるそうです。年寄りも嫌いだ、若いときがずっと続くのがいちばんいいというのでしょうか。

念仏は「不簡善悪の法」です。えらばず、きらわずという法です。そのえらばず、きらわずという本願にふれて、いかにえらび、いかに嫌ってきたかという選別と排除ばかりのわが身に気づき、いくらいわれても、いくら教えられても、そこから一歩も出ることのできない私でありましたと、頭が下がるよりほかに助かる道はない。そういうえらびさばきばかりの自分に頭の下がるのが南無です。それを信心というので、信心は本願にふれて立場がひっくりかえる廻心なのです。その信心の一点をはずすと、元の木阿弥になるので、信心を要、「かなめ」というのです。

では、そのかなめの信心はどうして起こるか。そこには本願の呼びかけがあるのです。念仏は不簡善悪の法と教えられるだけでは、善悪をいわず助けてくださるのかという理解程度で終わってしまう。だから、「私が善悪にとらわれているどうしてみようもないものなのだ」と目覚めさせる手立てまで要るのです。「おまえこそ善悪をえらびづめの人間でないか。なにをぼけているのか」と叱咤されることがなければ、いくらえらばずきらわずという教えがすばらしい教えであってもひっかかりようがない。それほど、われわれは鈍感なのです。

そのうなずかさせるための手立てが、次の、「そのゆえは、罪悪深重煩悩熾盛の衆生をたすけんがための願にてまします」なのです。ではその罪悪深重煩悩熾盛の衆生をたすけんがための願は、何か。その願は、弥陀の四十八願の中心第十八願であります。

たとい我、仏を得んに、十方衆生、心を至し信楽して我が国に生まれんと欲うて、乃至十念せん。もし生まれずは、正覚を取らじ。唯五逆と正法を誹謗せんをば除く。

とあります。聖典を見ていただくとわかりますが、その他の願文は「たとい我、仏を得んに」で始まって最後は「正覚を取らじ」で終わっています。ところが第十八願のところには、「もし生まれずは、正覚を取らじ」のあとに「唯五逆と正法を誹謗せんをば除く」と、これだけ特別なことばがおいてあります。つまり「唯除五逆誹謗正法」とあるのが、第十八願の特徴です。心を至し信じねがって弥陀の国に生まれたいと思って十念ほど念仏したら弥陀の国に生まれさせると誓いながら、唯五逆をつくるものと正法を誹謗するものとを除くという。なぜ大事な第十八願のところにだけ、ただ除くという文がつけられたのか。その除く内容は、五逆と誹謗正法だというのです。

五逆は、『教行信証』「信巻」の終わりに経文からの引用があって、その内容が出ています。「一つには三乗の五逆として、小乗の五逆としてこう書いてあります。「いわく、一つにはことさらに思いて父を殺す、二つにはことさらに思いて母を殺す、三つにはことさらに思いて羅漢を殺す」。羅漢というのは仏道の修行者と見たらいいでしょう。「四つには倒見して和合僧を破す」。仏法を聞いているような仲間を壊滅状態に追いやる。「五つには悪心をもって仏身より血を出だす」。これは仏さまのお道具とか、お聖教とか、仏さまに関することを足げにするといいますか、いいかげんに扱うことだと了解していいと思います。そうすると、父を殺した覚えもないし、母を殺した覚えもない。また修行している人を痛めつけたこともないし、法を聞いている仲間の邪魔をしたこともない。それから仏さまのお道具を足げにしたことはないし、もちろんお聖教は大切に扱っている。それで、五逆はしていないと思いますが、どうでしょうか。

『御消息集』という親鸞聖人の手紙を集めたものの四通目に、謗法と五逆について、

善知識をおろかにおもい、師をそしるものをば、謗法のものともうすなり。親をそしるものをば、五逆のものともうすなり。

とあります。小乗では、殺父、殺母、殺羅漢、破和合僧、出仏身血が五逆でありましたが、親鸞聖人は、親をそしるものは五逆だといわれます。そうしますと、親を一度もそしったことがないという人がおられるでしょうか。親にはひとかたならぬ恩を受けたといっても、いつもそう思っているわけで

はないでしょう。嫁いできてから親元のほう向いて、拝んで床についた人がありますか。拝んだことがなければ、親をおろかにしそしっているのと同じでしょう。親が亡くなって涙を流しても、「泣きながら大きい方とる形見分け」という心は微塵もありませんか。「亡き母の指輪めぐってアミダクジ」という川柳もありました。そういうことを押さえますと、五逆は、私のことになります。自分こそ父を殺し母を殺し、和合僧を破し、仏さまの教えを聞いているという形で、本願に背き続けているようなことしかしていないのではないかということが見えてきます。

「信巻」には続いて大乗の五逆を引用されますが、これは親をそしるどころではありません。全文を揚げるのは、長くて難解ですから省略しますが、その最後のところに、

十不善業を行ずるなり。

とあります。十不善業の内容は十悪と同じです。そうしますと殺生、偸盗、邪淫、妄語、綺語、悪口、両舌、貪欲、瞋恚、愚痴が十悪ですから、これにはみな漏れることがありません。殺生するなといいますが、殺生しなければ一日だって生きていけないのです。たとえば今日は石油ストーブをたいて本堂を暖めているでしょう。それは資源の枯渇と地球の温暖化に関わっている。そうするとそのことで他の動物や植物にどれほど悪影響を与えているかわかりません。殺生というと、特別なことに思われますが、知らず知らずのうちに他の生物の命を奪って生きているので、息を吸っても吐いても殺生しているのでしょう。

だから大乗の五逆の教えによれば、人はみな五逆のただ中にいるといわざるを得ない。教えをそし

る謗法もそうです。親鸞聖人のさきほどのお手紙でいえば、善知識をおろかにおもい、師をそしるものが謗法だといわれる。先生もたいしたことはいわない、自分でわかったんだと思うのは、師をそしる謗法でしょう。教えを聞くといいながら、あの人のご信心もうひとつだなどと、批評して聞いているのです。そして仏さまにかかわるのも、自分の根性でかかわっている。

罪悪深重の自覚

先ごろ、こんな民話を聞きました。ある村に東の地蔵さんと西の地蔵さんがあった。東の地蔵さんは村人の頼みをなんでも聞いてくださるが、西の地蔵さんは少しもいうことを聞いてくださらない地蔵さんだった。あるとき、一人の旅の僧がきて、村人たちに、ほんとうはなにもいうことを聞いてくださらない西の地蔵さんを拝むのがよいといって立ち去った。ところが、村の人々はいうことを聞いてもらえないような西の地蔵さんを拝みに行くのはつまらないといって、みんな頼みを聞いてくださる東の地蔵さんのところへ行ったという。どうぞ貧乏から救うてください、健康にしてください、家族円満にしてくださいとお願いをする。東の地蔵さんは、よしよし、貧乏から抜け出させてやろう、健康にしよう、家庭円満にしようとなんでもいうことを聞いてくれる。だから東の地蔵さんは大繁盛。どの村人も、みなその東の地蔵さんへ頼みに行った。

みんなの願いがかなったら、昔からの身上よしの人がおもしろくなくなってきた。自分たちは、祖先から代々苦労し倹約して、やっとこの身上になった。それなのに、きのうや今日お地蔵さんに頼みに行ってにわかに身上よしにしてもらった人が増えるのは我慢がならなくなってきた。それで、ついに元からの身上よしの人たちが、あの家をどうぞもとどおりの貧乏にしてやってください、あの人を長生きさせるのはやめにしてください、家の中にいさかいが絶えぬようにしてほしいと頼みにいった。それで東の地蔵さんはそれも全部いうことを聞いた。

それで一時はよくなったけれど、またそうして頼みに行ったものだから、結局みんな元の木阿弥になった。そこで旅の僧が来て、なにもいうことを聞かない西の地蔵さんを拝むのが大切なことなのだと諭したという民話でした。これは話としては地蔵さんということになっていますが、そのまま南無阿弥陀仏の教えを語っているのでしょう。つまり南無阿弥陀仏は、人間のほんとうの要求にこたえるもので、人間の欲望にこたえるものではない。人間の要求は、そのときそのときの都合に合うような欲望です。だから私情、私事でしょう。公事を頼むということはありません。だから、弥陀はそのような人間の都合には耳をかしてくださらないのでしょう。

人は、人の幸せを先にするほど善意に満ちていませんから、ついつい自分の都合を頼む。それでそのような頼み事を聞かない阿弥陀仏は、あつかましいことばかりいっているではないか、欲で拝みに来ているのではないかとおっしゃるに違いない。こうして、人間の謗法性を徹底してあぶりだそうと誹謗正法を除くといわれるのです。教えを聞かないわけではないが、聞いていることの全体が自分の都合で聞いている。だから自分の都合に合わないと、善知識をおろかにおもい師をそしることにしていくのでしょう。それで、第十八願に「唯除五逆誹謗正法」とあるのは、おまえこそ五逆のものであり、謗法のものでないかとしらせるためにわざわざもう一度釘を打ってくださったのです。

親鸞聖人は『尊号真像銘文』に、

唯除というは、ただのぞくということばなり。五逆のつみびとをきらい、誹謗のおもきとがをしらせんとなり。このふたつのつみのおもきことをしめして、十方一切の衆生みなもれず往生すべし、としらせんとなり。

といっておられます。ここには、「しらせんとなり」ということばが二回でてきます。まず「五逆のつみびとをきらい、誹謗のおもきとがをしらせんとなり」とあります。五逆のつみびとをきらうといわれる、そのはじめの関門も越えられないではないか。また、自分の都合の枠内でしか仏さまにかかわろうとしないありかたは、誹謗のおもきとがそのものではないかと知らせる。こう五逆のつみびとであり誹謗のおもきとがの私であることを、徹底して「知らせる」というひっかかりまでも用意して、「このふたつのつみのおもきことをしめして、十方一切の衆生みなもれず往生すべし、としらせんとなり」と、五逆と誹謗の私を救おうとされるのが弥陀の本願であるといわれるのです。第十八願にわざわざ唯除五逆誹謗正法ということばを設けて、「このふたつのつみのおもきことをしめして」もらわないことには目が覚めないほど愚かな私なのです。罪を感ずるといっても自分で感じるような罪は大したことではないのです。仏さまに除くと教えられてわかる。なんじ五逆と誹謗の罪深きものよといわれて、ああ、そのことも知らずに生きておりましたと、初めて目が覚める。だから親鸞聖人が罪悪深重といわれるのは、教えられてはじめてわかる。教えに照らされてわかる、所照の自覚なのです。

自分でわかったのではない、仏さまの教えに遇って初めてほんとうにそうだったなとうなずくのです。

罪悪深重は、自分でいうのではありません。そう教えられましたということです。教えられれば教えられるほど罪悪深重でありましたというのです。自分で煩悩熾盛とわかるのではない。煩悩は身を煩わし心を悩ますもので、その主なものは貪欲、瞋恚、愚痴、邪見、我慢、疑惑などです。熾盛は、火が燃え盛るように盛んということです。煩悩がどんどん燃え盛るような我が身であることは、教えられてわかることです。こうして、「つみのおもきことをしめして、十方一切の衆生みなもれず往生すべし、としらせんとなり」と重ねて「知らせ」て、罪の重き私目当ての本願のこころにふれたのが、「罪悪深重煩悩熾盛の衆生をたすけんがための願にてまします」といううなずきなのです。

「罪悪深重煩悩熾盛」、これが、「ただ信心を要とするべし」という南無阿弥陀仏の信心の内容なのです。罪悪深重煩悩熾盛の私でありました。これならだれでも通じるでしょう。賢くなれというのだったら能力のある人でないとできません。けれども愚かなものだということに気づくのはだれでもできます。その愚かなものだと気づかせるのが、本願のはたらきなのです。本願に遇わなければ、罪悪深重煩悩熾盛とは気づかないのです。罪悪深重煩悩熾盛と気づかない愚かなものであったと気づかされて、本願に帰していくことこそ、人間のほんとうの救いだと教えられているのです。

念仏にまさるべき善なき

終わりに、

しかれば本願を信ぜんには、他の善も要にあらず、念仏にまさるべき善なきゆえに。悪をもおそるべからず、弥陀の本願をさまたぐるほどの悪なきがゆえにと云々。

とありますが、これは真宗の生活、念仏に賜る信心の生活を述べているのです。

「他の善も要にあらず、悪もおそるべからず」ということばだけを聞きますと、社会生活を無視した無茶苦茶な言動のように思われます。しかし、そこには私たちの生活がいつでも善と悪とをえらび、それにこだわって困り果てているという懺悔があるのであって、そういう善悪に縛られた生活から解放されるのがほんとうの救いだというのです。一般に善悪というのは、その時代の社会や個人の都合でいうのでしょう。善というものがあるように思い、悪というものがあるように思いますが、自分の都合でいっているだけではありませんか。私たちがいい人というのは自分にとって都合の良い人でしょう。「おごられて良い人だなあとすぐ思い」という川柳がありました。悪い人といったら自分にとって都合の悪い人です。「賄賂こそ心のこもった贈り物」という句もありましたが、収賄の罪に問われる人は悪い人ですが、その悪い人をいい人だという人もいるのです。

雑誌『同朋』に小栗順子さんの、「悪」という題の詩が載せられていました。

以前

この世に

「善」と「悪」

「善人」と「悪人」が

存在していた
なぜか
必ず
わたしは
「善人」でいた
今
わたしの奥から
「悪」が湧いてくる
とめどなく湧いてくる「悪」よ
安心して湧け
永遠にわき続けよ
おまえの中に
一筋の光
拝める

「善人と悪人が存在していた、なぜか必ず私は善人でいた」とは、教えによってあきらかになった自分の姿でしょう。しかし、そのような生き方しかしていない今の自分に目覚めれば、とめどなく湧いてくる悪の中に一筋の光が拝めるといわれる。そういうことからいえば、弥陀の本願は、ご都合主義に立って、善悪にこだわる人間の姿を徹底して照らしつくすことを通して、その中に一筋の光が拝める人間を生産するのでしょう。先日、新聞の投書欄で「鶏ドラマとびまる君」というのを読みました。

去年の夏、おいが縁日でひよこを買ってきた。店の人が、「そのひよこ、大きくなったら卵を産むよ」といって渡してくれたそうだが、まさか縁日で売っているひよこなんてみんな雄だろうと「とびまる君」と命名した。ところが秋になって、体はもう立派に一人前になったのに、とんとトサカが大きくならない。ひょっとしたらこれ雌?とみんなの見る目が変わってきた。飼育係の兄はカキ殻を与える。母はせっせと菜っ葉をやる。なんとまあこの待遇の変わりよう。名まえも「とびまる子ちゃん」へと改められた。それから二か月ほどして、「とびまる子ちゃん」は変身した。立派なトサカに、あごの下の赤いブラブラ。「ああ、これはもうだめだ。クリスマスには丸焼きにするか…」と兄もカキ殻をやるのをやめてしまった。しかしドラマはまだ続く。一月のある日。外から父の呼ぶ声に、なんだろうといぶかしく思いつつ父の後をついていくと…。なんと鶏小屋の片隅に楕円形の白い物体。「え、まさか卵?」。「うそ。とびまる君て雄だったのじゃないの?」「いつの間に性転換したの?」と家じゅう大騒動。だって前日には近所のおばさんと母が、「この鶏、雄やねえ」。「うん。コケッコーと一声でも鳴いたら、もうおつぶしよ」といい合っていたばかりなんだから。ところでとびまる君が卵を産んだ日は、未明に近所で大火事があった日。ひょっとしてそのショックで雌になったのかな。なにはともあれ、それまで見向きもしなかった義姉までが小屋をのぞくようになったのと、風よけのビニールのカーテンがつけられて、待遇がぐんとよくなり、とびまる君の命が永らえたことだけは確かです。

自分の都合で善し悪しを立てて、役に立ったら大事にする。役立たなくなったら大事にしない。みな自分の都合でしょう。これ人間だったらどうなるのでしょうか。人間というのは、人の間と書くので、世間に仲間そして居間に茶の間と間という字が入っているように、間を大切にし間に生きているのですが、その間をこの話のような自分の都合だけで、大切にしたり粗末にしたりしているのではないでしょうか。中日新聞のコラムニストがこんなことを書いておられました。ちょっと長いですが、読んで見ます。

かつて母親たちは「もったいない」が口癖だった。包装の類は捨てない。食事を残す子らを厳しくしかった。総じて明治、大正の女は日々「もったいない」を繰り返して、ものへの感謝を教えた。「もったいない」の勿体は人の品、風格の意でもあって、これがないのはあるべき姿を忘れて、不遜だということである。民俗学の柳田国男によれば、子どもは人から物をもらったとき、その品を額に押し当てて、メッタイ、あるいはメンタイと礼をいった。勿体はメデタイに通ずるメッタイから出ているらしいという。一般には目上の人の好意にただ嬉しいではすまず、恐れ入ることばでもある。昨今は狭い家に住んで、いかにものを捨てるかが生活の知恵になった。飽食でもあって、「もったいない」の美徳は薄れつつある。「ノーサイド」三月号の特集「もったいないは死語か」に二十七人の知名士たちが回答している。

その中で作家の安西篤子さんは、「このことばには罰が当たると続き、神仏を畏れる気もちが含まれていたはずですが、いまの若い人にはありますまい」といい、評論家の村上兵衛氏は、「人が人たる所以を支えているのは『いただきます』と『もったいない』の底に流れている心で、これだけが世界に誇り得る精神的要素」といっている。さらに評論家の石垣綾子さんは、「まだ使えるものを捨て、新製品に飛び付く狂った価値観が、人間や地球の使い捨てにつながる。この誤った価値観は、成績の悪い子どもをダメな子として扱い、老人を役立たずと見る」と警告する。

メッタイの再生は難しいようだ。

もったいないということばを忘れると、われわれは、成績の悪い子どもはダメとして扱い、老人を役立たずと決めてしまうような価値観になっていくといわれる。だからもったいないということばの再生には、自分の都合でものをいっていることが教えられて、もったいないといえる精神に出遇うことが大事なのでしょう。

私たちは自分のそのときの都合で善悪を決めて、決めた善悪に自分が縛られるのです。これを自縄自縛という。だから、人の使い捨ては自分の使い捨てになるのです。自分の都合で決めた善悪に自分が縛られて、人やものとのかかわりをだんだんと狭くしていく。善悪をいえばいうほど、善は少なくなり悪が多くなっていくのではありませんか。しかもその善悪の決め方は、さきほどの詩のように、いつでも私は善人でいたということがもとになっているのです。

今日、脳死の問題がいろいろと取沙汰されています。このごろは賛成論が多くなってきているようです。賛成の理由はなにかというと、臓器移植のために賛成だというのでしょう。いのちの尊厳より臓器移植がさきです。つまり長寿はいいものだという、その考え方にとらわれていかに生きるかが忘れられているわけでしょう。特に医学の立場からいえば脳死でも臓器が生きておるのだから、これを他の患者に移植して多くの人を助けようということになるのです。

善悪のとらわれから解放される

しかし、人間の感覚としては、心臓が動いていて体が温かければ死んだとは思えないでしょう。やはりお骨にしないと死んだと思えないのが普通の人の自然の感覚です。それを、医科学だけで割り切ってよいものかということもある。親鸞聖人は、「閉眼せば、賀茂河にいれて魚にあたうべし」といわれたといいますから、これから問題になるでしょう。臓器移植のための脳死の判定がおかしいといったのは、臨調委員の中では梅原猛氏です。臨調委員ではありませんが、五木寛之氏は、反対の立場で、

たとえば人間は結局病気に勝てないという考え方が大事だと思う。癌を制圧してもエイズがあるだろう。エイズを制圧しても次の病気が生まれてくるだろう。最終的に人間は病気に勝てない。そしてなによりも死という大きなことから逃れることはできない。これからさき考えられるのは、死を否定する生ではなくて、生の中に死を含んだ思想、死と対決するのではなく、死を迎え入れる思想がなくてはやっていけないのでないかと思う。

といわれます。そういうことからいうと、仏教は初めから生死を分けて考えるのを迷いといってきたのです。生あるものはかならず死す。仏教の説く生死というのは、生死をなくするのではない。生死していけるということなのです。生死を超えるのがお釈迦さまの教えでしょう。生あるものはかならず死ぬのですから、生まれた以上死を逃れることはできない。人間は生死の中にありながら、生死していけないのです。死ぬのはだれでも嫌です。それなら生きているのがいいかというと、そうもいえない。苦の娑婆はそう長生きしても、ほっこりしないところだといいます。それなら早く死ぬかといえば、生きているといいことがあるかも知れないからという。だから生きてもいけないし、死んでもいけない。それに対して仏教で生死を超えるというのは、生きていける死んでいけるということなのです。

死んでいけるということは、たとえどんなところであっても生きていけるということ、そういう意味で生死を超えるというのです。生死を超えるということは、生死に随順することなのです。超越と随順は一つことですから、ほんとうに生死を超えるがゆえに、生死していける。善も要にあらず、悪もおそれなしというのも、これと同じで、善悪のとらわれから解放されることをいうのです。善はどうでもいい、悪もどうでもいいという話ではないのです。すくなくとも自分を中心に考えるような善悪で、善にほこり悪をさげすんで、にっちもさっちもいかない生活から、一歩踏み出して生きることを教えるのです。たとえその結果が悪くなっても、そのことで恐れる必要もない。しかし善いことをしたから、善いことがやってくるのだという、そんな単純な考え方に甘えて生きていくのでもない。

今ある事実に即して生きていくことが、善も要にあらず悪もおそれなしという、教えのことばなのです。だからそれはけっして自分を善人として考えているような善悪でいっているのではないのです。

先般世界の人口会議が行われました。その中で、インドは極端に人口が増えているでしょう。だから人を増やさないように産児制限など国民に指導をしたらどうかという発言があった。それに対して、そのときは黙って聞いていたインドの代表者が、後で「インド人が一千万人増えるよりも、アメリカ人が二十万人増えるほうが地球に害を及ぼす。日本人が五十万人増えるほうが問題だ」とそっと耳打ちしたそうです。そういわれてみれば、そうなのです。日本人は先進国だと威張っていても、先進国の文化が、多くの自然破壊の原因をつくっているのです。

ある有名な文化人類学者が、「人類に未来はない。心やさしい遺伝子はもう滅ぼされたのだ」といっています。心やさしい遺伝子は滅ぼされて、なんでもいい自分の都合がよかったらいいのだという風潮が表面化してきている。このごろ新聞に出てくる記事、みなそうではありませんか。脳死を認める人がどんどん増えている。多くの宗教もそれを認めるのでしょう。認めなければ娑婆についていけない。反対したら、時代知らずだといわれる。そのほうが怖いのでしょう。そんなことで、己よければすべてよしとして生きるのです。ただ自分が可愛いというだけで善悪をつけてきたことに気づかなければ、いくら生きても生きたことになりません。自分の善を誇って他人の悪を裁いてきただけです。そこに気がつきますと、善悪のとらわれから解放されて生きることが、いかに大事なことかを思い知らされます。そしてそれは弥陀の本願の教えによらなければできないことだと教えるのが、「他の善も要にあらず」「悪もおそるべからず」ということばなのです。

だから、『歎異抄』の後ろの方には、親鸞聖人のおおせとして、

> 善悪のふたつ総じてもって存知せざるなり。そのゆえは、如来の御こころによしとおぼしめすほどにしりとおしたらばこそ、よきをしりたるにてもあらめ、如来のあしとおぼしめすほどにしりとおしたらばこそ、あしさをしりたるにてもあらめど、煩悩具足の凡夫、火宅無常の世界は、よろずのこと、みなもって、そらごとたわごと、まことあることなきに、ただ念仏のみぞまことにておわします。

といわれているのです。

この善悪の問題について、清沢満之先生は「我が信念」の中でこう書いておられます。

> 私が如来を信ずるのは、私の智慧の窮極であるのである。人生の事に真面目でなかりし間は、措いて云はず、少しく真面目になり来たりてからは、どうも人生の意義に就いて研究せずには居られないことになり、其研究が遂に人生の意義は不可解であると言う所に到達して、茲に如来を信ずると云ふことを惹起したのであります。信念を得るには、強ち此の如き研究を要するわけでないからして、私が此の如き順序を経たのは、偶然のことではないか、と云ふような疑いもありそうであるが、私の信念はそうではなく、この順序を経るのが必要であったのであります。私の信念には、私が一切のことに就いて私の自力の無功なることを信ずる、と云う点があります。此自力の無功なることを信ずるには、私の智慧や思案の有り丈を尽して、其頭を挙げようのない様に

なる、云ふことが必要である。これが甚だ骨の折れた仕事でありました。其窮極の達せらるゝ前にも随分、宗教的信念はこんなものである、と云ふような決着は時々出来ましたが、其が後から後から打ち壊されてしもうたことが、幾度もありました。論理や研究で宗教を建立しようと思うて居る間は、此難を免れませぬ。何が善だやら悪だやら、何が真理だやら非真理だやら、何が幸福だやら不幸だやら、一つも分かるものではない、我には何も分からないとなつた処で、一切の事を挙げて悉くこれを如来に信頼する、と云ふことになつたのが、私の信念の大要点であります。

何が善で何が悪かを決めようと思えばいちおう決まるけれども、善悪も真理も幸不幸も、自分の頭でどれほど決めても、なに一つ決着のできるものではないと、ほんとうに頭が下がったときに、如来を信ずるという心に出遇ったのであるといっておられるのです。つまり自力無功と知らされる信が善悪に縛られる生活を解放するのです。

前回のところでいえば、「罪悪深重煩悩熾盛」のわが身であるということがほんとうにわかる。そうするとそこに弥陀の教えのままに生きるというわが身が生まれる。弥陀の教えのままに生きることは、いまここに生かされているこのところを、精一杯生きることです。人間の小賢しい智慧で、これが善いことだと頑張らずに、これが取りあえずいま私のさせていただくことだ、もったいないことだと生きる。それを善だといって頑張ると、自分は善いことをしているのに、彼は悪いことしてうまい汁だけ吸っているとなります。あるいは、自分は悪いことをしたのに、案外うまく行くものだと居直ったりします。そういうふうに善悪を立てるのではなくて、いま自分にここに与えられたところを精一杯生きる、それが本願に開かれていく生活でしょう。それで「しかれば本願を信ぜんには、他の善も要にあらず」といわれるのです。

他の善というのは人間が考えるような善でしょう。覚如上人の『口伝鈔』に、

上人親鸞のおおせにのたまわく、某はまったく善もほしからず、また悪もおそれなし。云々

とあります。そして、そのすこしあとに、

しかるに、善機の念仏するをば、決定往生とおもい、悪人の念仏するをば往生不定とうたがう。本願の規模、ここに失し、自身の悪機たることをしらざるになる。

ということばがあります。つまり、本願を信じても、いいことをしなければ救われないだろうと思うことは、結局は本願の規模を小さくするだけだといわれるのです。それはそうでしょう。本願は善悪ともに助けるといっておられるのに、それでもいいことをしたものが先に助かるだろうなどというのは本願の規模を小さくすることでしょう。

たとえば、親はどの子どももみなかわいいというでしょう。ところが親に愛想をいう子のほうが親はかわいいと思うだろうと、子どもがそういうふうに親の心を受け取るなら、親の心を子どもが狭めて受け取ったことになります。機嫌を取ろうと取るまいと、そんなことには関係がない。ほんとうに大きな本願の心に触れて自身の悪機たることがわかる。つまり人間が考えるような善悪は関係ないという教えに遇って、自分が悪機だとわかる、わかるから善もご縁で尽くせるし悪もおそれることなく生きていけるのです。人間が考える善悪は小さいことだという本願の心に触れて、善いことしたとい

うが、それは私の思いだけの小さいことでないかと教えられながら暮らしていける。そこに善を誇る必要もないし、悪をひがむ必要もない、フラットでしかも生き生きした生活が開かれていくのでしょう。われわれは本願の心を知らないから、自分の小さな善悪に口角泡を飛ばして頑張っているのです。そんなわが身の小さな生活がほんとうに広い世界へと解放されていくのが本願のはたらきなのです。

なにが善でなにが悪かわからない

本願に遇わないと善悪にとらわれます。善悪にとらわれると、いわゆる善因善果悪因悪果という思いがでてきますが、善因善果悪因悪果は、仏教の正しい考え方ではありません。仏教では、善因楽果悪因苦果といいます。それは、善は楽と感じる心身をいただき、悪は苦としか受け取れない心身を育てるからです。それを、誤解して善因は善果をもたらし、悪因は悪果をもたらすと決めてかかると、善果のために善をするようになります。すると善をすることが善果になるための手段になります。そういうのを真宗では罪福信仰、あるいは罪福心といいます。つまりどこまで行っても自分の都合を立てて、信仰することまで善悪を持ち込んで、善果になるために信仰する。しかも、その善果は人間の考えている幸せですから、病気が治るとか、お金がもうかるとか、周囲の人の根性がよくなるとかということでしょう。自分の性格が変わらないことを棚に上げて、父や母がやさしくなったらとか、子どもが思うように育ってくれたらとか、夫や妻がよくいうことを聞いてくれたらと、都合頼みのために信仰する。

しかし何でも自分のいうことを聞く人であったら、また困るのです。こんなことをいっている人がありました。

「あなたの家のダンナは善い人だ。なにいっても文句いわない。ちっとも反対したこともない。あの人と暮らせば幸せでしょう」

とみんながいった。みんながあまり褒めるので、その奥さんついに、

「なに言うても少しも反対されないのもおもしろくない。のれんのようで、押すと向こうへ行くだけ、たよりないわァ。それは一緒に暮らした者でないとわからん」

といわれたそうです。たまに反対されるから元気も出てくるのです。なんでも賛成なら、相談する必要がありません。ところが、相談しても意見を聞いても全部イエスだったら実際に困るのに、イエスマンをいい人だと思う。

夫から大切にされたいと思っている奥さんは多いと思いますが、大切にしてもらう中味はどういうことなのでしょうか。こんなことを新聞に書いておられる奥さんがありました。

六年前、子どもがスーパーの景品で小さな金魚を一匹もらってきた。あまり小さかったので、寒い冬が越せるかと心配したけれど、六年目の冬を迎えることができた。主人がかわいがっていて、出張から帰っても、すぐ二匹の犬と金魚ちゃんに「ただいま、元気だったか」と声をかける。いつもえさをやるのも主人である。ところが先日おなかを上に上げて全然動かず、「とうとう金ちゃん死んでしまったのかな」と主人。夜、体中赤チンをつけたり水を替えたりで大騒ぎ。その

うちピクピクと動き始めるではありませんか。主人は金魚鉢を居間に持ってきて横になり、「今夜は金ちゃんの付き添いだ」というので、子どもと大笑いした。仕事仕事で家族で一度も旅行へ行ったこともなく、私が病気でもけっしてやさしくなく、腹の立つことが多い主人。でも好きで好きでしかたがないのはこういう姿を見るからだと思って、金魚の横で寝ている主人に吹き出してしまう。「お前も子どもも言葉がいえる。食べたいものも食べられる。苦しいときも苦しいといえる。動物はものがいえないのだから、好きなものを食べさせたり、病気をさきに見付けてやらなければいけない」といつも主人はいう。次の日、もう金ちゃんは元気で、えさをパクパク食べていた。愛の力のなせるわざか。私も金ちゃんにあやかりたい。

金魚にあやかりたいというけれど、ペット的な大切のされかたなら、主体性が無視されますから、すぐおもしろくないようになっていくのでしょう。健康がいいと思いますが、病気についてこんなことをいう人がいました。

雑誌『同朋』にでていた、「病気と共に」という題の四方慶子さんの詩です。

病気は　いやだ　したくないと逃げて生きて来た人生
逃げられなく成った今　思い切って　ど真ん中にとび込んだら
病気と共に生きるのも　確かな悔いのない生き方ができ
すべてに感謝でき　良いものだと思いました
苦しい切ないことに出会い

それを乗り越えると見るものすべてが美しく
聞こえるものすべて天の声に聞け
この身が動くたびに感動の波が起こり
まるで揺りかごのように
時の空間を楽しんでいます

病気は、すぐ不幸に直結するものでないことが教えられます。それどころか、病気になっていままで気づかなかった世界が、次々と開かれてくることまで教えられます。

もう一人、新聞にこんな投書をしておられたかたがありました。

立春も過ぎ、下界はきのうまでの寒さとなんら変わらないのに、人間は自然万物を明るい気もちでとらえるから不思議だ。一病を持つ私には凍てつく寒さが大敵である。一日千秋の思いで冬場から解放されたいのが本音だ。やがて天地とともに早春の息吹が満ちあふれる日も遠くないと思う。眠っていた草花も萌えだし、百花も錦を織りなすように美しく咲き乱れ、ウグイスの鳴き声も弾むだろう。寒さから一変し、人の心をなごませてくれる。私の住む近郊の公園では暖冬のせいもあって、梅が満開である。あの小柄な白い花、清らかな香りと気品にあふれる姿が春の風情を醸し出す。三寒四温の繰り返し、春一番が到来して、瑞々しい春本番が訪れる。早くも心踊る。生き生きとした気分でその日を待ちわびている心境である。こんなふうに春が待たれるのも、やはり病気を持つ身の一つの特色でしょうか。

とありました。

中国の宋代の禅僧、無門慧開師の公案集『無門関』にこういうのがあります。

春に百花あり。秋に月あり。夏に涼風あり。冬に雪あり。

公案は禅のほうで師匠が弟子を導くために与える言句のことですが、弟子は参禅しながらそのことばをずっと考えて、そこに秘められている悟りの世界を感ずるのです。つまり春は花がすばらしい。秋はまた月がきれいだ。夏はまた風が涼しい。冬には雪の風情がまたよい。善し悪しにとらわれる心が知らされてみれば、どの季節もみないいのでしょう。四季みな好時節、これでいいのです。ところが自分の善悪を立てると、冬は寒くて困る。そういう人にかぎって夏になると暑くていやだという。春は眠たくて困る。草は生えてくるし、畑仕事も忙しくなってくる。秋は穫り入れの時に台風や雨が降って困るという。「冬は又夏がましじゃといいにけり」という上島鬼貫の句もありましたが、「夏はいや冬はいやだと歳を取り」で、結局われわれは四季ともに嫌なのでしょう。四季にその風情を眺めるこころがない。良寛さんは、「形見とて、なにか残さん、春は花、山ほととぎす、秋はもみじ葉」といわれた。子どもに残す財産は、善悪をいう必要のないような、与えられたものの中にいきいきと生きるような智慧の眼をいただくことだというのでしょう。

ところが、善をするのも幸福を得るため、幸福になるにはまず金という考え方にとらわれている。最近新聞で知ったのですが、「親は苦労し、子は楽をし、孫は河原で乞食する」というのは、西欧のことわざだそうです。おもしろいと思いませんか。親は、ものを蓄え残しておけば子どもは幸せになれると思って、苦労して働くのでしょう。そのおかげで子どもは楽する。けれど孫の代になると、親がなにも働かずに楽したのを見て育つから、孫は河原で乞食をするようになるというのです。そうすると親は孫に河原で乞食させるために苦労して働いているということになる。三代先まで見えないのです。

まさに、なにが善やらなにが悪やら、わからないのです。これが善い、あれが悪いといって、一生懸命になって、善をすれば幸せになるだろう、不幸せにならないために悪はやめるべきだと思って暮らしている。そうしてその善の代表が念仏だと、南無阿弥陀仏までも幸せの手段にするのです。念仏することまで罪福信仰の中へ取り込むような、そういう私の在り方から解放されるのが南無阿弥陀仏の教えだと示されるのです。

他の善も要にあらず

それで、弥陀の本願を信ぜんには「他の善も要にあらず」。なにが幸せだといっても、罪福の信仰を超えた南無阿弥陀仏に遇えることがほんとうの幸せでしょう。人間の考えている善は、親は子のために苦労し、子は楽をし、孫は河原で乞食する程度に終わってしまうのでしょう。そういう善を要とする考え方は、弥陀の本願に背いているというところに立って、もう一度自分の人生を見直すような生活をさせていただくことがほんとうの幸せだ。そういう生活に出遇うのを南無阿弥陀仏というのです。だから南無阿弥陀仏が伝わっていくということがいちばん大事なことなのです。

念仏にさえ遇えればいいという人生が私のうえに見つかるかどうかです。なにが幸せだといっても、教えに遇う以上の幸せはない。なにが幸せだといったって、念仏申せる身にいまならせていただくほどの幸せはない。南無阿弥陀仏だけがまことだといえる本願に気づかされつつある、それが人生にとっていちばんの喜びだと教えられるのでしょう。人生はご縁ですからどんなことをしでかすかわかりません。第十三条に、

さるべき業縁のもよおせば、いかなるふるまいもすべし。

とあります。業縁が起これればなんでもするのが人間です。自分は大丈夫だと思っていても、自分の子がなにをするかわからない。自分の兄弟がなにをするかわからない。車を運転する人なら、何十年無事故といっても、一秒の違いでどうなっていたかも知れないような、ヒヤッとした経験を一度や二度はお持ちでしょう。人は業縁によりますから、どこにも確かだといえるものはないのでしょう。

『大無量寿経』には、

心に常に悪を念じ、口に常に悪を言い、身に常に悪を行じて、曾て一善もなし。

とありますが、われわれは無自覚なだけで、悪を思い悪を言い悪を行う生き方をしているのでしょう。

蓮如上人は『蓮如上人御一代記聞書』に、

いのちの、娑婆にあらんかぎりは、つみはつくるなり。

といわれたとあります。それだけに、悪に対するおそれは、いつもついて回るのでしょう。しかし、いかにおそれても、娑婆にあるかぎり罪はつくるのであって、業縁のもよおせばいかなるふるまいも

する自分から逃れることができません。その業縁から逃れて、清く正しく生きるというのは、自分で自分を持ち上げるようなことで不可能です。それでも清く正しく生きるとすれば、責任地獄に堕ちるだけでありましょう。

そうした矛盾を超えるのが、「悪をもおそるべからず、弥陀の本願をさまたぐるほどの悪なきがゆえに」ということばです。人生なにが起こるかわからないし、どんな御縁をいただくか知れないけれど、南無阿弥陀仏に遇って、本願に帰るなら、もうそれで十分だと。弥陀の本願に出遇えるということが人生の中心で、本願を信ずるのが人生の至上の幸せなのだとうなずくのが、念仏申す信心の生活なのです。そして、それはわれわれが常識的に考えているような善悪観から解放されていくことで、それが念仏に賜る生活だというのでしょう。

第十六条には、

くちには願力をたのみたてまつるといいて、こころには、さこそ悪人をたすけんという願、不思議にましますというとも、さすがよからんものをこそ、たすけたまわんずれとおもうほどに、願力をうたがい、

とあります。善悪のとらわれがいかに深いかというのはこれでよくわかります。善悪を問わない本願、どんな悪人でも助ける本願だといいながらも、それでも善い者から先だと思うほどわれわれは善悪にとらわれて生きているのです。そういう打算のおもわくを厳しく指摘し、一切を御縁として生きていくのが南無阿弥陀仏の生活と教えられるのです。縁が来ればなにをするかわからないのですから、な

にが来ようと御縁でありましたと、全部本願に遇える御催促といただいて生きるのが念仏の生活です。

親鸞聖人の先輩である聖覚法印は、『唯信鈔』に、

仏力無窮なり、罪障深重のみをおもしとせず。仏智無辺なり、散乱放逸のものをもすつることなし。

といわれます。「仏力無窮なり」と、仏さまの力はほんとうに際がない。それは、「罪障深重のみをおもしとせず」ということであると。仏力無窮であるから、罪が重いことは問題にしない。仏智は無辺なのである。だから、「散乱放逸」、いろいろと心があちらへ飛びこちらへ飛び、一心に仏さまのことばかり思えない人も助からないと心配する必要はない。ほんとうに弥陀にまかせて生きることだというのです。自分で自分の行為をとがめたり、いいかげんなこころを励ましたりするのは、仏さまから見れば小さいことなのです。弥陀の本願の広さにふれれば、すべておかげであった、もったいないことであったと気づいて生きていけるというのです。人は過ちを犯す存在ですが、その過ちにいつまでもとらわれて閉塞していく心から解放されて、南無阿弥陀仏と申して立ち上がっていく生活を賜る。いつまでも悔いているのは、自分の根性で自分を責めているだけで、本願を忘れた生活だと教えられるのでしょう。

つまり本願に生きる、本願を聞く存在として一生を果たす身になるということです。本願に生きるのは、欲に生きるのと違います。本願は善悪のはからいをひるがえす教えです。本願は、はからいでがんじがらめになっていたと知らせるはたらきです。本願に生きるのは、いつも善悪のはからいにと

らわれて生きていることを照破されながら、余生ではなくて、与生を生きるということです。そういう人生観が与えられてくる。こうして、南無阿弥陀仏に教えられる人生に、善悪を越えた生涯の歩みを頂戴していくのが念仏者の生活です。

それで、「弥陀の本願を信ぜんには、他の善も要にあらず、念仏にまさるべき善なきゆえに。悪をもおそるべからず、弥陀の本願をさまたぐるほどの悪なきがゆえに」、こういう生活をいただいていくのが南無阿弥陀仏の自信ある生活だと教えられるのです。

そうして、第一条全文をもう一度初めから読みます。

弥陀の誓願不思議にたすけられまいらせて、往生をばとぐるなりと信じて念仏もうさんとおもいたつこころのおこるとき、すなわち摂取不捨の利益にあずけしめたまうなり。

まずこう真宗の教えが簡明に語られます。そしてその教えはまさしく、

弥陀の本願には老少善悪のひとをえらばれず。ただ信心を要とすとしるべし。

と徹底して人を選ばない教えは、信心を最要とすると述べ、その信心の内容が次に、

そのゆえは、罪悪深重煩悩熾盛の衆生をたすけんがための願にてまします。

と、信心は罪悪深重煩悩熾盛の自覚であるとして、そこから開かれてくる自信ある生活を、

しかれば本願を信ぜんには、他の善も要にあらず、念仏にまさるべき善なきゆえに。悪をもおそるべからず、弥陀の本願をさまたぐるほどの悪なきがゆえにと云々

と結ばれるのです。

第二条　おのおの十余か国のさかいをこえて

（原　文）

一　おのおの十余か国のさかいをこえて、身命をかえりみずして、たずねきたらしめたまう御こころざし、ひとえに往生極楽のみちをといきかんがためなり。しかるに念仏よりほかに往生のみちをも存知し、また法文等をもしりたるらんと、こころにくくおぼしめしておわしましてはんべらんは、おおきなるあやまりなり。もししからば、南都北嶺にも、ゆゆしき学生たちおおく座せられてそうろうなれば、かのひとにもあいたてまつりて、往生の要よくよくきかるべきなり。親鸞におきては、ただ念仏して、弥陀にたすけられまいらすべしと、よきひとのおおせをかぶりて、信ずるほかに別の子細なきなり。念仏は、まことに浄土にうまるるたねにてやはんべるらん、また、地獄におつべき業にてやはんべるらん。総じてもって存知せざるなり。たとい、法然聖人にすかされまいらせて、念仏して地獄におちたりとも、さらに後悔すべからずそうろう。そのゆえは、自余の行もはげみて、仏になるべかりける身が、念仏をもうして、地獄にもおちてそうらわばこそ、すかされたてまつりて、という後悔もそうらわめ。いずれの行もおよびがたき身なれば、とても地獄は一定すみかぞかし。弥陀の本願まことにおわしまさば、釈尊の説教、虚言なるべからず。仏説まことにおわしまさば、善導の御釈、虚言したまうべからず。善導の御釈まことならば、法然のおおせそらごとならんや。法然のおおせまことならば、親鸞がもうすむね、またもって、むなしかるべからずそうろうか。詮ずるところ、愚身の信心におきてはかくのごとし。このうえは、念仏をとりて信じたてまつらんとも、またすてんとも、面々の御はからいなりと云々

（現代語訳）

みなさんが、関東から京都まで、はるばる十余の国境をこえて、いのちがけで訪ねてこられた本心は、ただひとつ阿弥陀仏の浄土へ生まれる道を聞きただしたいためでしょう。

けれども、念仏のほかに浄土へ生まれる道やそのための経典などを知っているだろうと思われて、真相が知りたいとお考えなら、大変な誤解です。そのようなことなら、奈良や比叡山にすぐれた学者たちがたくさんおられるから、その人たちにお会いになって、浄土に生まれるための要点をくわしくお尋ねになるとよいでしょう。

この親鸞においては、念仏でなければ阿弥陀仏に救われない身であるという、よき人のお言葉を聞いて信じているだけで、このほかに特別な理由があるのではありません。

念仏は、ほんとうに浄土へ生まれる原因か、また、地獄へおちる業因かはまったく知りません。たとえ、法然上人にだまされて、念仏したために地獄におちても、決して後悔はしません。それは、念仏以外の修行をして、仏になる力のある身が、念仏したために地獄へおちたというのなら、だまされ

たという後悔も残りましょうが、どのような行も満足に修められないこの身においては、どうしても地獄だけが決まった住家なのです。

阿弥陀仏の本願がまことであるならば、それを説かれた釈尊の教えはいつわりではありません。釈尊の教えがまことならば、善導大師のご領解にいつわりのあるはずがありません。善導大師のご領解がまことならば、法然上人のお言葉が、どうしてそらごとといえましょう。法然上人のお言葉がまことならば、親鸞のもうすことも、むなしいことではないといえましょう。

つきつめていえば、この愚かな身にいただく信心は、このようなものです。だから、このうえは、念仏を信じることも、また捨てることも、お一人お一人の決心によりますと、親鸞聖人からお聞きしました。

『歎異抄』の中の二つの問答

『歎異抄』の前半の第一条から第十条までは、各条とも「と云々」あるいは「とおおせそうらいき」ということばで終わっていますから、これは親鸞聖人の語録です。お弟子の唯円大徳が、親鸞聖人のおことばで耳の底にとどまったことを記録したものです。そして、その内容は各条とも厳選されています。「弥陀の誓願不思議にたすけられまいらせて」と弥陀の誓願不思議に始まる第一条は総説であって、親鸞聖人の信心の全体が凝縮して述べられていました。それに対して第十条は、『『念仏には無義をもって義とす。不可称不可説不可思議のゆえに』とおおせそうらいき」と、はからいのないのが念仏の大事な点だと述べて、不可思議に終わる、これは結語になります。

第二条から第九条までは、第一条の総説をうけて念仏の信心とその生活を展開して第十条の結語にいたる。その展開していく第二条と、結んでいく第九条のところに問答、つまり対話形式の文章が出ているのです。

まず第二条は、「おのおの十余か国のさかいをこえて、身命をかえりみずして、たずねきたらしめたまう御こころざし、ひとえに往生極楽のみちをといきかんがためなり」と、親鸞聖人を訪ねたお弟子がたが、はるばる関東から京都まで来られたのは、往生極楽の道を問い聞かんがためだろうと、問いを整理して受け「親鸞におきてはただ念仏して、弥陀にたすけられまいらすべしと、よきひとのおおせをかぶりて、信ずるほかに別の子細なきなり」と、答えられることから始まります。

そして第九条は「『念仏もうしそうらえども、踊躍歓喜のこころおろそかにそうろうこと、またいそぎ浄土へまいりたきこころのそうらわぬは、いかにとそうろうべきことにてそうろうやらん』と、もうしいれてそうらいしかば、『親鸞もこの不審ありつるに、唯円房おなじこころにてありけり』」とあります。

第一条の総説をうけて、第二条に対話が置かれ、第三条から第八条まで展開して、結語の第十条へ導かれる直前の第九条に、もう一度対話が置かれています。展開と終結のところに対話が置かれるのは、師との出遇い、つまり遇って教えられるという具体性がなければ、念仏の信心と生活の感動が如実に伝わりにくいからでしょう。唯円大徳は、親鸞聖人と出遇って問題がはっきりした二つの対話を前と後ろに置いて、親鸞語録をまとめられるのです。『教行信証』で対話があるのは、「信巻」です。「信巻」は自問自答ですが、問題を深めるときには、対話が不可欠なのでしょう。そういう意味で、親鸞語録はわずか十条でありますが、全体を見通して構成されていることがわかります。

　そういう対話があるのが第二条だということを念頭において、本文へ入ります。

> おのおの十余か国のさかいをこえて、身命をかえりみずして、たずねきたらしめたまう御こころざし、ひとえに往生極楽のみちをといきかんがためなり。

とあります。それは親鸞聖人が関東から京都へ帰られて、何十年かたったころの出来事でしょう。親鸞聖人は京都に生まれ、九歳で出家された。二十九歳で法然上人に遇って、以後念仏一筋の道を歩まれますが、三十五歳のとき朝廷から出された念仏停止の令のために越後へ流罪になる。流罪は五年で許され、その後関東へ移住されます。そして晩年になって京都へ帰られて、著述に専念されることになります。

　京都では『教行信証』に加筆されるのをはじめとして、御和讃を作られたり、先輩の隆寛律師や聖覚法印の著述をわかりやすく解説して関東のお同行に送ったり、手紙を往復しておいでになります。あるいは『教行信証』の中の中心的な課題を整理して、『浄土文類聚鈔』としてまとめられております。

　そういう親鸞聖人の晩年のころのことでしょう。関東のお同行の中には、手紙の往復だけでははっきりしないので、京都まで身を運び直接親鸞聖人にお目にかかって決着される人々もいたのです。第二条はそんな状況の中から始まっています。問答なのですけれども、お弟子たちが問うた問いはここには出ておりません。親鸞聖人の答えからはじまっています。唯円大徳をはじめとするお弟子たちが、いろいろなことを訴えたり尋ねたりなさったに違いないのです。その問いを整理して親鸞聖人がおっしゃったことばが、唯円大徳には忘れられないことばとなったのがいま読んだところです。

「おのおの十余か国のさかいをこえて」とは、親鸞聖人がかつて住まれた関東から京都に上る途中の国々です。常陸を起点として東海道ならば下総、武蔵、相模、伊豆、駿河、遠江、三河、尾張、伊勢、近江、山城、東山道ならば武蔵、甲斐、信濃、美濃、近江、山城などの、十余か国のさかいを越えてです。

「身命をかえりみずして」というのは、命懸けでということでしょう。当時、関東から京都までの旅は、今世界一周するよりもたいへんだったでしょう。第一、歩く旅です。わらぞうりひとつを考えても、たくさん用意しなくてはいけない。旅程にだいたい二十日かかるとして、往復四十日でしょう。その間は、旅篭に泊まり、食事もしますから、お金もかかる。しかもいつ追いはぎに遭うかもわからない。病気になるかもわからない。一行の中でも、下野の国の覚信房は上洛の途中で病気になった。それで同行たちは国へ帰るようにすすめたが、どうせ死ぬのなら帰っても死ぬだろうと、行けるところまで行って親鸞聖人のもとで死んだほうがいいと、京都まで来て亡くなっているのです。「身命をかえりみずして」というのは、文字どおり命懸けの旅で、けっしてオーバーな表現ではなく、当時の旅の覚悟なのです。中には、親鸞聖人にお会いしたい一心で、主人の家を内緒でぬけ出てきた人もいる。結局主人のもとへ帰りづらくなって、親鸞聖人に添え状をもらって帰った記録が、『御消息拾遺』にあります。

このえん仏ぼうくだられ候う。こころざしのふかく候うゆえに、ぬしなどにもしられ申さずして、のぼられて候うぞ、こころにいれてぬしなどにもおおせられ候うべく候う。

このお手紙のあて名は、関東のお弟子の有力者で高田の真仏の御房となっています。こうして、関東のお弟子たちは命懸けで京都の親鸞聖人を尋ねて来られたのです。

親鸞聖人が京都へ帰られた後、関東に残されたお同行は、聖人に聞いたことをそれぞれに語り会ってお念仏してきたが、いろいろ話し合っているうちに、結局は自分の都合のいいように聞いただけではないかという疑問がおこってきたのでしょう。いかに話し合っても自己免許の信心では、疑問の決着はつきません。それで、もう一度親鸞聖人に会って、事の決着をはっきりさせようと、若ければ若い間に、老いればなおさら早くということで、「おのおの十余か国のさかいをこえて、身命をかえりみずして」京都まで来られたのです。

われわれに身命をかえりみずして問うような問いがあったでしょうか。こんなことでは一生むなしいと感じながらも、ぼちぼち聞いていこうかというようなことで、なにはさておき聞法することにはなりがたいのです。しかしむなしさの解決は、意識するしないは別にして、身命をかえりみずして問うことがないと、はっきりしないでしょう。

親鸞聖人の奥さまのお手紙が何通か残っていて、『恵信尼消息』といいますが、そこに親鸞聖人が法然上人を訪ねられたときの様子が書かれています。

後世の助からんずる縁にあいまいらせんと、たずねまいらせて、法然上人にあいまいらせて、又、六角堂に百日こもらせ給いて候いけるように、又、百か日、降るにも照るにも、いかなる大事にも、参りてありしに、

親鸞聖人は、問題を煮詰めるときに、六角堂へ百日参籠しただけでなく、それから三か月余り降るにも照るにも、法然上人のところへ聞法に通われたとあります。今日は雨が降るからやめておこうか、寒いからやめておこうか。風邪気味だから、忙しいから、祭りだからと、そのようないいかげんなことではないのです。

命懸けの問い

そういうことも思い出しながら親鸞聖人はおっしゃるのでしょう。関東から京都まで、遊び半分の気もちで来られるわけではない。かりに物見遊山の気持ちが少々入っていても来た事実は、まさしく命懸けのことなのです。仏法を尋ねるために、途中で帰れなくなる人も現にあった状態の中で来られたことは、よくよくのことだと、その状況を的確に押さえて労をねぎらっておられるのです。そして、身命をかえりみずして、たずねきたらしめたまう、その御こころざしはただただ「往生極楽のみちをといきかんがためなり」とおっしゃる。なんでもないことばのようですが、これはわざわざ親鸞聖人が確かめられたことばなのです。「命をかけて尋ねるような問題は往生極楽の道しかありませんね」、

こういわれるのです。

往生極楽の道しかありませんねといわれるには、お弟子たちは他のいろいろな問題があると思っていたからでしょう。当時の権力者たちにとっては、南無阿弥陀仏に遇ったことで無碍の一道をいきいきと生きていく庶民がいるということはおもしろくないのです。だから体制に逆らう人々に難癖をつけて、問題をあげていろいろいってくるのです。つまり鎌倉の弾圧の動きがありました。

それから、日蓮上人が四箇格言、念仏無間、禅天魔、真言亡国、律国賊と、当時の仏教の宗旨の名まえを挙げて批判された。念仏は無間地獄へ行く。無間というのは苦を受くるに暇がないという意味です。念仏していると、もっとも厳しい責め苦が待ち構えている地獄へ、真っ逆さまに堕ちると日蓮上人はいった。それから禅はわれ悟りを得たりといっているが、天魔のようなものだ。真言では鎮護国家というが、国を滅ぼす。それに奈良仏教の律宗は国賊だというのです。

念仏をいちばん先にやり玉に挙げている。そういうことがおこりつつあった時ですから、関東のお同行たちには、親鸞聖人はただ念仏とおっしゃったが、それでいいのだろうかという疑問も起こったのでしょう。そしてただ念仏の中身がはっきりしないと、一念でいいのか多念なのかという問題も出ます。念仏しているが、その念仏は有念なのか、無念なのかと迷う。念仏のほかに行を追加して、みだれごころをつくろはなくていいのかという疑問もある。そこへ、その疑問の解決に行ったはずの親鸞聖人の長男である善鸞が、明快な指導ができない状態になってくる。それどころかしばらくすると、自分は内緒で父親の親鸞聖人から聞いたと、念仏の法を破ることをいい出した。そのことを親鸞聖人がたいそう心配されて、関東のお同行衆へ書き送られたお手紙が『御消息集』に出ています。

ようように慈信坊がもうすことを、これよりもうしそうろうと御こころえそうろう、ゆめゆめあるべからずそうろう。法門のようも、あらぬさまにもうしなしてそうろうなり。御耳にききいれらるべからずそうろう。きわまれるひがごとどものきこえそうろう。あさましくそうろう。

ここにある慈信坊というのが善鸞です。慈信坊がいろいろなことをいっているようだが、それに惑わされてはならないといわれるのです。それから同じお手紙の中ほどにこうあります。

奥郡のひとびと、慈信坊にすかされて、信心みなうかれおうておわしましそうろうなること、かえすがえすあわれにかなしうおぼえそうろう。これもひとびとをすかしもうしたるようにきこえそうろうこと、かえすがえすあさましくおぼえそうろう。それも日ごろひとびとの信のさだまらずそうらいけることの、あらわれてきこえそうろう。かえすがえす、不便にそうらいけり。

親鸞聖人は、善鸞がいろいろいったために人々が混乱をしたことについて、自分の子ですけれども、義絶状を出します。勘当したのです。法脈を残そうとして血縁を絶ったのです。しかしこのお手紙には、善鸞にだまされて信心が揺らいだのは、かえすがえすもあわれで悲しいことだといった後で、それは日頃の信心が定まっていなかったことの現れであるといいます。つまりひとがいったから揺らぐというのは、自分の信心がはっきりしていないからで、そこを履き違えてはいけないといわれます。そして、さらに善鸞が説くことで人々の信心が動揺しているのは、信心がまことでないことが現れたのでよいことだとさえいわれるのです。榎本栄一さんの詩に、「善鸞さまが、在まさずば、かくも如来大悲の、しんしんと、親鸞さまに、しみとおらず」というのがありますが、信心をはっきりするご縁は、出来事にあうと動揺する自分を課題にするところにはじまるのでしょう。

あの人のいうのを信用したからこんなことになったと、よくいうでしょう。そういうことは、信用した自分は責任を取らないのです。だから問題はいいかげんなままです。それで、次の人がいったらまた信用して、もう一度だまされます。自分を問題にしないと、いつでも自分の都合が悪くなると、あれにだまされたというのです。昔から仲人口というでしょう。見合い結婚で夫婦の仲がうまくいかないと、仲人にだまされたという。だまされるような目しか持っていなかった自分が申し訳なかったとは、少しもいわないのです。あんな人だとは思わなかったというが、どんな人だと思って結婚したのでしょうか。厳密にいえば、自分の思いに自分がだまされただけでしょう。もともとそういう人であったのを自分が見違えてきたのだ、自分の問題だったと気づけば、単に向こうを責めるだけではすまされないのです。自分の問題にならないかぎり、ひとをいくら恨んでもなんの解決にもなりません。恨まなくてはならないような自分の問題が、きちんと整理されないかぎり、解決にはならないでしょう。

それで、十余か国のさかいをこえて、京都まで親鸞聖人を訪ねてこられた人々はいろいろな問題を抱えて来られたに違いない。しかし、命を懸けてこられた諸事情を整理し、一本に絞ってみれば、ほんとうに聞きたいことは、往生極楽の道なのでしょうといわれたのです。日常生活でいえば、いい子に恵まれたいとか、明るい家庭にしたいとか、健康になりたいとか、気楽にしたいとか、ゆとりのある時間が欲しいなどというが、ほんとうはどうなりたいのかと、問題を絞ったのです。絞り込んだら、命を懸けなくてはならないのは一つしかないと。それは命よりも大切な、ほんとうの自分に遇う道を求めることだと。私の人生でよかったと自分の人生そのものに自体満足できる道に遇わないかぎり、生きたといってもだれの人生を生きたかわからないではないか、という吟味です。それで、「身命をかえりみずして、たずねきたらしめたまう御こころざし」は、「ひとえに往生極楽のみちを問いきかんがため」であると示されるのです。親鸞聖人が、同朋の問いを吟味して、往生極楽の道こそ、人間が一生かけて明らかにしなくてはならない道、究極的関心事だとおさえられたのです。

往生極楽のみち

往生は、往生極楽とか浄土往生とか熟字されるように、極楽浄土の世界へ生まれて往く者となることです。往生については、「同朋松阪」に、「往生とは私の人生観が破れて、如来の人生観に入れ替わることである」と書かれていました。

私の人生観は、自我の人生観です。己よければすべてよし、それで終わっています。口では世のため人のためといっても、要は己がよかったら一番よいというのが、私の人生観でしょう。人は自分の根性でそれぞれに発言しますから、少人数でも主義主張が一つにまとまることはむつかしいのです。まとまったら全員が少しずつ妥協している場合が多い。「まあ、しかたない、長いもんには巻かれろだ。おおかたの人がよかったら、よいとせんならん」と、不満を残しながらの妥協ですから、いつの間にか平均的な人間になって、個性を失ったおもしろくない人の集まりになっていくのでしょう。

平均化した情報にのみこまれた自分中心の人生観は、子どもをみんな偏差値で縛る形になっています。三月の入試シーズンになると、おじいさんやおばあさんまで、どこの子がどこの学校へ入ったなどといい合っている。せめておじいさんやおばあさんは、あそこの子、御内仏に参ってから学校へ行くかと聞いてほしい。そして御内仏に参ることを喜んでほしい。それなのに新聞の合格者欄を見てあの子は大学へ入った。あの子の名前はまだ出てこないなどとうわさしている。偏差値で子供だけでなく孫まで見ているのです。たかが十八歳のある時点のでき事なのに、それで人生の全部が決まるように思い込んでいるでしょう。そういう情報に流された人生観で、日本中振り回されているのです。

だからそういう人間の考え方、人生観が問われているのでしょう。いろいろ問題はあるけれども、問題の底にあるのは、人間の人生観です。自我を疑問にして、これではいけないというところから再出発する道が見つからないかぎり、解決のいとぐちは見つからないのでしょう。その自我中心の人生観が如来の人生観に入れ替わるのが往生だといわれる。だから往生は生まれ変わるということでしょう。再生、いい換えれば第二の誕生です。再生するためには一度死ななければなりません。自我でばかり考えていたような人生観は、結局夢だったと気づかなくてはならないのです。己よければすべてよしの人生観が、如来から願われてある人生観にかわるのが、命をかけて尋ねるような問題なのです。善導大師は「往生の大益」といわれますが、往生こそ大益という重い内容の確かめが、この「往生極楽のみちをといきかんがためなり」ということばに込められているのでしょう。

「往生の生は、生まれるというほかに生きるという意味がある」と、曾我量深先生はいわれました。「往生極楽のみち」というのは、往生は、浄土へ生まれて往く、浄土の方向へ生きて往くのですから、どこにも行き詰まることがないということであって、どういう状況であろうとも、状況に関係なく生きていける道でしょう。人間は、いつでも人間関係や社会環境や自然環境などに左右されますけれども、どんな状態になろうと、ほんとうにそこに自己を失わず生きていく道がある。自我を知らせて、自己を失なわせない道、それが往生の道でしょう。

状況に関係なく自己を失わないで生きていくには、自分で自分の人生を決めないことです。「思い切って、決めないで下さい。生きているでしょう。動いているでしょう。」と高光大船先生はいわれましたが、われわれは自分の人生を自分で決めるから厄介なのです。

こんなことをいわれた人がありました。病気になったひとが、

「病気になって、ほんとうにえらいときは休むことしか考えないから楽だった。ところがちょっとよくなってくると、『一週間も寝たな。会社へ行ったら、みんな気分を悪くしているだろうな。この忙しいときにサボったといわれないだろうか。私の仕事だけが残っているのじゃなかろうか。普段からちゃんとしていないからあのようになるのだといわれないだろうか』といろいろ思う。そう思うていたらよけい病気に悪いことがわかっていてもついそう思う」

と、いっておりました。われわれはこうして自分で自分を決めて、最後にこんな自分はダメな人間だ、自分はどうして体も心も弱く生まれついたのだろう、やはり親が悪かったのだと決め付けては、ひと

を悪者にし、そして自分をますます失って暗くしていくのです。自我で自分を決める道は、往死の道でしょう。往生の道は、そうではなくて自分を決めないのでしょう。どうなるかはわからない。よくなるか、悪くなるかもわからない。自分で自分を決めないで、どういう状況であろうと賜わったいのちを生きていく、それが往生極楽の道なのでしょう。

極楽は、極楽浄土ともいいますが、浄土というのはピュアー・ランド（純粋世界・清浄土）という意味です。『正信偈』には無量光明土とも蓮華蔵世界ともいってあります。無量光明土とは限りなき光の世界ということであり、蓮華蔵世界とは蓮のように泥をさけず泥を栄養分として清純な華を咲かすような世界を表すのです。極楽は極楽国土ともいわれますから、どういう状況であろうと極楽と感ずる世界です。極楽というと、少し早く仕事を終わって、お風呂から上がってビールの栓を抜いて「ああ極楽、極楽」といいますが、それは極楽ではありません。相対楽で、ちょっと楽になっただけです。極楽と相対楽は質が違うので、この違いははっきりしておかなくてはなりません。われわれの求めているのは相対楽で、究極の楽ではない。極楽の極というのは究極といってもいいし、絶対といってもいい。極楽は、究極楽、絶対楽をいうのです。だから極楽というのは、どの時点を取っても極楽ということでしょう。人生山があれば谷もあるのですから、どこを取っても極楽だといえるような道を求めにきたのであろうというのです。このすぐあとに地獄一定ということばが出ますが、地獄一定が極楽一定なのです。

それで、人間の命懸けを吟味すれば、どういう状況でも自分の思いにとらわれず生きていけること、そしてどういう状況であろうと極楽と受け取れるような世界に出会うことでしょう。そしてそういう教えに出遇うことが、命懸けの問題なのだといっておられるのでしょう。

命懸けについて、中日新聞に、「鶯は鶯の声を懸命に」という句が出ていました。評釈がついていて、

どの生物も「懸命に」つまりいのちがけで生きている。しかしおもて向きは楽しそうに春を謳歌しているみたいに見える。鳥がうらやましい、花がうらやましいと人間は嘆くけれども、かれらはかれらで環境に耐えて生きている。この句は昭和二十三年の作品。戦後を「懸命に」生きた人を暗示している。

と、岡井隆さんが書いておられました。どの生物も懸命に生きている。その懸命に生きるということの問題は、けっして自分の楽の為ということではないのでしょう。そうでなくて、ほんとうにどういう状況であろうと生きていける、極楽と感じていけることに出遇いたいということだと。仏教は人間の自我分別の人生観を妄想というのです。その妄想を妄想と知る方向に歩むのが、命懸けのただ一つの問いだというのでしょう。そういうことを「おのおの十余か国のさかいをこえて、身命をかえりみずして、たずねきたらしめたまう御こころざし、ひとえに往生極楽のみちをといきかんがためなり」とおっしゃった。

こう問いが吟味されたら、答えはおのずからなのです。だから問いの吟味が大事です。なにしに生まれて来たのかと問うことが大事なのです。人間は、みな考えるより先に体がこの世に生まれてし

まっている。それは、この世に生まれた用事は何であったのかという宿題を持っているということでしょう。宿題は、解くまで気にかかるのです。なにしに五十年も六十年も、八十年も生きていかなくてはならないのかと問われたら困るでしょう。孫に「おばあちゃん、なにしに生まれてきたの」と聞かれたらどう答えますか。嫁の悪口いいに生まれてきたというわけにもいきません。もっともらしい答えを出してみても「それにしては、お母ちゃんの悪口ばかりいっているではないか」といわれたら終わりでしょう。

念仏よりほか往生のみちなし

ほんとうになにしに生まれてきたかといわれれば、先にあったこの身をいただいて生きること、もっというと自我分別の妄想から決別して事実と一つに生きていける教えに出遇う、そういう人生でありたいと思うて生まれてきたということになってくるでしょう。だから問いがはっきりすれば、答えはおのずから出てくる。ほんとうになにしに来たのかという問いが吟味されれば、「往生極楽のみちをといきかんがため」ということになる。そうすると答えは、

しかるに念仏よりほかに往生のみちをも存知し、また法文等をもしりたるらんと、こころにくくおぼしめしておわしましてはんべらんは、おおきなるあやまりなり。

と、いうことになるのでしょう。つまり、往生の道は、念仏よりほかにないといわれるのです。どういうときでもこれさえあったら、生きられるということになれば念仏しかないと。ほんとうにこれさ

えあれば、命終わっていける。これに遇えれば、再生していける。要するにこれさえあればということになれば、念仏のみだというのでしょう。だから、念仏よりほかに往生の道を知っており、あるいは往生についてのいろいろな教え、法文等を知っているだろうと思っておいでになるなら、それはたいへんな誤解であるといわれるのです。「こころにくく」というのは真相を計りかねてということです。

だからもしそう思っておられるのなら、

もしからば、南都北嶺にも、ゆゆしき学生たちおおく座せられてそうろうなれば、かのひとにもあいたてまつりて、往生の要よくよくきかるべきなり。

といわれます。「南都北嶺」は、京都の地からいいますから、南都は奈良です。奈良の興福寺とか東大寺とかで専門に勉強しておられる学者のかたがた。北嶺というのは比叡山です。比叡山延暦寺の東塔、西塔、横川、あるいは三井寺まで含めてそこにおられるような学者たちにお聞きになってくださいというのです。よくよく聞かれれば往生の道は、念仏以外にないということがはっきりするだろう。こういう自信です。「往生の要」の要はかなめです。要は扇の中心点のことで、これがなかったら、扇は役に立ちません。だから往生のこの一点をはっきりとさせてほしいと確かめておられるのでしょう。この一点が念仏ですから、「念仏よりほかに往生のみち」があると思うなら他に尋ねて「往生の要をよくよくきかるべき」といわれるのです。念仏のみが、自我に行きづまる私を再生していける道だと。再生していける道が二つも三つもあるのではない。あれがだめならこれ、これがだめならあれでは「要」とはいえません。念仏でも称えてみようかなどといっている間は、称えても解決にはなりません。念仏にプラスアルファは要らないのです。

「宗教は生涯をたくして悔ゆることのない一句のことばとの出会いである」と、金子大榮先生はいわれました。ただ一句に遇う。長年教えを聞けば、自分自身の自我を破るようなことばを数多く聞く。そのどのことばも、ただ一つになるのが、南無阿弥陀仏でしょう。私の人生に南無阿弥陀仏一つ残ればいい、ほかは全部消え去っていいというのでしょう。

ところがわれわれは、あれもこれも残さなくてはならないと思って、結局なにもよう残さないのです。私の名まえも消えてもいい、これひとつ残ればいい。自我を越えさせる歴史を貫く教えに遇えた。もっと苦しい生活の中で、南無阿弥陀仏して人生をまっとうして命終わった人々の歴史に遇えた。だから、清沢満之先生がいわれたように「誹謗、擯斥、許多の凌辱、あに、意に介すべきものあらんや」と、どういう状況でも生きていける力を賜るのでしょう。南無阿弥陀仏は、これで往生していけるという感動の、唯一のことばでしょう。

南無阿弥陀仏と響けば、妄想から覚めて、自分の弁護も責任回避も越えられるのでしょう。なぜ自分ばかりがこんな目に遭わなければならないのかといいつつ生きている私が、南無阿弥陀仏で初めて与えられた人生であったと、もう一度再認識して立ち上がれる。そういう唯一のことばが、親鸞における念仏の道であったのです。だから、もしそうでないと思うのなら、南都北嶺のゆゆしき学生たちに、念仏が往生の道だとよくよく聞いてほしいといわれるのでしょう。

「合掌は精神を統一させ、握力は精神力に正比例する」と高村光太郎さんはいわれたそうです。掌を合わせるというのは、精神統一だといわれる。つまり自分の自我を立てれば、あれがいいこれがいいと毎日迷うでしょう。それが、掌を合わせるとパッとまる。とまって、そこを受け取る。受け取れば、そこから立ち上がっていける。文句をいい、愚痴をいえばいうほど惨めになるでないかと教えられるのが、合掌でしょう。

その合掌の祈りについて、野田風雪先生は、

だれもいないお堂に独り座して、合掌瞑目するとき、心の乱れが静まり、ただそのことだけで心満たされる。つらいとき、悲しみの極みに、恨みの消えぬままに、ほの暗いお堂に座して涙を流し、すすり泣く、そのことのみで心癒された経験もあろう。ここにはなんの説明も理屈もない。ただ黙して座る、そのことだけの時間なのだ。そのことを無償の行為といい、宗教という真実である。なにかを神に要求することではない。現実逃避ではない。自分の言い訳や利己心を放棄することだ。この姿が祈りである。合掌である。願いはかなわなくてもいい、祈れることが生かされてある証なのだ。現代はあまりに物欲しげで、心貧しくなっている。

と、いっておられます。ほんとうにそうですね。合掌して南無阿弥陀仏すれば、いろいろな問題があっても、そこからもう一度立ち上がっていくことができる。それがお念仏なのでしょう。自分はなんのために生まれてきたかと問わなくてはならないのは、人間には命終がある、死すべくして生まれているということがあるからでしょう。しかも人間はそのことを知っているのですから、ややこしい

のです。なるべくそんなことは思わないようにして生きていますが、やはり知っているのです。

歌人吉野秀雄さんは、

もしも万一死がなかったらどうなるか。われわれの生は気の抜けた、薄ぼんやりした無意味なものと化すだろう。ありがたいことに死があるために生は自覚されて、会い難い生に会い得たという感謝の念も湧いてくる。

と、いわれたそうです。その吉野さんのことばについて野田風雪先生は、

自分の人生をうそで固めたいか、ほんとうに生きることにしたいのかと問われて、前者にしたいとはだれも思わないであろう。しかし、われわれは後者をと願いながら、その実は前者でしかないのではないか。人生における本当の事を見て見ない振りをしていくのは、不まじめ人生だ。死生観という死を先にいう知恵、死を基盤にした人生観が回復されないと、バブル人生にしてしまう。

と、書いておられました。人生は、いつでも命が懸かっています。あす終わるかもわからない命ですから、みんな懸命なのです。その懸命な命をほんとうの意味で懸命だと気がついてみれば、その懸命な命をほんとうに充実できる道はなにか。それは往生極楽という道だ。その往生極楽の道がはっきりすれば、念仏に決まってくると教えられるのです。

親鸞におきてはただ念仏して

問いが明確になると答えもはっきりします。いま、問いが「往生極楽のみちをといきかんがためなり」と確かめられましたので、親鸞聖人は、

親鸞におきては、ただ念仏して、弥陀にたすけられまいらすべしと、よきひとのおおせをかぶりて、信ずるほかに別の子細なきなり。

といわれるのです。「親鸞におきては」と実名を挙げて語られますが、普通は実名では話しません。せいぜい「私は」とか「私の場合は」というくらいです。実名を挙げて語るのは、ごまかしがないということです。つまり、教えの正面に自分を据えて親鸞といっておられるのです。「私は」というときに、実名を挙げるのと比べると、状況が悪くなったら全体に解消していくような心持ちが、いくらか入っているのではないでしょうか。『歎異抄』には、親鸞という実名を挙げて親鸞聖人自身が語るところが七か所ありますが、それらはすべて大事なところなのです。

たとえば第二条の終わりのほうには「親鸞がもうすむね、またもって、むなしかるべからずそうろうか」とあります。それから第五条の初めには、「親鸞は父母の孝養のためとて、一返にても念仏もうしたること、いまだそうらわず」とあります。また、第六条には「親鸞は弟子一人ももたずそうろう」とありますし、第九条には「親鸞もこの不審ありつるに、唯円房おなじこころにてありけり」とあります。後半の歎異八か条では、第十三条に「さてはいかに親鸞がいうことをたがうまじきとはいうぞ」とあり、第十八条の中ほどに「弥陀の五劫思惟の願をよくよく案ずれば、ひとえに親鸞一人が

ためなりけり」とあります。このような表現は、何ものにも代わることのできない自分というもの、つまり実存、教えに出遇った自分の全存在を挙げて語っているのです。

こうして、「親鸞におきては、ただ念仏して」といわれる。この「ただ」というのは、「信ずる」にかかる言葉であって、「ただ」というのは、漢字で表わせば「唯」という字になります。「唯」は、このこと一つということ、二つ並ぶことを嫌うのです。

親鸞聖人は、『唯信鈔文意』に、

「唯信鈔」というは、「唯」は、ただこのことひとつという。ふたつならぶことをきらうことばなり。また「唯」は、ひとりというこころなり。

といわれます。ただというのは、ただこのことひとつ。ただ念仏というのは、念仏のみ、このことひとつです。このことひとつということがはっきりしなかったら、なにしに生まれてきたのかわかりません。八十年生きても、われわれはそれがわからぬままに、ぼんやりと人生を過ごしている。子どもが大事だといってみたり、親が大事だといってみたり、妻や夫が大事だといってみたり、いや、そんなものはどうでもいいのだ、自分さえよかったらいいんだといってみたり、お金が大事だといってみたり、名を挙げることが大事だといってみたり、体が大事だといってみたり、なかなかこのことひとつに定まらないでしょう。このことひとつに、なかなか遇えない。あれも欲しいこれも欲しいで、なかなかこのことひとつにはならないのです。このことひとつ願いがかなえばいいということがありますか。

ただということばにはそういう重みがあるのです。つまり念仏において、全部の問題が解決するとうなずくのです。自分の問題が解決するだけでなくて、全人類に共通する根源の問題が解決することを「ただ」というのです。また『唯』はひとりということころなり」といわれる。ひとりというのは、ひとりになってもこのことひとつといえるということでしょう。つまり、念仏において一人立ちさせられるということです。

先日、鹿児島へ行き、隠れ念仏を見学してきました。徳川時代の幕藩体制がしかれてから明治の初めまで三百年ほど、南九州の鹿児島県、熊本県、宮崎県、つまり薩摩佐賀藩は念仏を禁止した。隣の藩までは念仏が伝えられたのですが、南九州地方へは念仏者は入れなかったのです。念仏を称えると、処罰された。ひどい場合は死刑です。だから念仏者たちは、表向きは念仏申すことができなかったのですが、それでも念仏の教えは地下に隠れて伝わっていった。それが隠れ念仏です。かれらは夜陰に乗じて、あるいは嵐の日、雨の日に山の中腹のガマと呼ばれる洞窟へこっそり集まって念仏申していたといいます。木の根っこにガマを掘って、念仏していた洞穴も残っています。あるいは集会に行くとき、傘の格好をしたものを持っていき、傘を開くとお名号が出てくるのや、まな板の底を外すとそこにお名号がかかっている隠し名号も見せてもらってきました。あるいは舟を出して、岸を離れた舟の中で念仏したともいわれます。そうして藩の探索を逃れて念仏を伝えてこられたのです。息子にお嫁さんが来ても、子どもがさずかるまでは、うちは念仏宗だと教えなかったそうです。

つまり自分のいのちと掛け合うような意味を持っているのがただ念仏なのです。いのちと念仏とどっちが重いとくらべたような話ではない。ほんとうにいのちの大切さを教えてくれるのが念仏です。自分のいのちのほんとうの重みを知らせ、ひとりだちさせる教えが、ただ念仏なのです。何十年かたてば消えてしまういのちではなくて、無量のいのちと交信できる教えに出遇うのが、ただ念仏の中身でしょう。

念仏でも称えてみようかというのは、ただ念仏ではありません。元気な間は金や権力の亡者であって、いよいよそれが役に立たないようになって念仏だというのは、都合のいいほうに乗り換えただけのことです。いままで自分の歩んできた生き方はまったくまちがいであったと、百八十度ひっくり返るのがただ念仏です。このことひとつあれば、自分はどういう人生の状況であろうと生きていける、そういうことに出遇うのを「ただ念仏して」といっているのです。

かくれ念仏の人たちは、そういう出遇いをした人たちがたくさんおられた。割り木の上に座らされ、ひざに石を載せられ棒で打たれても念仏の教えを棄てなかっという涙石も、鹿児島に残されています。親鸞聖人は二十九歳のときに法然上人に遇われ念仏に帰依しました。それから六年間法然上人のもとで聞法されますが、三十五歳の春、時の朝廷から念仏停止の令が出されます。念仏を称えることまかりならぬというお達しです。そして法然門下の主だった人々は流罪に処せられます。法然上人は四国の土佐へ、親鸞聖人は越後へ流罪になります。そのとき法然上人は、「われたとい死罪に行わるとも」念仏はやめないとおっしゃったといいます。法然上人の念仏は首のすっ飛ぶような念仏だといわれますが、いのちとまさしく引き換えで伝わった南無阿弥陀仏なのです。

この法難のとき、親鸞聖人からいえば先輩である住蓮房、安楽房などの人たちは死罪になるのです。住蓮房は馬淵で、安楽房は六条河原で念仏しながら処刑されるのを親鸞聖人は一生忘れなかったのでしょう。住蓮のお母さんは息子が処刑されたのを悲しんで、池へ飛び込んで自殺したといううわさを胸に刻まれていたでしょう。そういう、まさしくいのちと引き換えで伝えられてきた具体的な内容を押さえて、ただ念仏といっておられるのでしょう。

よきひとのおおせ

それで、「ただ念仏して、弥陀にたすけられまいらすべし」とよきひとが仰せられた。弥陀については第一条でいいましたから、繰り返しません。「よきひと」は、法然上人です。法然上人ですが、法然という名前を挙げずに、よきひとといっておられる。なぜ法然という名前を挙げられなかったか。当時は同じ念仏者仲間なら、法然という名前を出せば、誰も文句がいえないほどの権威があったのでしょう。法然上人がおっしゃったことだといえば、それだけでもうわかりましたというふうなことだったと思います。いまでも自分の説を主張したいと思うときには、ノーベル賞学者の何々先生はといえば、内容を吟味せずに、それだけで話が通っていくことがあるでしょう。親鸞聖人は、自分の領解をいうときに法然上人の名を挙げてその権威を利用するというようなことはなさらないのです。

しかし、このあとに「たとい、法然聖人にすかされまいらせて」ということばが出てきます。このときは逆です。すかされまいらせてというときには、自分に責任を取って「法然聖人」と名前を出しておられる。それは出遇いの確かさです。よきひとのおおせがなければ信ぜられなかったけれども、しかしよきひとのいわれたことだからというので、ただ盲目的に信ずるのではない。信ずるということに初めて人間の主体性を回復する。よきひとのおかげということを押さえつつ、そのよきひとのおおせをこうむったことによって自分が変わった、つまり廻心したのです。自我を中心にして生きてきた人間が、おおせを中心に生きる人間になる。そのおおせの内容がただ念仏なのです。もっといえば弥陀のはからい、弥陀のおおせのままにというのが、「よきひとのおおせ」なのでしょう。

そのことを親鸞聖人は、『教行信証』に、

然るに愚禿釈の鸞、建仁辛の酉の暦、雑行を棄てて本願に帰す。

と書いておられます。「しかるに愚禿釈の鸞」と、ここも実名が挙げられます。建仁辛の酉の暦は一二〇一年、親鸞聖人二十九歳のときです。このとき法然上人に遇われたのですが、そのことを「雑行を棄てて本願に帰す」と書かれた。同じことを『歎異抄』では語りことばで「親鸞におきては、ただ念仏して、弥陀にたすけられまいらすべしと、よきひとのおおせをかぶりて、信ずるほかに別の子細なきなり」とおっしゃるのです。

「雑行を棄てて」という雑行は、具体的には比叡山における行です。普通は難行、難行苦行といわれるものです。たとえば比叡山にはいまでも篭山行という行が伝わっていて、西塔にある伝教大師の御廟をお守りするために十二年間山でおこもりをする。その間は里へ降りないで、塀の中で一人でお給仕と掃除をするのです。修行する人は、ほとんど痔になると聞きましたがたいへんな行です。

あるいは回峰行といって峰々を千日かけて参拝しながら歩いて回る行がある。諸峰に詣でて、最後は京都の御所まで来る。御所へ土足で上がれるのはその時だけとも聞きました。最後の堂入りのときは、九日間不眠、断食、断水で真言を唱え続けるのだそうです。そんな難行苦行をされる人もいるのです。回峰行を成就した人が、堂入りから出てきて、報道陣にインタビューを受けて、「いまの若いものは努力しないからダメだ」といわれた。それを聞いていた人が、「それなら自分の修行を自慢しただけでないか」、といった。千日修行しても、自慢する心一つをどうすることもできないということなのでしょうか。

努力さえすればどんな苦行でもやり通せると思っていますが、それは凡人にとっては自己過信ではないのでしょうか。自分も努力すればできると、努力が人間の花みたいに思っている。しかし努力して何でもできるのなら、運動会でビリになる人はいません。いくら努力しても、一位でゴールできない人もいるのです。努力すれば、みんな理想の大学へ入れることにはなりません。

そうした努力をすれば何でも出来るという、自分の思い上がりに気がついたのが雑行を棄てていうことばです。雑行を棄てていうのは、比叡山の修行を自分に可能であるとしてきた心を棄てたというのです。比叡山で努力して修行さえしたら、自分も悟れるのだと思っていたような、その思いが問題だったと気づいたということです。ちょっと修行すると、できたという自慢心が起こる。その自慢心がだめだといって、自慢心を棄てるための修行をしたら、またそのことを自慢する。進めば進むほど、自分は進んだという意識がかならず働くでしょう。この思いでみんな困っているのです。

かって自分は教職に就いて、校長にまでなったのだというその思いで法を聞かれるでしょう。いまはそうでもないのに、その思いだけは持っている。孫からいえばただのおじいちゃんで、それもいいおじいちゃんか悪いおじいちゃんかはわからないのに、いまだにふんぞり返ったままで聞こうとしているので、聞こえないのでしょう。自分の時代はもっとまずいものを食べて頑張ってきたのに、今の若い人は食べ物も贅沢して遊んでばかりいるという。今の若い者はいい時代に生まれて、うまいことしている。自分たちはいちばん損な番だったという。そういう執着で、ものを見えなくさせ、かえって自分を苦しめているのでしょう。

そして実力がなくなっても、執着心だけは残っている。そういうことに気がついたのが、雑行を棄ててということばです。雑行の雑は、雑巾の雑です。雑巾で汚れをふいたのはいいが、そのため拭いたという自慢の汚れを身につけるのです。つまり努力しただけ濁しているのです。

比叡山の行が難しいからやめたというのなら逃げたということになる。そうではない。修行さえしたら人間は悟れるのだという思い上がり、その思い上がりに初めて目が覚めた。人間は、状況によってなにをするかわからないでしょう。自分はあのようなことだけはしないと思っていても、状況次第ではするかもわからないのです。

作家の遠藤周作氏が朝日新聞の「万華鏡」に、例のアウシュビッツの収容所のことで、

毎日毒ガスで老人や女や子供の処刑を敢行したナチ親衛隊の将校たちは、夜は自宅にもどりわが子を抱き頬ずりをし、奥さんとモーツアルトを聴いていたという。そんな考えられないようなこ

とがあった。そうかと思えば収容者の中には、食べなければ死ぬに決まっているほどの飢餓に迫られている中で、自分のたった一切れのパンをひとに与えた人もいたという。その人たちは、立派な学者でも政治家でもない。ごく平凡な人なのでしょうが、そういう人たちもいた。あるいは死んだように疲れはてた一日の労働のあと、ふと眼にした夕焼けの雲や沈みゆく夕日の光を見て「ああ世界って、どうしてこう美しいんだ」とつぶやいた人もいたとフランクル氏は『夜と霧』に記録している。

と書いておられました。

人は、ご縁があれば、どんなことをするかわからないでしょう。ご縁で、ナチにもなり得るし、強制労働の状況の中で、夕焼けに感動して、「ああ、きれいだ」といえる人にもなり得る。わからないでしょう。しかし、人間の努力でどちらにもなれると思うのは、思い上がりです。

朝日新聞のコラムに、サンフランシスコのゴールデンゲートブリッジのことがでていました。長さが三キロで、いちばん高いところから海面まで七十メートルもある橋だそうですが、そこが自殺の名所でもあるといいます。そんな橋から飛び込めば死ぬに決まっている。ところが、そこで海へ飛び込む自殺者は、全部内海を向いて飛び込むのだそうです。外海へ向いて飛び込む者はいないという。万が一にも助かる見込みのないところから飛び込むのですが、陸のほうを向いて飛び込むといいます。それについて、「人間は死ぬ瞬間まで、現世に未練を残している」とロサンゼルス自殺予防センターのシュナイドマン博士がいっておられるそうです。つまり自分自身を棄てきることはできないのでしょう。それで、「雑行を棄てて」というのは、執着心を棄てきれない私であったと初めてすたることをいうのでしょう。「雑行を棄てて」とは、本願に遇わなければ、すてられないのです。本願力によって初めてすてられる。それを他力というのです。だから「本願に帰す」といわれたのです。本願に遇うて初めて雑行だと気がついて、そこにかかわっておったのでは、ほんとうの生きがいは出てこないということに初めて気がついた。これが雑行を棄てて本願に帰すということです。いままで自分がかかわってきたありとあらゆる問題はまったく夢であったと、それはいくら努力してもまず気がつかない。その気がつかない事が自分のうえに起こった。その起こったご縁は、よきひととの出遇いです。

雑行を棄てて本願に帰すというのは、あれかこれかの二者択一ではありません。雑行と本願とは相対している言葉ではないでしょう。もし相対していうのなら、雑行を棄てて正行に帰すとか雑行を棄てて本願の行に帰すといわなくてはなりません。本願に帰すというのなら、非本願を棄ててと本願に帰すとか、人間の思いを棄てて本願に帰すとかいわねばなりません。ところがそういわなくて、雑行といいながら、しかも本願といってある。だからそこには、あれかこれかを選んだのではなくて、自分を立場にしては一歩も踏みだせないという廻心をあらわしているのです。口でいえば「ただ念仏」ですが、内容からいえば「雑行を棄てて本願に帰す」なのです。そこは親鸞聖人の廻心、いままで歩んできた立場の転回が語られているのです。それが「ただ念仏」の内容ですから、いのちと引き換えに念仏する人々が出てきても不思議ではないのです。

生涯を貫くただ念仏の道

こうして、親鸞聖人は、法然上人に遇って人生がひっくり返り、ただ念仏という生き方ができるようになった。つまり念仏に遇って、どういう状況でも極楽といえるような、いかなる努力も雑行にする自分の立場を廻心懺悔して、究極の楽と呼応していく人生が始まったのです。法然上人の主著は『選択本願念仏集』です。これは題名の文字通り、弥陀の選択本願の行である念仏について、お経や高僧の説を集めた書物です。だから一言でいえば、「ただ念仏」、それで尽きるのです。「ただ念仏して弥陀にたすけられまいらすべし」、それが法然上人のおっしゃりたい全部だったのでしょう。

親鸞聖人は、『教行信証』に法然上人の『選択集』を引用されて、まず、

『選択本願念仏集』源空集に云わく、南無阿弥陀仏　往生の業は念仏を本とす、と。

ということばをあげます。すなわち極楽に往生する行は念仏を本とするといわれる。念仏を本とする、これが法然上人のすべてだというのです。その念仏とは南無阿弥陀仏であるといわれる。

だからただ念仏というが、中身は南無阿弥陀仏です。南無というのは御承知のように帰命でしょう。南無はインドのナマスということばの発音をそのまま漢字で表した音訳ですから、この字には意味がありません。意味からいえば帰命です。帰依とか帰命とかいう意味で、絶対憑依という表現になるでしょう。なにに帰命、帰依するかというと、阿弥陀に帰依する。阿弥陀というのは無量光、無量寿でしょう。無量のひかりと無量のいのち、つまりひかりに照らされていのちの根源に帰っていく存在となる。すなわち無量のひかりと無量のいのちに帰っていく歩みとして、自分の人生が見直され、無量

のひかりと無量のいのちに出遇う旅だと自分の人生を位置づけることができる。それが南無阿弥陀仏、念仏でしょう。

五十歳で終わろうと六十歳で終わろうと、どこで終わっても無量のひかりといのちに出遇う旅人として完結する。つまり人生のすべてが同じ質を持つのです。自我の満足の人生なら、百歳まで生きてもまだ足らん、まだ足らんで死んでいくことになるでしょう。それはしかたなしに死んでいくことです。いやいや病気や老衰に殺されるだけです。そしていま生きたという実感がないなら、なおさら哀れです。

そういうことで、無量のひかり、無量のいのちに出遇っていく道がただ念仏なのです。つまり、念仏一筋ということでしょう。一筋で思い出すのですが、松永伍一さんが中日新聞のともしび欄に、

きれいな桜の花を見ていると、
その一筋の気もちに打たれる

という八木重吉の詩を引いて、こんなことを書いておられました。

古来桜には魔性が宿るとされてきた。美しすぎるものの秘めた力を日本人は見落とさなかった。昭和の初期に梶井基次郎は、その考えを引き継いで、「桜の木の下には死体が埋まっている！」と書いて人々を驚かしたが、同じころクリスチャン詩人の八木重吉は、それとは反対の視点を二行詩にうたいあげた。美しく咲き切った花の中にいのちの息吹を感じとり、その「ひとすじの気持ち」をもらい受けたいものだと思ったのだろう。花見酒に酔いしれていたら、桜の花のまこと

の姿も読みとれないのだと、この詩から私は教えられる。

一筋というのはそういうことなのでしょう。三百六十五日をわずか数日間に咲き切るわけです。そういう一筋さです。自分の人生がどこで終わろうと、その人生のすべてを、念仏に遇うべき人生であった、往生極楽の道を問い続ける人生であったと、こうなずけたと親鸞聖人はおっしゃるのです。だからただ念仏は、親鸞聖人にとって無限の味があるのでしょう。そのときそのときの味がある。だから念仏すれば花開く、どんな状況であろうと生きていけるのでしょう。

どんな状況でも生きていくことは大変です。だから、自分の思うような状況をつくり上げて、たとえ一時でもその状況の中で楽しみたいと思うのでしょう。核家族がふえたのでレンタル家族ができたのもその一つでしょう。

子ども夫婦と別居している独居老人が、家庭の団欒を求めて、一時間一万円でつかの間の家族をレンタルする商売がはやっている。一人でいるのは寂しいから、大ぜい呼んできて楽しもうとする。いまの自分に満足できなければ、外のもので満足しようとする。しかし、外は変わりますし、自分も変わりますから、なおさら不満が募ります。ほんとうは一人いてもいいという世界が開けなければ、家族をレンタルしても一時の気休めにしかなりません。それでも、たとえ一時の満足でもいいではないかというのですが、一人いて寂しいというものは、大ぜい寄ってきたらやかましいというだけです。そういう自分であることがはっきりしないと、解決にはならないでしょう。

そういうまちがいを見つけて、いまあるこの身の中に無量のひかりに触れ、無量のいのちを見いだしていくことができると教えるのが、南無阿弥陀仏です。ここにもこんな無量のひかりがとどいていたのか。ここにもこういういのちがあったのかと、花にも草にも空気にも、そして鳥にも虫にも無量のひかりや無量のいのちを見いだせるような、そういう出遇いのできる場として、いのちを豊かにして生きていきたいのでしょう。

ところが自我が先に立ちますと、自分以外のものはみんな利用価値でしかないのです。利用価値で人を見ればみな使い捨てになります。だから、子捨てもあれば親捨てもある。それも昔のように暮らし向きが貧しくて泣く泣く捨てるというようなことではなくて、自分の都合で簡単に捨てるのです。だから、どんなにささやかな、どんなに利用価値のないように思えるものにも無量のいのちの表現があるのだということに目が覚ませるような、そういう教えに遇わないかぎり、ほんとうの生きざま、生きがいは出てこないでしょう。そうしますと、ただ念仏、南無阿弥陀仏でしょう。つまり自分の人生のありとあらゆる場面で、いつでもものそのものの本来の値打ち、まことのひかりといのちに気づいていく、そういう中身を南無阿弥陀仏ということばで表現したのです。

親鸞聖人が法然上人に出遇われたのは二十九歳のときです。いま『歎異抄』で「よきひとのおおせをかぶりて」といっておられるのは、八十歳頃と思われますから、法然上人から聞かれたのは五十年ぐらい前です。法然上人が、ただ念仏のみとおっしゃったことばを、五十年の間ずっと思い念じながら今日まで生きてきた。そのことのほかに親鸞の生きがいはない、これが親鸞にとっての往生極楽の道なのだ、こう明快に答えられたのがこのことばなのです。

いずれの行もおよびがたき身

だからその念仏は、自分の理性や主観でいう念仏ではありません。念仏すれば極楽へ往くという結果を予想して念仏するのではないのです。われわれはみな、結果予想型であって、結果よければすべてよしで生きている。一生懸命努力しても、結果が悪かったらだめだったという。可愛そうに一生懸命勉強した子が試験に落ちても、おまえも駄目だな、こういってしまうのです。勉強したのは立派であった、落ちるのも大事な経験だ、こういえる眼がないのでしょう。みな結果論だけで見ていくのです。サボっていたわりにはよいところへ行った、そんな話で終わるのでしょう。

念仏は結果を予想して申すのではありません。それで、

念仏は、まことに浄土にうまるるたねにてやはんべるらん、また、地獄におつべき業にてやはんべるらん。総じてもって存知せざるなり。

といわれるのです。私にとってはどういう状況であろうと、念仏するよりほかに道がないということで称えるのであって、念仏すれば将来うまくいくというような結果を期待して称えるのではないのです。いまをほんとうに生き生きと生きる道は念仏しかないのだといっているのです。

なぜなら念仏は本願から選ばれた行であるからです。本願において選ばれた行は、目覚ましめるために選ばれた行であって、迷っている凡夫が、あっちがよかろうこっちがよかろうと、決めたのではないのです。すでに人間の問題を全部見通したうえで選ばれた行だ。それが本願によって選択された行だというのです。選択は洗練です。どう洗練されたかというと、いかなる凡夫のうえにも、無量の

ひかりと無量のいのちを感得させ得ることばは、南無阿弥陀仏のみであると選択されたのです。

南無阿弥陀仏ということばが行だということは、人間はことばでものを考えるからです。ことばで考えたときには、かならず自分流のイメージで考えます。南無阿弥陀仏は、そういう自分のイメージが全部破られる唯一のことばです。自分の思いでとらえている分別が、全部ひっくり返される。したがってここでは、念仏は浄土に生まれるたねか、あるいは地獄へおちるような業か、そういうことを考えていっているわけではない。「総じてもって存知せざるなり」、こういわれる。「存知せざるなり」とは、分別で南無阿弥陀仏をとらえようとしているすべてを、ひっくり返すことばです。存知しないということは、結果はどうあってもいいといえる自分に出遇ったということです。地獄へ行こうと浄土へ行こうと、そういうことで右往左往しないものを念仏に見い出しているのです。ただ念仏に、プラスアルファする必要がない。ただ念仏に、満足しているのです。

それで、

たとい、法然聖人にすかされまいらせて、念仏して地獄におちたりとも、さらに後悔すべからずそうろう。そのゆえは、自余の行もはげみて、仏になるべかりける身が、念仏をもうして、地獄にもおちてそうらわばこそ、すかされたてまつりて、という後悔もそうらわめ。いずれの行もおよびがたき身なれば、とても地獄は一定すみかぞかし。

といわれるのです。さきほどいいましたように、自分の意見を主張するときはよきひとといい、だまされても後悔しないというときには、きちんと法然上人の名を挙げてあります。これは非常にはっきりした責任の取り方でしょう。責任は自分にあるのだということをはっきりさせている。「そのゆえは、自余の行もはげみて、仏になるべかりける身が」、念仏以外の行を一生懸命修行して仏になることができるようなわが身であるならば、念仏をして地獄に落ちたら、しまったと後悔もするだろう。けれど「いずれの行もおよびがたき身なれば、とても地獄は一定すみかぞかし」。地獄は一定すみかだといわれる。つまり、いかに修行をしても、自分中心に生きているのだから、苦しみ果てて生きていく地獄は当然のことだと、自分の状況をそのまま受け取っておられる。これがさきほどのことばでいえば、「雑行を棄てて」という意味です。ここでいえばいずれの行もおよびがたき身だと、修行をしたら立派になれると、そんなふうに自分を見ておられないのでしょう。

一ついいことをすれば、いいことをしたという思いがつく。まじめにやれば、まじめにやったという思いがつく。思いに執着しているけれど、ほんとうは執着する自分のことがあまりわからずに生きているのです。自分のことさえわからないのに、なんでもできるかのように思っています。

長谷川耕作さんが、「ただ一人の女房に一度も手を合わさずしてこの世を去る自分か」と自分自身にいっておられるのを読んで、びっくりしました。大したもんです。「よし、よいこと聞いた。今日はひとつ家へ帰って、主人にいって聞かせよう」そういうことではありません。奥さんだったら逆に、「ただ一人の亭主に一度も手を合わさずしてこの世を去る自分か」ということになるでしょう。

心から手を合わせること一つしたことのない私が、なにか行ができるかのように思っているのは、とんでもないまちがいでしょう。そういうことを思いますと、まさしくいずれの行もおよびがたき身でしょう。つまり往生極楽の道というのは地獄一定と決まることなのです。地獄一定が極楽一定なのです。地獄一定と、こう決まれば全部極楽でしょう。極楽へ行きたいというのではなくて、極楽なんか行かんでいいと決まるのがどこでも極楽なのです。極楽へ行きたいと思っている間は極楽はないのです。そうでない、地獄一定だった、こう決まる、そこが極楽一定です。みんな極楽へ行きたいと思っている、だから行けないのです。

地獄一定の自覚が開く連帯の世界

いずれの行もおよびがたき身の内面をもう少し尋ねますと、『教行信証』の「信巻」にある二河譬の中のことばですが、

「我今回らばまた死せん、住まらばまた死せん、去かばまた死せん。一種として死を勉れざれば」という自覚です。行っても死ぬ。戻っても死ぬ。じっとしておっても死ぬ。これがいずれの行もおよびがたき身という決断の中身を表すのです。二つのことがあって、あちらはやめてこちらをとろうかというなら、逆になったときに、しまった、これは失敗だった、あっちをとっておけばよかったと、こうなるでしょう。われわれの決め方はみんな後悔をともないます。あのときこちらへ嫁入りしておけばよかったとか、あのときもうちょっと辛抱して待っておればよかったとか。就職もそういう場合があるでしょう。たまたまこういう職になったけれど、あのときにやはりあっちへ行っておけばよかったという。それは後悔です。あれかこれかで、どっちかをとっただけでしょう。そうでなくて、

「一種として死を勉れざれば」という頭の下がる決断、それがただ念仏です。その中身は、いずれの行もおよびがたき身です。だから地獄におちても後悔がない。後悔しませんと無理してよいかっこうをしていっているのではないのです。いずれの行もおよびがたき身だから、法然上人のただ念仏の教えに、「すかされまいらせる」ことはないという自信なのです。

われわれは、思うようにならないときに、だまされたというが、だまされるもとはあてにした心があったからでしょう。まさかだましはしないだろうと、あてにした自分の心には責任を取らないのです。だまされるというのは、魚心あれば水心で、もとはたぶんうまく行くだろうと思った自分にだまされるのですが、そこは問わないのです。だからいずれの行もおよびがたき身ということがはっきりすると、当然だまされたり、だましたりするということはないのです。もしだまされたというなら、まさかだましはしないだろうという思いがあっただけ、自分の計算が外れただけの話です。ソロバンをするなら悪い計算をしておけばいいのに、いちばん得になるソロバンをはじくから、計算が合わないことがふえる。しかもはじいた自分には、文句をいわないのです。

ただ念仏は、いずれの行もおよびがたき身という地獄一定の決断によるのです。それは廻心です。廻心は、雑行を棄てて本願に帰すのですから、本願と親鸞聖人の応答ですが、それは同時に師匠法然上人との出遇いです。親鸞聖人は法然上人のもとへ「降るにも照るにも、いかなる大事にも、参りて」ただ念仏と信じることができたのです。そういう意味で、ただ念仏は、後悔しない関係を成り立たせるといってもいいでしょう。念仏には、個々の関係を回復させるというはたらきがある。草ともいのちが通っていた、空気ともいのちが通っていた、隣の人ともいのちが通っていたと関係性が回復される。われわれは関係性がなくて利用性だけでしょう。利用性というのは、使い捨てですから時が来れば無用になる。無用なのは実はわが身の思いなのだということが、はっきりすれば、無限の人と出遇っていける。

親鸞聖人は法然上人と出遇ったことを通して無数の人々、「いし、かわら、つぶて」といわれるような人々と出遇っていかれた。ただ念仏すればどういう人とも出遇っていけるのです。どういうものともいのちを通わせていける。無量のひかりを見、無量のいのちに出遇った。そういうことがただ念仏してということで語られたのです。親鸞聖人が最初にそのことを体験されたのは二十九歳のときですが、それがずっと一生貫きます。だからどこを切ってもそれしか出てこないのです。それで五十年近くたったときにも、命懸けで関東から来たお同行たちに対して、往生極楽という問いさえはっきりしたら、もう答えは決まっていたわけです。それで、「親鸞におきては、ただ念仏して、弥陀にたすけられまいらすべしと、よきひとのおおせをかぶりて、信ずるほかに別の子細なきなり。念仏は、まことに浄土にうまるるたねにてやはんべるらん、また、地獄におつべき業にてやはんべるらん。総じてもって存知せざるなり。たとい、法然聖人にすかされまいらせて、念仏して地獄におちたりとも、さらに後悔すべからずそうろう。そのゆえは」と展開して、そのただ念仏は「いずれの行もおよびがたき身なれば、とても地獄は一定すみかぞかし」という決断においてうなずけたと、語られたのです。

弥陀の本願まことにおわしまさば

「ただ念仏して」とは、「いずれの行もおよびがたき身」「地獄は一定」の自覚におけるうなずきです。そこから一転して「弥陀の本願まことにおわしまさば」といわれます。原文を読みますと、

弥陀の本願まことにおわしまさば、釈尊の説教、虚言なるべからず。仏説まことにおわしまさば、善導の御釈、虚言したまうべからず。善導の御釈まことならば、法然のおおせそらごとならんや。法然のおおせまことならば、親鸞がもうすむね、またもって、むなしかるべからずそうろうか。詮ずるところ、愚身の信心におきてはかくのごとし。このうえは、念仏をとりて信じたてまつらんとも、またすてんとも、面々の御はからいなりと云々

とあります。つまり、ただ念仏の伝燈は、根源からいえば弥陀の本願との応答に始まるので、超歴史のまことが歴史の中に伝わった出来事だといわれるのです。

弥陀の本願は歴史を貫くまことです。歴史から始めるのでなく、歴史を貫くような永遠なるまことから始まるのが、親鸞聖人が明らかにされた仏法です。つまり、親鸞聖人が明らかにされた仏法は、どの人もこの人もみな生かされて生きているのだという大地から出発するのです。

これはどういう人でも感ずるのでしょうが、なにか一生懸命仕事をする、あるいは定年退職まで働ける。そんなときに、一生懸命頑張ってきたけれども、頑張るような力をいただいていたのだなということをふと感ずる。一生懸命仕事しているのだけれども、それは単なる自分の努力だけではなくて、そうせしめられるようなはたらきが自分に加わっていたのだと思いつくことがある。思いつくといっ

ても自分の頭で考えるのではなく、そういうふうに聞こえてくるというか、そういうふうに自然にうなずけることがあるでしょう。そういうときに感ずるようなはたらきです。つまり、どういう人のうえにも、生かそう生かそうとする力がはたらいているから生きていられるのです。生かそうという力が切れたら、もういのちは終わりです。

自分では心臓ひとつ動かしているという意識がないのですから、生きているというけれども、これはもう、生かされているといっても同じことなのです。われわれはただそう思いたくないだけ、自分で生きているのだと思っていたいだけなのです。だから長生きしなければ損だと思っている。けれど、みな生かされているというのが正直なところでしょう。しかも、生かされていることは、憎まれ子世にはばかるともいわれますから、その人が善人であるからあるいは努力家であるから長生きさせよう、そんなことではなさそうです。

「何も持たぬという人でも、天地の恵みは頂いている」という小倉遊亀さんの百歳のときのことばのように、みんな平等に生かされて生きているのです。天地の恵みの力に気付いて、いただいたいのちであるならば、十分に生かさせていただきます。ただし帰りなさいといわれれば、いつでも帰らせていただきます。こういえるような人生、つまり天地の恵みのはたらきのままに生死していけるものとなるということが、無意識下の深い願いなのでしょう。

昨日、藤原鉄乗先生の娘さんの藤原利枝さんがＮＨＫの教育テレビに出ておられました。放送の中で、藤原鉄乗先生が、

「もっと生きたいと思って死ぬものは、百年生きても若死である。いつ死んでもよいという今日の一日を生きているものは、いつでも天寿を全うしているのである」

といわれたことばをアナウンサーが娘さんに確認しておりました。そして、「もっと生きたいと思って死ぬものは、百年生きても若死である」、なるほどなと思いました。そして、いつ死んでもよいという今日の一日を生きているもの、つまり生かされて生きているその一日一日を大切に生きているものは、いつでも天寿を全うしているといってもいいのではないか。こんなふうにおっしゃったということでした。一日一生ということばがありますが、文字通り一日は一生なのでしょう。

つまり生かそう生かそうとしている力に気がつくと、生かそうとしている力のままに生き、力のままに終わらせてもらえるのでしょう。しかもそのような力、はたらきといってもいいですが、それはどんな人にも平等に与えられている。能力のあるなしや人の善し悪しには関係がないのです。親鸞聖人が、八十六歳の時に、

弥陀仏は、自然のようをしらせんりょうなり。

とおっしゃるのは、そういう意味でしょう。一切の生きとし生けるものを生かそう生かそうとしている、そういう自然のようの中の一人として、私もまたその力のはたらきの中で生かされている。それが事実、実相なのです。だから、「弥陀の本願まことにおわしまさば」と国語の文法でいえば仮定法から始まるのですが、迫力があるのです。

そういう自然のはたらきにはじめて気がつかれたのが釈尊です。どんな人生であろうと、生かそう

生かそうとしている力があったのだ。私に無限の、無量の背景があったのだということに気づけば、私の力はお粗末でも、私に与えられたその時間と所を一生懸命生きさせてもらえる。こういう、つまり生死していける生涯を賜っていくというのがほんとうに人間として生きることだと教えていていただくのでしょう。

藤原利枝さんが、このごろ老人医療センターとか老人ホームとかへ行きましても、お念仏のおかげでという人がいないようになりましたといっておられました。お念仏のおかげといえれば、人生全部明るくなるのでしょう。そういうことに気がつかないのです。気がつかないから、われわれは自分だけがという病にかかる。なんで自分だけがこんな目に遭わなければならないのかという病です。同じ家の中でも主人は呑気なのに、なんで私ばかりが気苦労するのか。いじめられた親の世話を、なんで嫁の私がしなければならないのか。勉強ぎらいで遊んでばかりいる子どもを塾にかよわせるために、なんで自分が働くのか。同僚がたくさんいるのに、なんで自分のところへはいやな仕事ばかり来るのか。そういうことになる。実際に楽な暮らしをしている人と比較すれば、ボヤくのも当然かも知れませんが、いずれにしても、なんで私だけがというときは、かならず私を生かそうとしている力を忘れているときです。背景を忘れている。

そういうことで、ほんとうに生かそう生かそうとしているはたらきに、はじめて気がついてくださったのが釈尊です。気がついたといいますが、それにいままで気がつかなかったという形で気がついたのです。釈尊のお覚りの一念は、まったく自分はなんにもわかっていないものでしたと気づいたことです。それを無明という。無明とわかったことが、生かそう生かそうとしているはたらきに出遇ったことなのです。

つまり遇うということは、わかりましたというような話でなく、対決なのです。まったくわかっていなかったと頭を下げざるを得ない、大地にひれ伏さざるを得ないところで遇うのです。人間どうしが出遇うのもそうでしょう。自分の都合であなたを見ておりましたと、頭が下がって出遇うのです。手を合わさずに遇うような遇い方は、ほんとうに遇ったのではない、お互いに利用しただけでしょう。

こうして、いままでそういうことに気づかなかったということで、まことあり、まことのはたらきあり、まことのはたらきあるがゆえにわがいのちありと、はじめて感動されたのが釈尊です。それで、「弥陀の本願まことにおわしまさば、釈尊の説教、虚言なるべからず」といわれるのです。その弥陀の本願のまことを説いたのが『大無量寿経』です。

ところが、釈尊ご自身もなかなかわからなかったということを通してわかってくださったのですから、ましてやその釈尊のいおうとされたことをわかることは、難中の難です。自然のようは明々白々できわめて単純明快なことですが、単純明快なものほどわかりにくいものはないのです。なぜなら、人間の頭のほうが複雑怪奇であるからです。人間はほんとうに厄介でしょう。寺へ参って法話に感心することはあっても、マイッタと頭を下げたことはないのです。ですから、その釈尊の説かれた三部の『無量寿経』の教えを、平凡な生活をしておるこの厄介な私に明らかにするということは容易でない。それで、そのまことを、凡夫、ただびとのところでうなずくのはどういうことなのかを明らかにしたのが、「仏説まことにおわしまさば、善導の御釈、虚言したまうべからず」という『観無量寿経』の善導大師の解釈なのです。ここに、「仏説まことにおわしまさば」という仏説は、釈尊の『大無量寿経』を背景にした『観無量寿経』の説法です。なぜ『観無量寿経』だとわかるかというと、さきに「親鸞におきてはただ念仏して」と書いてあったでしょう。そのただ念仏のもとは、釈尊の説法の中で特に『観無量寿経』に詳しいのです。

善導の御釈虚言したまうべからず

『観無量寿経』について簡単に概略を申しますと、「序分」に、

その時に王舎大城に一の太子あり、阿闍世と名づけき。調達悪友の教に随順して、父の王頻婆娑羅を収執し、幽閉して七重の室の内に置く。もろもろの群臣を制して、一も往くことを得しめず。

とあります。

当時インドのマカダ国王舎大城に阿闍世という皇太子がいた。その皇太子阿闍世がクーデターを起こして、父親の頻婆娑羅王を牢獄に幽閉した。困ったのは国王夫人の韋提希です。牢獄に放り込まれた国王は夫。放り込んだ阿闍世は我が子ですから、どちらへ加担することもできません。みなさんだったらどちらへつきますか。このごろの人は子どものほうにつく人が多いようですが、韋提希は両方へついて、二人とも助けようとしたのです。それで、わが子阿闍世に内緒で牢獄の夫に差し入れをした。牛乳と蜂蜜で小麦粉をねりあわせたものを、洗い清めた身体へ塗って、そして、瓔珞の飾りに

ブドウの汁を入れて、わからないようにして差し入れに行ったのです。それを門番も止めないで、黙認した。

そのため頻婆娑羅王は、二十一日間牢獄の中で生き延びていたのです。二十一日目に阿闍世が面会に来て、父の王はまだ生きているかといった。門番が事情を話したので、怒りに駆られた阿闍世は、剣をかざして母親の韋提希を殺害しようとするのですが、聡明な二人の大臣がいてこれを必死になっていさめたので、どうにか殺されずに済んだのです。しかし韋提希はその後王宮深く閉じ込められる生活を強いられます。そこであらためて、日ごろから聞いておりました釈尊の説法を聞いていくことになるのです。そういう出来事をご縁にして、韋提希という一夫人が、ほんとうに凡夫の立場に立ち返って仏法を聞いていく次第が記されているのが『観無量寿経』なのです。

韋提希は、娑婆に絶望して、なんとか浄土を見ようと思って、まず観法を教えてくださいと釈尊にお願いします。それが定善といわれるものです。心を静かに凝らして、お浄土や仏さまを観るのです。心静かに西に沈む太陽を見るというところから始まって、浄土と仏を観ずる方法を教えていただいたのです。それが済みますと今度は釈尊のほうから、進んで道徳行を積みながら浄土を願う教えを説かれる。それが散善といわれるものです。人間に区分けをしまして上中下の三段階とし、その三つにそれぞれまた上中下の三段階の区分けをして、全部で九通りの人間の在り方を示されます。そして上品上生、上品中生、上品下生と上から下へ順に説いていかれます。最後、人間的にいうといちばん下が下品下生です。どうですか、人間を九つの段階に分けると、みなさんはだいたいどのへんに当たると思われますか。ほとんどの人はみな自分は中の上くらいのところだろうかと思っている。上の部類に入るとはちょっといいにくいが、中の中よりはすこしましだろうという認識です。

ところが南無阿弥陀仏が称名として説かれるのは、いちばん下の下品下生なのです。こういうふうに説かれてまいります。

「下品下生」というは、あるいは衆生ありて、不善業たる五逆・十悪を作る。もろもろの不善を具せるかくのごときの愚人、悪業をもってのゆえに悪道に堕すべし。多劫を経歴して、苦を受くること窮まりなからん。かくのごときの愚人、命終の時に臨みて、善知識の、種種に安慰して、ために妙法を説き、教えて念仏せしむるに遇わん。この人、苦に逼められて念仏するに遑あらず。善友告げて言わく、「汝もし念ずるに能わずは、無量寿仏と称すべし」と。かくのごとく心を至して、声をして絶えざらしめて、十念を具足して南無阿弥陀仏と称せしむ。仏名を称するがゆえに、念念の中において八十億劫の生死の罪を除く。命終の時、金蓮華を見る。猶し日輪のごとくしてその人の前に住す。

下品下生の悪人がありとあらゆる悪いことをした。だから死ぬ前になって、極度の不安に陥る。たまたま善知識、自分をよき法に導いてくださるお方にお遇いをして、そんなに不安なら、仏を念ぜよと教えられるけれども、悪いことをしてきた苦しみで、仏を念ずるゆとりさえない。そこで善知識が、それなら、せめて無量寿仏と声に出して称えなさいという。そう教えられて十遍ほど南無阿弥陀仏と称えたら、その称名によって助かったと書いてあるのが下品下生です。

経典の最後には流通分といわれる部分があります。大乗経典は普通三つの部分、序分と正宗分と流通分に分けられる。初めが序分です。序分にはなぜこのお経が説かれたかということが書かれています。『観無量寿経』でいえば、さきほど申しました王舎城の悲劇の物語が説かれている部分が序分になります。次の正宗分というのは本論です。そして最後の流通分には末代にこのことを伝えてほしいためにこの経典は説かれたのだということが述べられるのです。だから起承転結の結にあたる部分が、仏典でいえば流通分です。要するにこのことだけを灯として伝えてほしいために、このお経を説いたのだということがきちっと出てくる。『観無量寿経』の流通分には、

「汝好くこの語を持て。この語を持てというは、すなわちこれ無量寿仏の名を持てとなり。」仏この語を説きたまう時に、尊者目犍連・阿難および韋提希等、仏の諸説を聞きて、みな大きに歓喜す。

とあります。いろいろ説いてきたけれども、要するにいいたかったことは、この語を持てということだ。この語を持てというのは、無量寿仏のみ名を持てということなのだという。無量寿仏のみ名ですから、南無阿弥陀仏です。つまり念仏せよということ。釈尊の、『観無量寿経』の結論は、念仏せよということだったのです。それで、「釈尊の説教、虚言なるべからず」とおっしゃったのです。そして続いて「仏説まことにおわしまさば、善導の御釈、虚言したまうべからず」とあるのは、この『観無量寿経』の結論について、善導大師が、

上よりこのかた定散両門の益を説くといえども、仏の本願の意を望まんには、衆生をして一向に

専ら弥陀仏の名を称せしむるにあり。（『散善義』）

といわれたことを受けているのです。『観無量寿経』は、中国の高僧たちにも非常によく読まれた経典ですが、善導大師はその大学者たちの説にとらわれずに、凡夫の立場で徹底して読んでくださったのです。『観無量寿経』を凡夫の立場で読むと、ずっと十三観（宗教行）と九品（道徳行）、つまり定善散善両門の益を説いてきたけれども、仏さまの本願というところからもう一度見直すと、衆生をして念仏せしめるということ一つにとどまると善導大師はいい切っておられるのです。それで、「善導の御釈」といわれるのです。

「善導の御釈」といい、「虚言したまうべからず」といってあるのは、善導大師の御釈がなかったら『観無量寿経』は凡夫の救いは念仏一つということを教えてくださったということがわからなかったからです。たとえば『大無量寿経』を読んで、易行が書いてあるというようなことは、龍樹菩薩でなくてはいえないことです。ほかの人は、いくら読んでもそんなことはわからない。われわれは高僧方がそう読んでくださっているので、ああ、なるほどそういえばそうだなとわかるのですが、初めてそういうことに目を着けるということは、ただ事ではない。しかも超一流の学者たちがそんなふうに読んでいないのですから、御苦労のほどが偲ばれます。われわれ凡夫が救われていく道が明らかになったのはほんとうに善導大師のおかげだということなのでしょう。善導大師の御釈がなければ、『観無量寿経』はあっても、『観無量寿経』のほんとうの意味がいまだにはっきりしなかった、そういうニュアンスをもって「善導の御釈、虚言したまうべからず」とおっしゃっているのです。

法然のおおせそらごとならんや

そしてそのうえで、

善導の御釈まことならば、法然のおおせそらごとならんや。

といわれる。親鸞聖人のよきひと法然上人は、四十三歳の時、善導の御釈『観無量寿経疏』にふれて廻心した人です。そのときの感銘した文は、

一心に弥陀の名号を専念して、行住坐臥、時節の久近を問わず、念念に捨てざるをば、これを正定の業と名づく、彼の仏願に順ずるがゆえに。

であると、いわれています。

「一心専念弥陀名号」、これが善導大師から法然上人に伝わったおおせです。だから、法然のおおせは、『選択本願念仏集』のはじめにある、「南無阿弥陀仏　往生之業、念仏為本」という教えにつきます。『選択本願念仏集』は、法然上人の主著ですけれども、法然上人が自分から書こうといって書かれたのではないのです。『玉葉』を書いた九条兼実という人が当時病気がちであった法然上人を憂い、形見にともおもい法然上人にお願いしてできた書物です。それで、『選択本願念仏集』の終わりには、ひとたび御高覧を経て後は壁の中に埋めてほしいといっています。お弟子が執筆してそれを法然上人が認めてできた書物ですが、お弟子の要望もあったのでしょう。だから、のちに親鸞聖人は法然上人の許しを得て『選択本願念仏集』を写させてもらったといって大変喜ばれて、その感動を『教行信証』に、

これ専念正業の徳なり、これ決定往生の徴なり。仍って悲喜の涙を抑えて由来の縁を註す。

と書いておられます。親鸞聖人が『教行信証』に法然上人の『選択集』を引用しておられるのは、表題と内題、それと総結三選の文だけです。これだけ引用したらもう『選択集』全部を引用したも同じだと親鸞聖人は見ておられるのです。

その略選択ともいわれる総結三選の文には、

それ速やかに生死を離れんと欲わば、二種の勝法の中に、しばらく聖道門を閣きて、選びて浄土門に入れ。浄土門に入らんと欲わば、正雑二行の中に、しばらくもろもろの雑行を抛ちて、選びて正行に帰すべし。正行を修せんと欲わば、正助二業の中に、なお助業を傍にして、選びて正定を専らすべし。正定の業とは、すなわちこれ仏の名を称するなり。称名は必ず生まるることを得、仏の本願に依るがゆえに、と。

とあります。

道を求めるのは「速やかに生死を離れ」ることだといわれる。人間は無常を生きているのですから、速やかにということでなければ教えにならないのです。修行してだんだんというのでは間に合わないのです。そのうちに聞法しますという人もいますが、そのうちまで生きている保証はありません。ぼちぼち聞けばわかるという人もいますが、わからんうちに死ぬかも知れない。だから速やかにということは、「いま」なのです。いま生死を離れる。いま生死を離れるというのは、いま生死していけるということでしょう。いま生きてよし、死してよしといえるような心境を生きることができるということはなにによって可能か。

それは聖道の修行では間に合わない。修行というのは自分の心と行いを正すのでしょう。正すというのは、一に止めると書きますから、そのようなことは凡夫が、いま生死を離れるのに間に合わないことでしょう。だいたいわが身のことすらよう管理しないものが、修行してなんとかものになるというようなことはまず無理な話です。口ではいえ、頭ではやれそうに思うけれど、事実としてはできないことでしょう。できるのはなにかといったら、すでに私の生死を支えているような、大きないのちのまことのはたらきに、正直に出遇うことでしょう。それも修行して出遇うなどということは、できない相談です。そうであればその大きないのちのはたらきから来てくださることばに出遇って、そうだったなと、ここに生かされていたことに気がつくよりほかに手がないわけです。

そのことばは、向こうから来たことばです。それを南無阿弥陀仏というのです。だから南無阿弥陀仏は、私のことばではないのです。私のことばだと、私の間に合うようにしか使いませんから、向こうから来たことばでなくてはならない。それがただ念仏なのです。だから唯念仏なので、特別なことを思わなくていいのです。

なぜことばが大事かというと、南無阿弥陀仏ということばは、大きないのちのはたらきが私のところまで来て、妄念妄想ばかりの私が大きないのちの支えにいかされているその私に気づけと叫び続けていることばだからです。だからことばそのものに願いがある。ただその願いについては学習しなければなりません。それを聞法というのです。法を聞くことを通して、そのことばに込められた願いを

聞き開いていくのです。それで親鸞聖人は、『教行信証』の「信巻」で、
しかるに『経』に「聞」と言うは、衆生、仏願の生起・本末を聞きて疑心あることなし。と本願の起こってきたいわれを聞けといわれます。つまり南無阿弥陀仏、念仏を通して人間を目覚ましめようと思惟してくださった本願の起こり、助からんわが身に目覚めて、助ける法のいわれを明らかにするのです。

「名まえ」という題で、野田風雪先生が中日新聞のともしび欄に、

だれでも名まえがあります。植物、動物にも自然にもあります。しかもこの名まえは、すべて大変美しいものです。どうして美しい名まえがついているのでしょうか。私ども人間について考えてみませんか。私どもの名まえは両親とか私を愛してくれている人々によって付けられました。このことは、両親や周りの人々の、私に対する大事な願いがかけられているあかしでありました。『どうかあなたの人生がほんとうの意味の幸せでありますように』と。しかもこの名まえで生涯を生きるのです。あなたはいまその名まえの美しさを生きていますか。そう問い続けているのも私の名まえです。時々自分で自分の名まえを声に出して呼んでみるといいですね。

と、書いておられました。南無阿弥陀仏という名は、阿弥陀仏に南無せよ、阿弥陀仏に帰命せよと呼びかけている名です。ですから、南無阿弥陀仏の名を呼んで阿弥陀仏の願いに気づいていくのです。

われわれの名前も親の願いがかけられて付けられているのですが、願われているごとく生きているかというと、みな親の願いに違反して生きているのではありませんか。いい子になって人を大事にす

るようにと思ってつけてくれた名前だけれども、人を少しも大事にしない。それならわが身を大事にするかといえば、わが身もいいかげんです。ひとを大事にするわけでもないし、わが身を大事にするわけでもない。身近なところにかけられている願いにも気づかないのです。まして全体を含むような大いなる願いにはなおさら気づかずに生きている。そんな私にあえて大きな願いに気づかしめることを通して、すべての人々に願われているようないのちに出遇えといっているのが南無阿弥陀仏の名のはたらきです。そのことに出遇えば、生死していけるわが身に気がつくというのです。生死を離れるというのは、生死の事実に帰ることです。私がそのままに生死していけるものとなるその唯一のことばが、南無阿弥陀仏なのです。

念仏は弥陀の本願に触れた釈尊が、『観無量寿経』に、凡夫の心根に応じて、ほんとうに丁寧に念仏を説いてくださった。そのことを善導大師がきちっと押さえて、釈尊がおっしゃりたいことは、凡夫に念仏を与えることを通して凡夫が聖者になるのではなくて、凡夫のままに生かそう生かそうとしている弥陀の本願に目覚めて、生涯を尽くして生きることだと見抜かれたのです。そしてその善導大師が見抜かれた釈尊の本意が、法然上人のただ念仏のうなずきのところへ来ているのです。その生死を離れるただ念仏をおおせのままに伝燈したのが親鸞聖人です。親鸞聖人は、よきひと法然上人から「ただ念仏して弥陀にたすけられまいらすべし」と教えられたけれども、さかのぼればもとは弥陀の本願によるので、「いずれの行もおよびがたき身なれば、とても地獄は一定すみかぞかし」という自覚は、弥陀の本願との値遇なのです。それで「弥陀の本願まことにおわしまさば」とはじめて、法然のおおせまことならば、親鸞がもうすむね、またもってむなしかるべからずそうろうか。

といわれるのです。

愚身の信心におきてはかくのごとし

そうして、

詮ずるところ、愚身の信心におきてはかくのごとし。

といわれる。

愚身の信心とは、「いずれの行もおよびがたき身」の再確認です。愚身と、身ということばがついています。身があるということは、食べて生活しているということです。食べることがなかったら、身はもちません。しかも食べるのは生きのいい、いのちそのものを食べなくてはならない。動物でも植物でも、腐ったものを食べれば病気になります。生きたいのちをいただかなければ身がもたないのです。それも、食べあきて大量にごみにするほど殺生しているのです。生きたものを殺して食べるのですから、その内容は、弱肉強食でしょう。この身があるということは、そういうことです。弱肉強食ということになれば、いまどんなに強い人でもやがて弱者になります。弱肉強食をよしとして生きたものが、弱者になっても生かされておるのは、かたじけないことなのです。にもかかわらず、年老いて弱くなり、だんだんあかんようになりますと愚痴をいうことはあっても、愚かであった愚痴の身であったとは気がつかないのです。正直に、ほんとうに愚かな身であると気がつけば、ただ念仏しかないのです。

本願にふれて愚身をいただき、愚身の自覚を通して念仏をしていかれたのが浄土教の高僧たちでありました。だから、善導大師は「我等愚痴身」、われら愚痴の身といわれ、法然上人は愚痴の法然房といわれました。親鸞聖人は、愚禿釈親鸞と名のられただけでなく、「浄土宗のひとは愚者になりて往生す」という法然上人の言葉を、「いまにいたるまでもおもいあわされ候うなり」と五十余年間もあたためて、八十八歳になってお手紙に書いてお弟子に送っておられます。そうすると、念仏往生は、愚者往生といえます。愚者往生ということがなければ、ほんとうにこの人生を生き切るということはできません。われわれは南無阿弥陀仏にあって、はじめて愚かな身だなということも知らされる。愚かな身を生きているのにそのことにさえも気がつかないのですから、愚かな身だなと知らしめられてはじめて落ちつくのです。愚かな身を修行によってなんとか処理しようとするのでなくて、愚かな身のままに、大きないのちの中に組み込まれて生かされているのだということがはっきりしますと、お互いにご苦労さんといって生きていける。お互いにありがとうといって生きていける。そういう世界があるでしょう。そういう世界と、いつでも、どこでも、だれにでも音信できる唯一にして無二の道が、南無阿弥陀仏なのです。だから南無阿弥陀仏を通して、ほんとうに人生を生き切っていくことができる。これが法然上人からいただいたただ念仏なのです。だから、

このうえは、念仏をとりて信じたてまつらんとも、またすてんとも、面々の御はからいなりと云々

と、それはあなたがたお一人お一人の決断でありますと同朋を尊んで、決断をうながされたのです。このように親鸞聖人からいわれて、関東からはるばる来られたお同行がたは、ああ、そうでしたか、私ももう一度念仏をいただき直して、親鸞聖人と同じ信心を生きさせてもらいますといって帰っていかれたのです。

こうして、第二条は、「十余か国のさかいをこえて、身命をかえりみずして」たずねてこられた関東のお同行に、往生極楽の道は、「ただ念仏して、弥陀にたすけまいらすべしと、よきひとのおおせをかぶりて、信ずるほかに別の子細なきなり」とのべられ、その信は「たとい、法然上人にすかされまいらせて、念仏して地獄におちたりとも、さらに後悔すべからずそうろう」といわれたのです。だから、その愚身の信心は、「いずれの行もおよびがたき身なれば、とても地獄は一定すみかぞかし」という内容であって、念仏は弥陀の本願から等流した、釈尊、善導、法然、親鸞のまことの伝燈であるといわれ、その念仏を信じるのは、「面々の御はからいなり」と廻心をうながして結ばれるのです。

第三条　善人なおもて往生をとぐ

（原　文）

一　善人(ぜんにん)なおもて往生をとぐ、いわんや悪人をや。しかるを、世のひとつねにいわく、悪人なお往生す、いかにいわんや善人をや。この条(じょう)、一旦そのいわれあるににたれども、本願他力の意趣(いしゅ)にそむけり。そのゆえは、自力作善(じりきさぜん)のひとは、ひとえに他力をたのむこころかけたるあいだ、弥陀の本願にあらず。しかれども、自力のこころをひるがえして、他力をたのみたてまつれば、真実報土(しんじつほうど)の往生をとぐるなり。煩悩具足(ぼんのうぐそく)のわれらは、いずれの行(ぎょう)にても、生死(しょうじ)をはなるることあるべからざるをあわれみたまいて、願をおこしたまう本意、悪人成仏(あくにんじょうぶつ)のためなれば、他力をたのみたてまつる悪人、もっとも往生の正因(しょういん)なり。よって善人だにこそ往生すれ、まして悪人はと、おおせそうらいき。

（現代語訳）

善人さえも阿弥陀仏の浄土へ生まれることができます。まして、悪人はいうまでもありません。それを、世間の人びとは、悪人でさえ浄土へ生まれるのなら、善人が生まれるのは当然だといいます。これは、一応もっともなように思えるが、阿弥陀仏の本願他力の教えに反しています。

なぜなら、善人は、自分の力をたのみにして善行を積んでまことの浄土へ生まれようとするから、ひとすじに他力をたのむ心が欠けて、阿弥陀仏の本願に背いていくのです。しかし、その善人も、自分の力にとらわれる心をひるがえして、本願他力にまかせる身になるなら、まことの浄土に生まれることができるのです。

煩い悩み続ける身のわれわれは、どのような修行をしても、迷いの人生を逃れることはできません。阿弥陀仏は、そういうどうしてみようもないわれわれを一人残さず救おうとして本願をおこされたので、そのお心は、悪人を仏にするところに目標があるのです。だから、阿弥陀仏の他力をたのむ悪人こそが、まさに阿弥陀仏の浄土へ生まれると決定した人なのです。

それで、善人が浄土へ生まれるのならば、悪人は当然生まれることができるのですと、お聞きしております。

善人なおもて往生をとぐ

この条は、悪人正機説としてしられ、浄土教、特に親鸞聖人の教えの面目を表わす条といわれます。それは、まず「善人なおもて往生をとぐ、いわんや悪人をや」と、善人が救われるぐらいなら、悪人はなおさら救われると、親鸞聖人がいわれたとはじまるからでしょう。「善人なおもて往生をとぐ、いわんや悪人をや」とは、通常の考えかたとは真っ逆さまです。その次にある「しかるを、世のひとつねにいわく、悪人なお往生す、いかにいわんや善人をや」と、悪人が救われるぐらいなら、善人は当然救われるというのが世の人々の常識なのです。しかし、その常識は「この条、一旦そのいわれあるににたれども、本願他力の意趣にそむけり」と、これは一応そのいわれがあるようだけれども、本願他力の世界、南無阿弥陀仏の教えからいえば、そむいている内容だと述べられるのです。

野田風雪先生が中日新聞のともしび欄で、「価値観」と題して、

「いいわるい」にしている基準を考えると、おおむね「好き嫌いと損得」になっていないだろうか。自分の都合ということである。だから状況によってつねに変わる。その上、現代では何でもそれぞれに価値があるという価値の多様性と言ってそれが認められている。これはまた一つのことに幾つもの価値観があり、それを選択するのは自由であるのはもちろんである。ただこの価値観の選択が人格にも人生にも大きな影響を与えるものとなるだけに、大変むつかしいものになる。

といっておられました。普通私どもが生活をしていく中で、基準にする考えは、好き嫌い損得に加えて善悪があるでしょう。日常生活のなかでは、善や悪は単純に割り切っていけるように思っています。しかし、一歩下がって、いつでも、どこでも、だれにでも通じるような善や悪があるのだろうかと、考え直してみると、なかなか見つからないのが現状でしょう。日常生活では、私にとって善いことは他人にとって悪いということがあります。自分がお金もうけをしたことは、どこかでもうけ損なった人がいることですから、もうけた私には善いことであっても、損した人には悪いことになります。

俺が浮かべばあいつが沈むというのが世の中ですから、私と他人とでは都合が異なっていきます。食べるもの一つとってみても私には都合が善いが、ひとさまには都合が悪いということはいくらでも

あります。二世代三世代がいっしょに暮らしていると、食べたいものがみな違ってくるでしょう。どこへ合わせてもみなちょっとずつ不満が出る。おばあちゃんが、あんな油濃いものは食べたくないというと、若い人は、そんな菜っ葉みたいなものばかりでは元気がでないという。だれにでも善いということは、衣食住どれをとっても難しいのです。人間全部にとって善いことがあったとしても、動植物にとっては都合が悪いこともあります。そして、動植物に都合が悪いことは、やがて人間にも都合が悪くなっていくのです。いま現在は善いといっても、子や孫の代になるとどうなるかわかりません。川の汚れひとつ見てもそれがよくわかります。

先般聞いた話ですが、もう櫛田川（三重県）でも、アユが釣れにくくなったどころの話ではなく、ハヤが釣れないのだそうです。それはセムシがいなくなったからだとのことでした。中流でそんなことですから、下流のほうへいけば水質汚濁がもっとひどいでしょう。川へ泳ぎに行ったら、子供の頃清流だった底からふわあっと藻が浮き上がってきて、びっくりしたという人もありました。楽をして贅沢な暮らしをするために、洗濯も化学洗剤を使う、害虫駆除や草取りも農薬を使うということで、いつの間にか土を汚し、汚水をたれ流して川を汚染したのです。それは人間にとって都合の善いことをした結果なのです。このままでは、数十年先にはどんなことになるかわからない状態だそうで、いつの間にかそんなふうになっているのです。

それで、善いということも、時代によって違ってくるのです。毎日新聞のマンガ「アサッテ君」に、こんなのがありました。一コマ目で、犬をつれた着物姿の大男の銅像が描いてある。二コマ目で、親子ずれがその銅像を眺めている。そこで、男の子が「西郷さんていけないんだ！」という。びっくりしたお母さん、三コマ目で「なんで？」ときいたら、「だって持ってないもん」という。不審そうにしているお母さんに、四コマ目で、「フンの始末のフクロ」と答えた。明治時代ならともかく、今は東京の上野で、フンの始末をする袋も持たずに犬をつれて歩けば、悪い人になるでしょう。いつでも善いというようなことは難しいのです。

他者のいのちを取ることは、いつの時代においてもよくないことだといえます。しかし、敵討ちをしなければ家督が継げない時代もあったのです。「戦争もジャンケンで決めればいいのにね」という子供の意見のようにはいかないのです。いまも平和を維持するために軍隊をつくらなくてはならないという矛盾があります。どこかおかしいなと思いますが、そうなっている。やはり、いつでも、どこでも通用する善というようなものはないといわざるを得ません。

この身を持って生きているということは、他との関係においてあるのですから、軋轢をおこすことを逃れられないのです。だからこそ多少でもいいことをしなければならないのではないかといいますが、そう簡単にいかないのです。だいたい善い人というのは、実際には自分にとって都合のいい人になっていることが多いのです。

毎日新聞のマンガ「アサッテ君」にこんなのがありました。一コマ目でお父さんが、夜遅く帰宅した。ネグリジェ姿で迎えた奥さん「またマージャン？」としかっている。頭をかくお父さんに、二コマ目で「毎晩毎晩そんなことでいいと思っているの！」とあびせかける。それで、三コマ目でお父さんが「きょうは勝ったんだ。これ分け前」と二、三枚お札を渡した。そうしたら、四コマ目で奥さんが「からだが心配でいっただけなのよ！」といって、背広を脱がしている絵がかいてある。善いおじいさん、悪いおじいさんがどこかにいるのではない。自分にとって都合の善いおじいさん、都合の悪いおじいさんがあるだけです。「顔見ても声かけないでと娘いい」「孫のヤツあれほど可愛がったのに」というように、同じ人でもそのときの状況によっていい父であったり、とんでもない孫であったりするのです。

われわれは、他人のやったことを批判して、自分はあんなことはしまいと単純に考えて毎日生活していますが、教えを通して厳密に照らし出されますと、好き嫌い、損得というようなことを基準にして、そのときそのときで適当に分別して生きている自分が見えてきます。好き嫌いはべつに悪いことではないといいますが、そういうことがすでに善し悪しをつけていっているのだから困ったものです。

簡単に決められない善人と悪人

こんな新聞の投書がありました。「迷惑人間はどの世代にも」という題です。

「近ごろの若い者は」というフレーズは、永遠の常用句である。「オバタリアン」という呼び方も健在だ。「あほばかＯＬ」なんていうことばも出てきた。ほかにも他人の迷惑を顧みず、たむろして大きなバッグを持ち、大きな声でしゃべり合っている学生たち、酔っ払ってゲロを吐き、自分たちが団体でいるのをいいことにアベックをからかっている若いサラリーマンなどをよく見かける。これに「ダメオヤジ」が加われば、十代から六十代まで迷惑人間はほぼ全世代にわたる。そして「イジワルじいさん、ばあさん」がいる。非常識な人はある世代に限るのではなく、全世代にすこしずついるということではないか。それを特定の、自分が属していない世代、性別の全域にわたって「迷惑世代」と決め付けるのは、どういうものか。私は新聞の投書欄でこの種の意見が載るとまず見るのは、投書者の年齢である。まず九十九パーセント自分の世代以外の世代についての批判である。単純に世代で物事を判断するのはあまり好ましくないと思うが、いかがなものだろうか。

投書者の年齢を見ると、たいてい自分の世代以外の世代について文句をいっているというのです。迷惑するというけれど、迷惑するといっている自分がいちばん迷惑者であることは忘れて生きているのです。

また、資源を大切にすることは善いことだといいます。それなら、みんなが資源を大切にしているかといえば、そうではない。実際にやっているのは、たいへんむだ使いして生活しているのです。最近はリサイクルというようなことでいろいろと運動がなされていますが、それでも矛盾した生活が多いのではないでしょうか。「なぜ上着を着て冷房するのか」という投書をしておられる人がいました。

六月といえば衣替えの季節。無論まだ肌寒い日もありますが、軽やかな半袖姿が街にあふれ、窮屈な長袖物から解放されたはずなのに、なんと学生など一部の人を除いて、ほとんどの人がまだ長袖の姿のままなのです。一瞬暦をまちがえたかなと思ったほど異様な光景でしたが、室内に入って私のなぞが解けました。私の場合、教養講座の二時間半は上着なしではとても過ごせない寒さでした。あまりにも冷房が効き過ぎて、これではオフィス人間のかたたちに長袖と上着は必需品なわけです。冷房など入れなくても半袖姿で十分活動できるこの時節に、なぜ上着を羽織ってまでも人工環境にしてしまうのでしょうか。いまや国家を挙げて地球を守ろう、資源を大切にしようと世界に向けて協力サインを掲げているのに現実の社会は、自然環境を人工環境に変えている。省エネ、倹約が叫ばれた石油ショックのころのあの真剣な取り組みはなんだったのでしょう。ノーネクタイ、半袖シャツを掲げた、あのころの自治体はどうなったのでしょう。必要でもない時期の冷房が身にしみ過ぎたおかげで、あらためて省エネ、環境問題まで考えてしまいました。冷房の後遺症で頭痛とだるさが残っているがゆえに、多くの働く女性の体を守るためにも適温、適暑を心がけてほしいものです。常時長袖背広姿の男の人だけを対象にしないでください。

なるほどいわれてみればそうです。少しずつであっても年々冷房の温度も下がっているようですから、もうすこしみんなが考えたらよさそうなことなのに、何の疑問も持たずに生活しているのです。

私たちは善悪を単純に考えていますが、あらためてあなたは善ができますか、善いことをしようと努力していますかと問われると、さあどうなのでしょうか。わたしたちは、善いことはしようと思えばいつでもできる、悪いことはやめようと思えばいつでもやめられると思っていますが、それは自分を省みないうぬぼれなのでしょう。うぬぼれた自己過信の判断で、善いことはしようと思えばできる、悪いことはやめようと思えば、いつでもやめられると思っているだけなのです。

善悪といっても、みんないいかげんなのです。だからこの条でいう善人、悪人がどういう人であるかは、べつに決めなくてもいいと思います。決め方はあるのです。たとえば鎌倉時代に善人と呼ばれたのは、だいたい支配者階級です。名主とか地頭とか、武士階級は善人。そしていちばん末端で窮乏生活を余儀なくされている庶民、搾取され抑圧されている民衆は悪人といわれていたとおっしゃる先生もいます。

中には、武士階級は人を殺さねば生きていけないから、自覚的には悪人の部類に入るといわれる先生もいます。また猟師や漁師のような、殺生をしなければ生きていけない人たちは悪人といわれていたなど、説はいろいろです。けれど、名主や地頭が助かるぐらいなら百姓はなお助かるなどと、そんな職業別で善人悪人をいっているのではなかろうと思います。そうではなくて、善はできる、悪はやめられるという考え方で生きている人、善を作して救われようとする人のことを善人といったのです。つまり自分は悪人だと思っているにしても、善をしようと思えばいつでもできるのだと考えているような、煩悩の深さが見えていない人を善人というのでしょう。そういうことを思いながらこの条を読んでみます。

しかるを世のひとつねにいわく

善人なおもて往生をとぐ、いわんや悪人をや。しかるを、世のひとつねにいわく、悪人なお往生す、いかにいわんや善人をや。

とあります。普通なら「しかるに」というところです。ところが「しかるを」というのですから、善人が往生するぐらいなら、悪人はなおさら往生するのが道理だ、こういいたい口調です。もっというと、悪人という自覚のみが人間らしさを取り戻し、人間らしく生きることができる原点であって、善人だなどと思っている人は、もう人間失格だといわんばかりの表現です。「しかるに」なら、ほんとうはそういうことなのに、その反対をいう人もいますというい方になります。しかし、「しかるを」というのですから、なぜそのような当然な道理に目覚めずに、悪人が往生するぐらいなら、善人は助かるなどというのだろうか。それほど人間は自分に対してうぬぼれが強いのだというのです。そういう自己過信で、善人悪人といっている自分の内側が見えてまいりますと、次の、「この条、一旦そのいわれあるににたれども、本願他力の意趣にそむけり」という言葉が響いてきます。

なぜかというと、善人悪人という分別は、本願他力の本意にそむいているというのです。そむくというのですから、違反しているということです。本願他力というのは、生かされて生きている身の事実を教えて、そのことに気づかせて救うというはたらきです。善悪に対する自己過信は、その身の事実に違反し無視しているというのでしょう。身があるということには、最低限食べるということは欠かせません。そして自分の身を維持するためにはかならず生きたものを食べなければならない。他の動植物を犠牲にしなければ一日だって生きられないのです。だから、生きているのは、人間以外のものを全部使い捨てにして生きているのです。自分が使い捨てにされたら怒りますが、「お二人を祝う不幸な鯛二匹」という句のように、自分のめでたい生活が、他を不幸にしていることは、気もつかないのです。

他を使い捨てにしていることに気づかない生き方は、同時に自分も使い捨てにして生きているのです。だから、どこかに不安があるのでしょう。どこかでむなしく、これでよいのか、こんなはずではないなという感覚がある。そういうところにはたらいているのが他力でしょう。自他共に使い捨てにして生きている事実に立てば、「本願他力の意趣にそむ」いて生きているのですが、そこまでなかなか自覚されません。私の地方では、立っているものは親でも使えという。しかも使っておいてやがて捨てていくのです。

自力作善の人も、生かされて生きているのですから、もし善いことをなし得たら生かしめている力のおかげだといわなければならないのに、自分の力で善いことができると思っているのです。善は努めなければできないのですが、善を努めることにおいて自分の力で善いことができるという、うぬぼれまでついて回るのが自力作善の人です。自力ということば自体、他力ということばに対応してあるので、他力があるから自力も尽くせるのです。他力がなかったら、自力も間に合わないのです。

善いことができるというけれど、善いことと受け取ってくれる人がいなければ、善いことにはなりません。本人は善いことをしたつもりでいい気になっていても、邪魔なことをしてといわれたら終わりです。あなたが手出しをしたばかりにひどい目に遭ったといわれたらおしまいなのです。そうか、自分は善いことだと思ってしたのだが、それはすまないことだったといわなくてはならない。自力作善の人は、うぬぼれと同時にそこに自己満足を持つのです。自己満足していると、ほんとうに生かさ

郵便はがき

料金受取人払

京都中央局
承認
1144

差出有効期間
平成14年12月
25日まで

（切手をはらずにお出し下さい）

600-879

京都市下京区
正面通烏丸東入

法藏館
営業部 行

ご購読有難うございました。このカードで、小社への直接のご注文、図書の請求等、必要事項をご記入のうえ、 ご投函下さい。

ご購入の書籍名

お買上げ書店名　　区 市 郡　　町

ご購入の動機
☐ 店頭で見て　☐ 書評・紹介記事　☐ 新聞・雑誌広告
☐ その他（具体的に

● 本書へのご意見・ご感想または小社出版物へのご希望（出版してほしいテーマ、ジャンル、著者名など）をお書き下さい。

購入申込書 ご注文は書店、または直接小社（送料実費）へお申し込み下さい。

書名	定価	部数	書店印（取次番線印）
	円	部	この欄は書店で記入します
	円	部	
	円	部	
	円	部	

◆ご案内等をお送りいたしますので、ご記入下さい。

□□□-□□□□　　　　都道府県

ご住所

（フリガナ）
お名前

図書目録 要・不要

年齢　　歳

男・女

●お読みになりたい本のジャンル
□哲学・思想　□心理　□宗教
□仏教（内容　　　　　　）
□仏教学　□真宗　□歴史　□民俗
□その他（　　　　　　）

●E-mail

ご職業・在校名（所属学会名）

定期購読の新聞・雑誌名（出版PR誌を含む）

れて生きているという、豊かな背景において自分がいることに気がつかない。にもかかわらず、その善を積み重ねて往生しようとまでするのです。これが人間にとってたいへんなマイナスであり悲惨なのです。それで、

そのゆえは、自力作善のひとは、ひとえに他力をたのむこころかけたるあいだ、弥陀の本願にあらず。

といわれるのです。結局、弥陀の本願に遇わないかぎり、私たちは善悪にとらわれてしまうのです。善いことをしなければならないと思いますが、そう思うほどわれわれは自分にうぬぼれている。はたしてそれでいいのだろうかと、我が身に問い直させるのが仏さまの教えです。

分別の高慢さを自覚する

こういいますと、『歎異抄』の第三条だけが特に、善悪について問題提起されたと思われそうですが、仏教はそういう課題をもともと取り上げてきたのです。これは中国のお坊さまの故事なのですが、唐の時代に道林禅師というかたがおられました。当時人に知られた高徳の禅僧であったのですが、杭州の秦望山という人里離れた深い山の、しかも大きな松の木の梢に鳥の巣のようなものを作ってその上で座禅をしていたので、鳥窠禅師といわれていたのだそうです。唐を代表する有名な詩人に白楽天（白居易）がいますが、白楽天は高級官吏でもあって、そのころ杭州の太守（長官）をしていた。もちろん自分の治める地に道林がいることは知っていますから、一日、わずかな家来を供に連れて秦望

山を訪ね、松の木の上で座禅をしている禅師に問答を挑んだ。仏法とはなんぞや、一言で教えてほしいと尋ねた。そうしたら、道林禅師は、

諸悪莫作、衆善奉行、自浄其意、是諸仏教

と答えたのです。これは七仏通戒の偈といわれて、釈尊が世に出られる以前の過去七仏に共通する仏教の変わらぬ道理です。およそ仏教を学ぶ者ならだれでも知っている偈であって、いわば仏教についての初歩的な知識なのです。「もろもろの悪をなすことなかれ、もろもろの善を奉行せよ。自らそのこころを浄めよ。これ諸仏の教えなり」と。つまり普通に読めば、悪いことをやめて、善いことをせよ。そしてそのこころを浄めていく、それが諸仏の教えだというのです。白楽天もそれぐらいのことは常識として知っていたのです。せっかく山深い所までやってきて、事あらためて道林禅師に仏法の真髄を尋ねたのに、返ってきた答えは、七仏通戒の偈というわかりきったことばだったものですから、多少頭に来たのでしょう。それで白楽天は、

三歳の孩児も亦よくこれをいう。

といった。三つの子どもでも知っているようなことを私に教えるのか、というのです。すると道林禅師、

三歳の孩児これをいい得るといえども、八十の老人なお行うあたわず。

と答えたという。三つの子でもそんなことは知っているというが、それなら八十歳になった老人がそれを行えるかといったという有名な問答です。われわれはこの七仏通戒の偈をみて、「悪いことをや

めて善いことをせよ、そしてそのこころを浄めていくのが仏教だ」と解釈します。そうすると道徳と変わらないことになります。仏教の教えるところはどうもそうではないようです。どこがそうでないかというと、「自浄其意」の意をどこに見るかということなのです。迂闊に読むと、人間の心を浄めていくことが大事で、それが諸仏の教えだといえそうですが、そうではない。その意は、悪いことをやめて、善いことができると思っている、そのこころを浄めることです。さきほどのことばでいえば、善はなし得る、悪はやめ得ると思っているその分別、その自分の高慢さに決着をつけていくのが仏法だと、こういっているのでしょう。善いことができ、悪いことがやめられると簡単にいっている、その心そのものを問題にして、ほんとうに善ができているか。できていると思うのは、むしろうぬぼれではないのか。もっといえば、そのうぬぼれ一つやめられない自分は、悪でしかないのではないか。そういうがんじがらめの分別の高慢さを教え、それが悪だと自覚させるのが仏法だというのでしょう。

つまり善悪を分別するこころを教化し、無分別にふれさせるのが仏教なのです。仏教の智慧は無分別智ですから、善悪を分別して戦うのではないのです。善悪を分別するそのこころがむしろ問題であった、こう知るのが仏さまの智慧です。これは仏教の伝統ですから、第一条ですでに読みましたように「弥陀の誓願には老少善悪のひとをえらばれず」と、善悪を選別しないのです。だから、『浄土和讃』にも、

超日月光この身には　　念仏三昧おしえしむ
十方の如来は衆生を　　一子のごとくに憐念す

とありますように、弥陀は、善い子悪い子などといわないのです。弥陀はすべての人を平等に、しかも一人一人をひとり子のように憐れみ念じていてくださるのです。だから、その憐れみ念じる弥陀のこころを感じるのは、善いことが出来ると自負する子ではなくて、悪人であるからこそ、親をも忘れているからこそ気づけるのです。だから「善人なおもて往生をとぐ、いわんや悪人をや」というのは奇抜なことではなくて、仏法の道理なのです。

そこに気が付くと、最近「善人なおもて往生をとぐ、いわんや悪人をや」というのは、法然上人がいいだされたことだと資料を出して主張される先生もありますが、さほど重要なこととは思えません。悪人正機説は、ずいぶん前から法然上人の説だと増谷文雄先生はおっしゃってました。そして、前半の十条のなかで、第三条と第十条は「とおおせそうらいき」で終わり、その他の条は、「と云々」で終わっています。それで、「とおおせそうらいき」で終わる第三条と第十条は、法然上人の伝統の言葉だともいわれてきました。ただ、法然上人を元祖と仰ぐ浄土宗の方々に、「善人尚ほ以て往生す況や悪人をや」という法然上人の伝記の言葉を、認める人々がいままで少なかったということなのでしょう。

すでに法然上人は、ご自分のことを十悪の法然房といっておられます。また、仏教の智慧が無分別智であることからいえば、悪人正機は、法爾自然の道理ともいえますから、その道理からご自分のお名前をとられた法然上人がおっしゃって当然のことでしょう。善人悪人という二種類の人がいるように思いますが、教えに照らせば、善人だといえるような人などどこにもいない、みんな悪人なのでしょう。いや、人間がいうような悪人はたかが知れているのです。自分は悪い者だと思っている人は、まだいいほうです。悪人ぶる人もいれば、いいかげんなことをしても、なんとも思っていない人もいる。自分はまだまだいい方で、悪い人はいくらでもいると思っている人もいます。人間の考える悪人は、周りと比較した反省程度の内容でいうのが多いのです。たまたま悪人だと気づいても、気づいたことでまた自分を肯定していくのです。だから、仏さまから見れば、みなどうしようもない悪人なのです。それで、ここでいう悪人は、「人間の別名だ」といわれた先生もあります。悪の人ではなくて、悪が人だという、人としての自分の在り方が悪以外のなにものでもなかったと気がつくのが南無阿弥陀仏の教えだというのです。

だから、善ができるという思いは、煩悩が見えていない思い上がりなのでしょう。それで、

しかれども、自力のこころをひるがえして、他力をたのみたてまつれば、真実報土の往生をとぐるなり。

といわれます。結局は善悪といっても自分の分別でしかなかった。分別で善悪が決まるはずがなかったと、そこにおのずから頭が下がる。それが自力のこころをひるがえすということです。

自力のこころをひるがえして

ひるがえすというのは、自分で自分のこころを入れ替えるのではありません。自分のこころは、『高僧和讃』に、

在此起心立行は　此是自力とさだめたり

と、いわれるように、ここにありて心を起こし行を立てるのは、すべて自力なのです。修行への思い上がりであったと気づくのも、自力なのです。他力にふれなければ、自力と気づくこともないのです。自力で自力を否定し、自力の心を入れ替えることはできません。自力の修行は、自分で自分を大地から持ちあげるようなもので、不可能なことです。しかし、自力では不可能であったと気づくことはできます。それが他力にふれたことです。自力ではどうすることもできなかったと、バンザイするのです。かぶとをぬいで喜んで頭が下がるのを、ひるがえすというのです。それで、「自力のこころをひるがえして、他力をたのみたてまつ」るのは、廻心、信心、なのです。

廻心は、『唯信鈔文意』に、

廻心というは、自力の心をひるがえし、すつるをいうなり。

といわれるように、自力の心のひるがえり、自覚の世界です。そして、その自力のこころは、『一念多念文意』に、

自力というは、わがみをたのみ、わがこころをたのむ、わがちからをはげみ、わがさまざまの善根をたのむひとなり。

といわれるように、いつでもなにをするにも「わが」をつけ加えているこころです。わがさまざまの善根を尽くせばどうにかなるように思っていたが、「わが」の思いが何一つ変わるものではなかった、わがは無力であった、わがは無用であったと見えてくる。わがの思わくの中で、どれほどひねくりま

わしても、わがは越えられなかったと頭が下がる。それが自力のこころをひるがえすことです。それが他力をたのむことです。

他力をたのむというのは、他力にたのむのではありません。他力に、なにかをたのむのではなくて、他力をたのむのです。他力になにかをたのむような在り方がひっくり返されたのを他力をたのむというのです。たのむといえば、だれかになにかをたのむという形でしかたのんでこなかったわが身は、本願他力を受け取れないのであったと、はじめて思い知らされたのを他力をたのむというのでしょう。そうしてはじめて「真実報土の往生をとぐるなり」といわれるのです。真実報土というのはお浄土のことです。なぜ報土というかといえば、お浄土は仏さまの願いに報われたところだからです。人間が思い描いた理想の世界ではないのです。人間の理想は、いかにうまく描いてみても、描いたものに縛られていく道でしょう。つまり、『疑惑和讃』に、

　自力諸善のひとはみな　仏智の不思議をうたがえば
　自業自得の道理にて　七宝の獄にぞいりにける

とあるように、努力して描く理想郷は、朝寝して昼寝して早寝して、三食つき、暑くもなし寒くもなし、ゆったりと生活ができる。そんなところを夢見るのですが、それが極楽ですか、浄土ですか、七宝の獄にいりにけるなのでしょう。わが心やわが身をたのんで、それで金縛りになっているだけではありませんか。それで、真実報土というのは仏さまの願い、本願に報われたところだというので、報土というのです。

仏教書をもとに極楽への距離を計算した数学者がありました。近畿数学史学会長の山内俊平さんによると、娑婆から極楽までの距離は十京光年あるという。光年というのは、一秒間に三十万キロ、地球七回り半する早さで一年分かかった距離。十京というのは、一億の十億倍。つまり光の速さの乗り物でも、たどり着くのに一億年の十億倍かかるという距離です。ということは要するに、どんなにもがいても人間の力では行けない所ということです。つまり、仏さまに報われた世界は、人間の考えを超えているというのでしょう。無分別のところは、人間の考え分別では行けない。善悪が判断できるなどというような根性では、いくら頑張っても行けない所が真実報土です。しかし、榎本栄一さん流にいただきますと、「しぶといこの頭が下がったら、浄土の光は、こんなところに」となるのでしょう。こちらからは行けないが、向こうからは来てくださる。そのことに気づいて、南無阿弥陀仏と頭が下がるところに開かれるのが真実報土なのです。

真実報土の往生は、念仏に開かれるところです。分別では行けない、自力のこころでは行けない。その自力のこころをひるがえすところにあるのです。つまり、『愚禿悲歎述懐』に、

蛇蝎奸詐のこころにて　　自力修善はかなうまじ
如来の回向をたのまでは　　無慚無愧にてはてぞせん

といわれるように、蛇は毒蛇、蝎はさそりで、猛毒を持つものです。蛇蝎のような猛毒の煩悩をもつ自分なのです。奸はわる賢い、詐はだますこころです。そのような蛇蝎奸詐のこころで、どれほど努力して善を励もうとも、往生はかなわないのです。自力作善のこころではかなわないと無慚無愧のわ

が身と気づく如来の廻向において、はじめて真実報土の往生をとげるのです。

煩悩具足のわれら

こうして、

煩悩具足のわれらはいずれの行にても、生死をはなるることあるべからざるをあわれみたまいて、願をおこしたまう本意、悪人成仏のためなれば、

といわれる。悪人という呼び名が人間の別名だといわれるわれらは、煩悩具足だという。身を煩わしこころを悩ます煩悩具足のわれらは、いずれの行にても生死を離れることなどあるはずがない。生死というのは、生はよいもの、死は悪いものだとするこころです。人間にとって都合のいいものは善だが、都合の悪いものは悪だと分別するこころです。けれども事実に即して考えるなら、死のないものは生きているといわないから、生と死は一つのものの表と裏なのです。それをわざわざ二つに分けて、表だけが好きだ善だというのは、道理に背くのです。裏がないのならともかく、裏つきの表なのだから、表だけ見て、生は善いが死は悪いといっても、それは無理な話です。そういう深い執着心のために、人間には永遠に助かるということがない。「生死をはなるることあるべからざる」なのです。

われわれは煩悩具足です。具足とは、煩悩をたくさん持っている人間ということではなくて、煩悩でできている人間ということです。煩悩具足の人間がいろいろな方法を考えて人を育てようとし、人を大切にしようとしているけれども、それも煩悩ですから本当の救いにはならない。煩悩の人間に救

いはないと知ることのほうが先です。それが、唯一に早く助かる道なのです。分別が間に合わないと知ることが大事、悪人だと懺悔するしかないのです。それに気づかずに、ああもした、こうもした、こうしたらいい、ああしたらいいというようなことはみな迷いなのです。

それでも人を褒めることは、善いことだろうと思いますが、しかし人間が褒めるような褒め方は、あまりあてになりません。新聞の投書で、こういっている人がありました。「褒める怖さ」という題です。

褒めるとは子どもを自分の価値判断に照らし合わせて評価することです。親から、「そう、それでよいのよ、偉いのよ」と褒められて、取りあえず嫌な気もちになる子はいません。もっと親を喜ばせてやろう。どんなことをしたら褒めてくれるだろうと頑張るでしょう。子どもの持っている以上の力を出すかもしれません。でも反対に親が褒めてくれないときや、頑張れなくなったとき、子どもはどんな思いを持つでしょうか。親に褒められない私はだめだと卑下したり、こんな私を親は愛してないんじゃないかと不安になったりします。おとなでも少々お世辞とわかっても、褒められて悪い気はしないといわれました。ほんとうにそうですね。でもその人の前ではすこし無理していたり、居心地が悪かったりすることってありませんか。子どもも同じです。褒められようとしたら、無理したり、褒められないかもしれないと思って不安になったり、親の前で安定した心でいられなくなり、自分のほんとうの姿を見失います。そして褒められることで動いていた子どもは、親の目を通して価値判断しているので、自分で物事を見つめ、考え、決めていく力が育ちません。褒めることは、子どもが自立する力を遮ることになります。子どもが自分の人生を自分の判断で生きていくためにも、褒めて、親の判断を押し付けることは怖いと思いました。ただ褒めることと、子どもを認め、受け入れてやることとを混同している場合があります。子どもを受け入れ、包み込んでやることばは大いにこころかけたいものです。

なるほどそういわれればそうですね。おとなでもあまり褒めてもらうと居心地が悪くて困ります。いい人になっていなければならないから、そんないい人のところにじっとしておれません。ブリッ子は長く続きません、ストレスがたまるだけです。人間を褒めると、相手にストレスをためさせることにもなります。精一杯その人のことを褒めているつもりでも、いつの間にか自分の評価の枠の中へ相手をはめ込んでしまう結果になっている。それならけなせばいいかというと、けなせばなおだめになる。ですから、あるがままを認めなければならない。つまり人間の判断は間に合わないと気がつくこと、無分別智に出遇うことが肝心なのです。

それをここでは、「いずれの行にても、生死をはなるることあるべからざるをあわれみたまいて」といわれるのです。どれほど努力をしても、どれほど修行をしても、人間の思いでは迷いを離れることはない。そういうことを「あわれみたまいて」弥陀は、全く手がかりのないどうしてみようもない人間を助けるために念仏せよと願われたのです。仏智よりみれば、人間はみな悪人だから、悪人成仏ということが初めから目標なのです。もっといえば悪人と自覚せしめないかぎり、人間の救いはないことをはっきりするために阿弥陀仏は向こうから立ってあらわれるのです。それで真宗の阿弥陀仏の御木造や御絵像は、座像ではなく立像なのでしょう。

悪人成仏のための本願

阿弥陀仏に出遇って自分の色眼鏡に気づくと、自分の悪人性がよく見えてくるのではないでしょうか。これは中日新聞に出ていた、平松憲さんの「そこ」という題の詩です。

「あなたは　どこにいるのですか」
そこです
「そこはどこですか」
そこよりしたはないのです
これいじょうはおちません
「どんなところですか」
ひだまりです
みずもながれてあつまります
すわっていれば
たおれません
ここがそこです
「どうしたらゆけますか」

めがねをはずしてください
かたがきをとってください
そして
こころのちりをはらえば
こられますよ

そより下はない、これ以上は落ちないというのは、ことばを換えていえば、悪人ということでしょう。眼鏡を外せ、肩書きを取れということは、自力作善の思いを棄てるということでしょう。自力作善の思いが外れたら、自力のこころをひるがえせば、他力をたのみたてまつれば、そこに浄土の光が差し込んでいるはずだ。こちらから手を出そうとすれば、それこそ十京光年さきですから永遠に手が届かない。けれども、手が届かないと初めて頭が下がってみれば、下がったところにすでに向こうから光がきていた。その向こうからの光の世界を悪人成仏のための本願といってあるのです。

われわれは、悪人と自覚せしめられることによってまさしく本願の正因であると知ることができるのです。だから悪人ということは、仏さまに教えられなければいえないことです。自分ではいえません。自分で善人だと思っている私を、仏さまは悪人だとおっしゃる。これは仏がいうのです。仏がいわれたのでなければうなずけません。人がいったぐらいでは、自分も悪人だけれど、おまえも悪人ではないかといってまた仲間に引き込んでしまう。弥陀がわざわざ願をおこしたのは悪人成仏のためとおっしゃったのだから、悪人とうなずくほかはないのです。

だから、「他力をたのみたてまつる悪人もっとも往生の正因なり」なのです。それで、「よって善人だにこそ往生すれ、まして悪人はと、おおせそうらいき」と、善人が往生するぐらいなら、悪人と自覚する人はなおさら弥陀の本願の救いに近い存在だといわれたのです。

親鸞聖人は、『教行信証』の「信巻」で『涅槃経』の耆婆の言葉を引いて、

たとえば一人して七子あらん。この七子の中に、(一子)病に遇えば、父母の心平等ならざるにあらざれども、しかるに病子において心すなわち偏に重きがごとし。大王、如来もまた爾なり。もろもろの衆生において平等ならざるにあらざれども、しかるに罪者において心すなわち偏に重し。

と、いわれます。如来のこころは、すべての衆生にたいして平等であるけれども、罪のある者にはとくにこころがうごいて、罪人を重くみられるのです。その弥陀の平等の願にふれて、ほんとうにどうしてみようもない私だと気がつくことが、弥陀の本願をいただくことなのです。あれは好きこれは嫌い、あれは得これは損と、自分の都合で善悪を立てながら、善ができるように思っている。その自力作善のこころをご縁にして、悪人であることをとことん知らされて念仏する。念仏すれば、その念仏のところに往生生活がはじまると教えてくださるのです。

善人は、自分で行けると思っていますから、弥陀の本願に遠いのです。それで、善人が助かるぐらいなら、悪人はなおさら助かるといわれるのです。十京光年の世界に自分で行けると思っても行けはしません。手も足も出ないのです。自力作善では行けませんと根切れして悪人を自覚するものが、往

生するので、往生の正因なのです。そういうことを、第三条は教えているのです。

第四条　慈悲に聖道・浄土のかわりめあり

（原　文）

一　慈悲に聖道・浄土のかわりめあり。聖道の慈悲というは、ものをあわれみ、かなしみ、はぐくむなり。しかれども、おもうがごとくたすけとぐること、きわめてありがたし。浄土の慈悲というは、念仏して、いそぎ仏になりて、大慈大悲心をもって、おもうがごとく衆生を利益するをいうべきなり。今生に、いかに、いとおし不便とおもうとも、存知のごとくたすけがたければ、この慈悲始終なし。しかれば、念仏もうすのみぞ、すえとおりたる大慈悲心にてそうろうべきと云々

（現代語訳）

慈悲には、人間の努力にたよる聖道の慈悲から、阿弥陀仏のはたらきによる浄土の慈悲へのかわりめがあります。

聖道の慈悲は、自分の力で、生きとし生けるものを、あわれみ、いとおしみ、はぐくむことです。けれども、自分の思いのままに救いきることは、きわめてまれなことです。浄土の慈悲は、念仏して、ただちに仏となる身となって、阿弥陀仏の大慈悲の精神に導かれて、人びとと共に救われていくこと

です。

この世に生きている身では、どんなにいとおしく、かわいそうだと思っても、自分の思いどおり救うことはできないから、自分の力をたよる慈悲は、首尾一貫しないのです。だから、いま阿弥陀仏の本願に帰して、念仏する身になることだけが、徹底した大慈悲の精神なのですと、親鸞聖人からお聞きしました。

慈悲に聖道・浄土のかわりめあり

第四条は、慈悲の問題が語られます。次の第五条は、父母孝養、つまり親子の問題が語られます。それから第六条は、わが弟子ひとの弟子ということで、師と弟子の問題が取り上げられます。このように、第四条、第五条、第六条は、人間関係における念仏の意義が説かれるのです。つまり南無阿弥陀仏の意義はなにかということが、もっとも身近な人間関係において語られるのです。いい換えれば念仏もうす人の社会的、歴史的存在としてのあり方が説かれるのです。

第四条は、

慈悲に聖道・浄土のかわりめあり。聖道の慈悲というは、ものをあわれみ、かなしみ、はぐくむなり。しかれども、おもうがごとくたすけとぐること、きわめてありがたし。

と、慈悲が語られます。まず「慈悲に聖道・浄土のかわりめあり」とはじまりますから、慈悲に聖道の慈悲と浄土の慈悲の二つがあって、二つの慈悲の違いがあるように思われますが、慈悲は一つなのでしょう。普通仏教では、慈悲を分析して、慈は与楽で悲は抜苦だといわれます。慈はいつくしむことで、友愛で接して楽を与えるこころです。悲は、悲しむことで、やさしく思いやって悲しむ人がそばにいると悲しみがやわらぐから、苦を抜くこころであるといわれます。このように慈悲は、慈しみ愛して楽を与え、悲しみ憐れんで苦を抜くこころです。一般的にいえば愛ということでしょう。そういうことからいえば、人間は間柄を生きることで、愛の真実慈悲の徹底を求めるものといっていいのでしょう。

ところがその慈悲を徹底しようとすると、聖道から浄土へのかわり目、つまり転換があるというのです。聖道というのはこの世で自分の力を頼り修行して悟る、聖になっていく道です。浄土は本願に帰して、浄土に生まれていく者となる道です。それで、聖道の慈悲は、浄土の慈悲へと転じられていくことがかならずあるというのです。

聖道の慈悲は「聖道の慈悲というは、ものをあわれみ、かなしみ、はぐくむなり」とあるように、「ものをあわれみ、かなしみ、はぐくむ」こころです。ここでいうものとは、物質という意味ではありません。生きとし生けるものという意味です。生きとし生けるものをあわれみ悲しみはぐくんでいくのが聖道の慈悲であって、私たちが考えている愛はこの聖道の慈悲なのです。まことを尽くして生きとし生けるものに平等にかかわろうとする慈悲は、ものをあわれみ悲しみはぐくむということになります。

ところが、ものをあわれみ悲しみはぐくむという慈悲の内実は、おおむねわがものに対してかかわるところの、あわれみ悲しみはぐくむになっているのです。つまり自分の所有物として私のものだから、自分にかかわりがあるから、あわれみ悲しみはぐくむということになっているのではないでしょうか。

先般、バスの中でする献血に行ったのですが、採血している看護婦さんがよく話す人で、私の前に献血している人とずっと話しているのです。年配の看護婦さんだったのですが、

「子どもは、十八歳を過ぎたらもうわが子と思うなといわれるが、そのとおりだ。十八歳を過ぎてまでわが子だと思っていたらあかん。十八歳を過ぎたら、わが子もあずかりものだと思わなあかん」といっていました。私はなかなかおもしろいことをいうと思って聞いていました。この看護婦さんも子どもを所有物として大事にしてきたのでしょう。ところが十八歳にもなると思うようにならんものだから、あきらめよというのです。あきらめるにはあずかりものと思うのが一番善いというのでしょう。

人と人との関係は、そういう思い方をして過ごしていくのでしょう。十八歳までは自分の子どもだと思って育ててもいいが、十八歳を過ぎてからもわがものだと思うと、子どもが思うようにならないと腹が立つだけだし、子どもも親離れしないし親も子離れができなくなるから、そう思っていくのがいいというのでしょう。それは、子どもを自分の所有物としてあわれみ悲しみはぐくんでいく結果を、悲劇に終わらせずにうまく処理しようという一つの考え方なのでしょう。

おもうがごとくたすけとぐることきわめてありがたし

だから、親子でもあわれみかなしみはぐくもうとすると、「しかれども、おもうがごとくたすけとぐること、きわめてありがたし」ということが出てくるのです。ここでいうおもうがごとくというのは、人間のおもうがごとくということです。ところが親がおもうがごとく子を助けようとしたら、育てたのやら、自立を妨げたのやらわからないことになっていきます。

道端で転んだ子を起こしに行ったら、「ほっといてください。自分で起きる訓練させているのだから、いらんことせんといてください」としかられた人がいます。また、電車の中で立っていたら、若い人が席を代わってくれた。うれしくもあるが、年寄りに見られてくやしかったという人もいる。なかなかはぐくもうとするこころがそのまま通らない。不幸続きの友人に、「自分と一緒に聞法しないか」と誘ったら、「死ぬ準備はまだ早い」といわれ、それからしばらくは、口も聞かなかったといった人もいます。

中には、うちの子どもは、自分の思うように育ったと自慢げにいう人がいます。しかし、親の思うように育ったら子どもは親以下になっていくのに、それには気がついていない。なぜなら、親の思いが一升枡なら、その親の思うように育った子どもは五合枡にしかなれません。五合枡の親のおもうがごとく子が育ったら、一合枡になってしまって三代で身上はつぶれます。人間のおもうがごとくというのは、そういうことになっていくのではないでしょうか。いや、おもうがごとくというのは、そういうことも計算に入れてのことだというけれども、ほんとうにそんなにおもうがごとくたすけることができるのでしょうか。

私は、高校時代に一年半ばかり津市内のおじさんの寺で下宿をしていたことがあります。おじさんのところには、私より二つ年上の従兄がいました。長男です。私は預けられている身ですから、おじさんやおばさんのいうことはよく聞きました。従兄も私も同じように学校へ通っていますが、朝起こされると、私は一回で起きる。また報恩講や永代経のお華束盛りを手伝えといわれると、私は、よく見てほしいという根性があるものですからすぐ手伝う。なにしろ下宿させてもらっている身ですから、よくいうことを聞きます。それに私は、小学生の頃から寺の手伝いをやり付けておりますから、おじさんのお気に入りでした。

ところがそのうちに、従兄が私に、

「憲ちゃん、あんまり手伝うな」というのです。それで「どうして」と聞いたら、

「自分が、鈍そうに思われて困る」

というのです。まったくそうでした。私はいいつもりでやっているのですけれども、実はそれが普通に行動している彼にとって、だめ人間であることを実証させられるみたいになる。叔父からいえば憲はよく動くのに、おまえはうちの子なのにすぐ手伝わないということになってしまっているという。なるほど、いわれてみればそれもそうかと、以後なるべく手伝わないようにしました。自分はいいつもりでしているのですが、それがどこでどんな迷惑をかけているかわからないのです。

そういうことに気付いてきますと、ほんとうにたすけ尽くすことは、難しいことなのです。なんで

もないお手伝いひとつだって、すこし視野を広げてみると、お手伝いをするのが善いのやら悪いのやらわからなくなる。手伝わないほうがいいというのではありません。精一杯手伝っても、これでよしといってうなずいていられるかというと、そうではないのです。兄弟でも一方だけがよくできると、他方は比べられてかわいそうです。優秀であることが、兄弟や姉妹という身近な関係の人を不幸にすることもあるのです。

親鸞聖人の少年時代の京都の状況は、鴨長明が『方丈記』に書いた通りであっただろうといわれます。『方丈記』によると、養和の飢饉の年、四月と五月の二か月間に、京都の市内でだれにも弔われずに野たれ死にした人々の死体を、仁和寺の隆暁という法印が一人で弔って回ったのですが、その数が四万二千三百余りだったとある。たった一人でそれも二か月の間にそれだけの数の人を弔ったというのですから、もうすこし範囲を広げ月日をかければ、餓死した人の数はどれほどの数字になるかわからないでしょう。ほんとうに悲惨な状況です。

そのときは、薪さえも乏しくなって、頼むつてのない人は自分の家を壊して、町で売ったとあります。ところがそうした薪の中に、赤い塗料が付着していたり金箔があちこちに付いている木があったので、この薪は何だと尋ねると、それは古寺へ忍び込んでそこのお仏具やお道具を壊して、たきものにして売っていたのだという。あるいは立派な姿をした人が家ごとに乞い歩くこともあった。また落ちぶれてどうしてよいかわからなくなった人々が、歩き回っているかと思うと、急にばったり倒れてそのまま死んでしまうこともある。また、お母さんが息絶えたのも知らないで乳房にむしゃぶりつい

ている、いとけなき子どももいたとしるしています。そういう状況を見て鴨長明は、

その思いまさりて深きもの、かならず先立ちて死す。

愛情の深いほうが必ず早く死ぬという。なぜかというと、たまたま手に入った食物でも相手にあげてしまうからであると。だから当然親子なら親からさきに死ぬし、夫婦でも愛しているほうがさきに死ぬと書いていています。われわれは、そんなことは思ったこともないでしょう。お参りに来られるおばあさん方は、よくおじいさんだけは送ってから参らせてもらいたいといっています。それもけっこうなことですが、愛情の深さにこころをかけず、自分だけは残ると思っていることもあるのでしょう。

親鸞聖人は、幼少の時に鴨長明が見たのと同じような状況を見ておられます。物質が豊かな時代なら、まだものをあわれみ悲しみはぐくむということもいえるでしょうが、野たれ死にした人たちの死体の山を幼心に印象づけられたら、口先だけででもそんなことはいえなかったでしょう。人を助けるということなど人間にはできないと、それこそ骨身に染みて実感しておられたのではないでしょうか。それは、ものをあわれみ、かなしみ、はぐくむことが、どうでもいいというのではありません。もちろん、できるかぎり、ものをあわれみ、かなしみ、はぐくまれたにちがいありません。しかし、「愚禿悲歎述懐」の和讃に、

小慈小悲もなき身にて　有情利益はおもうまじ
如来の願船いまさずは　苦海をいかでかわたるべき

といわれるように、小慈小悲、つまり人が人を助けようとする衆生の間の慈悲も徹底できない身なの

です。だから、有情を利益することは、断念するといわれます。つまり親鸞聖人は、人間が人間をおもうがごとくたすけとげることができるのか、ほんとうにたすけ尽くせるのかということを見極めておられたのです。

徹底しない人間の慈悲

最近、土曜日の夜になると、私の所の田舎道でもかなりすごい音を出して五、六台の暴走族のバイクが走ります。先般も婦人会の会合の時に暴走したので、やかましいな、困ったものだなどといっていましたら、坊守が同朋大学の別科へ通っていますので、先生から「あの悲しみが聞こえますか」と教えられてきたというのです。暴走のバイクの音は、悲しみの音だと。つまりどこにも悲しさつらさのはけ口がなくて、土曜日の夜になったら、単車に乗って走り回る。おそらくあれだけのスピードを出していたら、ひとつまちがえれば命を落とすでしょう。本人もそれを知らないわけではない。けれども、そういうふうにしてしか土曜日の夜の時間を持つことのできない若者たちの、うなるような悲しみが聞こえているかというのです。暴走族追放などという看板を出すけれども、はたして追放で問題が解決するのかということです。人間がおもうがごとくたすけとぐることは、容易でないだけでなく、首尾一貫して徹底しないのです。便利屋に頼んで保険をかけたわが娘を襲わせるというような、そんな保険金詐欺まである時代です。

朝日新聞の天声人語にこういう文章がありました。

少年たちが東京足立の公園に野宿していた男を襲い、乞食、汚いとののしりながら重症を負わせた。棒で殴り、髪の毛をライターで燃やしたそうだ。中学三年生たちは進学組ではなくて、長期欠席者が多かった。中卒の子一人は、無職だった。進学競争の世界からはじかれたものは、受験の季節になるといっそう荒れるという。

横浜で野宿生活の男たちが襲われた事件も不意に起こった。横浜の事件の少年たちは、学校でも、家庭の中でもさまざまな意味で弱者だった。弱者がさらに弱いものに攻撃を加えるという、悲しくて無残な図が今回も同じではないだろうか。のけものにされた少年たちが、世間からのはみ出しものを集団で襲う。いじめるとスカッとする。抵抗するのでおもしろいといって、襲う。弱きものが弱きをくじく世界である。

六年ほど前、くたばりかけたじいさんを木に縛り付け、その目をめがけて吹き矢を吹くという残酷な冗談を書いた本が売れたことがある。かつてのツービートの本だ。こういう種類の冗談が受けたのは、作者に世間のにおいをかぎ取る勘があったからだろうか。弱きをくじく心と残酷をおもしろがる心とがぶつかると、火花を散らして嫌なにおいを放つ。やはり六年前に来日したマザー・テレサはこう語った。東京で道端に倒れている人を見ました。通行人がだれも救おうとしないのにはショックを受けました。助けてもまたもとの生活に戻ってくるからといって、手を差し伸べないのは、その人の尊厳を奪うことになると。

多くの人は、この正論に頭を下げる。下げながらも、内心では公園や地下街に野宿する人々を迷惑に思っている。助けることよりも排除することを願い、浮浪者一掃を叫んだりする。人間をごみのように排除する行為、つまり弱きをくじく行為の残酷さが子どもたちを刺激しないはずはない。

さらりといってあることばですが、私たちのあわれみかなしみはぐくむという慈悲が徹底しないと、いつの間にか弱きに人に目をそむけて、弱き人を排除し一掃するような思いに転落していくのではないでしょうか。

河合隼雄先生は、こんなことをいっておられました。ある父親が息子に、

「おまえには欲しいというものをみんな与えてやったではないか。したい放題をさせたではないか。あれ買えといったらあれを買う。これがしたいといったら、これをさせる。みなおまえのいうようにしたでないか。このうえ、どんな文句があるのか」

といったら、

「おやじ、宗教くれたか」

といったというのです。たしかにものはくれたけれど、子どもの心の痛みに気づきそれを癒すことを少しでも教えてくれたかというのでしょう。

また、河合先生はこうもいっておられました。シンナーの常習者のグループで、観音さんの夢を見るためにシンナーを吸う若者たちがあるのだそうです。しかしいつも見えるとは限らない。みんながそう思って吸うのだけれども、たまたま見えるときもあるし、意に反して観音さんが全然出てくれな

いこともある。それはわからないけれど、とにかくそういう超越的なものとかかわろうとしている。それは宗教的なものとかかわろうとするのではないかといわれるのです。そしてさらに、観音さんを金もうけのだしにしてお経をあげているのと、どっちが宗教的だろうかといっておられました。観音さまを自分の思うように利用して、金もうけの材料として拝めというのなら、それは宗教ではないでしょう。そうしてお経をあげているほうが非宗教的であって、シンナー吸ってでも観音さんに出会いたいといっているほうがかえって宗教的ではないかと、話しておられました。

そう教えられますと、ものをあわれみ、かなしみ、はぐくむということの限界を思い知らされます。ものをあわれみ、かなしみ、はぐくまなければ、生活にうるおいがありませんが、おもうがごとくたすけとぐるということができないということがあるのです。

この慈悲始終なし

石牟礼道子さんの、水俣を告発した『苦海浄土』という小説があります。その中に、おじいさんが水俣の子どもの杢に語っていることばが出てきます。杢という子のお父さんも水俣病で亡くなるのです。そしてお母さんもついにそこにいられなくなって、子どもを置いて逃げ出す。おじいさんも水俣病にかかりつつある。お母さんが逃げていったときに、おじいさんがその小さい杢にこう語るのです。「杢よ。おまえは聞き分けのある子じゃっで、ようききわけろ。お前どま、かかさんちゅうもん持たんとぞ」

こういうのです。そうしてまた、

「杢よい、堪忍せろ。堪忍してくれい。じじもばばも、はよから片足は棺にさしこんどるばってん、どげんしても、あきらめて、あの世に行く気にならんじゃ。どげんしたろばよかかろかね、杢よい。かかさんのことだけは想うなぞ。想えば、お前がきつかばっかりぞ。思い切れ。思い切ってくれい、杢。かかさんの写真な、神棚に上げてあっどが。拝めねえ。拝んでくれい。かんにんしてくれい。お前ばこげん体に成かして」

こう言っている。つまり杢をほうって出ていったお母さんを恨むな、とにかくいまの自分を精一杯生きてくれ、こう語るのです。人間には慈悲に期待することができず、どんなことがあっても自分で自分を背負って立たなければならないところがあるのです。この後に「今生に、いかに、いとおし不便とおもうとも、存知のごとくたすけがたければ、この慈悲始終なし」といわれます。いかにせつなくとも、また精一杯尽くしても、自分の思いが通らないことは、いくらでもあります。

『太陽の子』という灰谷健次郎の作品があります。これは沖縄で戦争体験をした人たちが神戸へ来て、悲しみに耐えながら、小さく一つになって生きていることを小説にしています。その中でキヨシという少年がぐれていくのですが、キヨシがいまにも警察につかまろうとしたときに、ろくさんという片腕のないおじさんが、彼をかばって警察の人にこう言うのです。

「ええか、この手をよく見なさい。見えないこの手をよく見なさい。この手でわしは生まれたばかりの吾が子を殺した。赤ん坊の泣き声が敵にもれたら全滅だ、おまえの子どもを始末しなさい、それがみんなのためだ、国のためだ。わしたちを守りにきた兵隊がいったんだ。沖縄の子どもたちを守りにきた兵隊がそういったんだ。みんな死んで、その兵隊が生き残った。この手をよく見なさい。この手はもうないのに、この手はいつまでもいつまでもわしを打つ」

「あんたはわしとあんまり年も変わらん。きっとやさしい子どもがいてるだろう。わしはこうして見えない手に打たれてひとりぼっちで生きている。同じ日本人だ。これで平等かね」

「………」

「あんたは子どもたちを殺したわしに手錠をかけることができるかね。悪いことをしないで平和に暮らしているひとたちのしあわせを守らなくてはならないとあんたはいったね。わしたちはなにも悪いことはしないで暮らしていたんだがね。あんたが悪い人だとは思わない。しかし、あんたを見ていると、日本の国を守るといいながら、罪もない人たちを殺していかねばならなかった日本の兵隊を思い出す」

「法の前に沖縄もくそもないとあんたはいった。そのことを心から望んでいるのが沖縄の人間だと知ったら、あんた方はなんというだろう。失業率は全国最高、高校就学率は全国最低だけれど、あんた方はそのためになにかやったかね。ま、そんなことはいうまい」

こういうふうに沖縄の現状をずっと告白していきます。そしてその中には、

「生きている人だけの世の中じゃないよ。生きている人の中に死んだ人もいっしょに生きているから、人間はやさしい気持を持つことができるのよ、ふうちゃん」

といういいことばもあります。

また不良になったキヨシという少年が立ち直っていくときのことばがなかなかいい。

「人間いうたら自分ひとりのことしか考えてえへんときは不幸なもんや。そのことがこんど、ようわかった。おれ、ショウヘイになぐられているとき、ずっとかあちゃんのこと考えとったんや。かあちゃんが受けてきた苦しみを、おれは今、少しやけど味わっているんやとおもたら、おれ、ふしぎにしあわせな気分やった。ひとになぐられて、しあわせなことがあるはずがないのに、そのとき、おれ、しあわせやった」

こう言っている。

浄土の慈悲

人は、あわれみ、かなしみ、はぐくむことができて、それに感動することもあるのですが、おもうがごとくたすけとぐることはできないのです。もちろん真宗教団が、戦争に加担したことは、懺悔しかありません。私の父は戦死です。しかし、懺悔しかない現実の中から、もうひとつ違う次元からこういう私の全体を悲しんでいるような目があることに気がつく。そういう目を通して慈悲のかわりめに気がつかないかぎり、われわれは「ものをあわれみ、かなしみ、はぐくむ」ことを遂行していくことができないでしょう。

自分だけの思いであるならばいかにあわれみかなしみはぐくんでも、うまくいけば自己満足、うまくいかなければ、これだけ私がしてあげているのに、これだけ自分は大事にしたのに、という恨みつらみが残って孤独になるのではないでしょうか。そこに、してあげる思い所有の意識がある限り、聖道の慈悲、ものをあわれみ、かなしみ、はぐくむということはすえとおらないのでしょう。

親はわが子のことをいちばん大事にするといいますが、医者は自分の子どもを手術できないのです。坊さんは自分の子を弔わないでしょう。やはり隣寺の御院さんに頼んで弔ってもらいます。それは如何に身近な人をあわれみ、かなしみ、はぐくんでも、おもうがごとくたすけ尽くすことができないことをあらわすのでしょう。

それで、おもうがごとくたすけ尽くす慈悲を徹底するには、かわりめがあるのでしょう。聖道の慈悲の限界を見きわめつつ、その慈悲をなお尽くさせていけるような慈悲があることに気づく。それを、浄土の慈悲というのでしょう。つまり、ものをあわれみかなしみはぐくむ身から、あわれみかなしみはぐくまれていた身への転換があるのです。その意味で浄土の慈悲も、ものをあわれみ、かなしみ、はぐくむことであっても、それはまず自分が無条件であわれみ、かなしみ、はぐくまれているということを感じて、念仏しつつ尽くしていける慈悲なのでしょう。

おもうがごとくたすけとぐることときわめてありがたしという自覚を通して、仏の思うがごとくという浄土の慈悲へと転換していく眼を賜わっていくのでしょう。転換それは南無阿弥陀仏の信心、廻心です。そのことを、

浄土の慈悲というは、念仏して、いそぎ仏になりて、大慈大悲心をもって、おもうがごとく衆生

を利益するをいうべきなり。

といわれるのでしょう。

親鸞聖人は、念仏申す身になってそれで流罪になられてからも、飢饉があまりにもひどかったので、三部経を千部読んで人々をたすけようとされたことがあったのです。しかしそれは間違いであると気づかれて、途中でやめられた。けれど、衆生利益への思い、ものをあわれみ、かなしみ、はぐくむこころは深く、それから十七、八年たっても風邪熱の中でお経を読む夢を見たと、奥さんの恵信尼公が手紙に書いておられます。それは南無阿弥陀仏の教えに遇う以外に、共生を忘れずに、しかもおもうがごとくたすけとぐるということはないと徹底することの大変さを物語っているのでしょう。それで「いそぎ仏になりて、大慈大悲心をもって、おもうがごとく」とあります。そこに「いそぎ」というのは「いま」ということでしょう。「いま」南無阿弥陀仏の教えに遇うことです。親鸞聖人は、ご和讃で、

願作仏の心はこれ　度衆生のこころなり
度衆生の心はこれ　利他真実の信心なり

といわれます。願作仏という仏になりたいこころは、南無阿弥陀仏の教えに遇った仏のはたらきからでてきたこころです。だから、仏になりたいこころは、自分一人仏になればよいことではなくて、度衆生というすべての人を念仏せしめるこころになるので、それが阿弥陀仏に出遇った、浄土にふれた真実の信心だといわれるのです。

だから、ここのおもうがごとくというのは、仏のおもうがごとくであるといわれます。そういうふうに教えられるとはっきりします。初めの「おもうがごとくたすけとぐること、きわめてありがたし」のおもうがごとくは、人間のおもうがごとくである。だから浄土の慈悲が聖道の慈悲と別にあるのではなくて、人間のおもうがごとくという聖道の慈悲のかわりめをとおして仏のおもうがごとくという浄土の慈悲を感ずる。浄土の慈悲にふれて、あわれみかなしみはぐくむことが、うまく作用しても誇る必要もないし、悪くいっても恐れることもない。まさしくいま自分の与えられたままを、精一杯尽くしていけるようになる。しかもそのことが相手を助けることになるか、苦しめることになるかはわからない。つまり人間のおもうがごとくではなくて、仏の無分別智に出遇って一歩が踏みだせる。仏の眼を賜らなければ、一歩も前に踏み出せないのでしょう。自分の思いで計らっている間は前へ行けない。どうしてみようもないというところで立ち止まらざるをえないのです。

もっといえば、ものをあわれみ、かなしみ、はぐくむ人間の限界性を見つめつつ、念仏せよという声にほんとうに耳を傾けて慈悲を尽くす。そういう身しかないのでしょう。わが身の慈悲は不真実だと腹を決めて、それにもかかわらずそこを尽くすしかないと立ち上がっていく世界をいただくことを教えるのが、「浄土の慈悲というは、念仏して、いそぎ仏になりて、大慈大悲心をもって、おもうがごとく衆生を利益するをいうべきなり」というおことばなのでしょう。

それで、次に、

今生に、いかに、いとおし不便とおもうとも、存知のごとくたすけがたければ、この慈悲始終なし。

といわれます。「人間が人を救うのは死んでからでもできる」と、教えられたことがあります。なぜかというと、死んだら人が拝んでくれるからだといわれるのです。拝むというような、人間が人間に教えることのできない行為を、命終わった人がわれわれにさせてくれるのです。帰命というような礼拝は、親だって教えられないでしょう。子どもに拝めといいます。命令して拝ませるけれども、ほんとうにこころから拝むことは、人間が人間に教えることはできません。やはり仏さまに教えられることがなければならないのでしょう。だから人を助けることは死んでからでもできる。生きているうちになにをするかといえば自分が助かるということです。自分がほんとうに念仏に出遇っていく道を明らかにしていくより外に手がない。ほんとうに自分自身が無分別智に立たないのに、人助けなどといったら、それこそ共に迷うだけになるでしょう。にもかかわらず、われわれは簡単に人助けできるように思うのです。

東京の山谷で活躍された梶大介さんは、

「お坊さんがたにお願いしたいのは、カンパの手伝いをしてくださいということではありません。年末の越年資金を苦労してもらっても、すぐに飲んだり賭けたりしている人々に、ほんとうに生きる意欲を呼び起こすような道を教えていただきたいのです」

といわれます。厳しい言葉です。ほんとうに生きる意欲とはなにか。それを明らかにすることが大事だといわれる。

そうなりますと、念仏して浄土の慈悲にふれないかぎり、ほんとうに慈悲を徹底していく道はないといえます。私たちは、ものをあわれみ、かなしみ、はぐくむといっても、結局は自分の私有物に対するこころであって、いいころかげんで終わり、やがて消えてくのです。けれども、その私にほんとうに慈悲を尽くさしめる教えがある。それが、「この慈悲始終なし」という懺悔をとおして、本願よりおこる念仏の道だと親鸞聖人は教えられるのです。

すえとおりたる大慈悲心

親鸞聖人はたいへん多くの人々を教化してくださいました。今日われわれがお念仏のご縁に遇えるのは、親鸞聖人のおかげです。けれども、ご自分の長男はどうすることもできなくて、義絶されました。それも八十四歳になってからです。これはどうしてみようもないことなのでしょう。これだけ多くの人を助けたではないか。それならわが子ぐらいはというけれども、ご縁がなければ、どうしてみようもないのです。

長男の慈信房善鸞さんは、親鸞聖人の教えをまちがった形で了解したのです。人間の世界ですから、そこにはいろいろな事情があったのでしょう。親鸞聖人は六十歳を過ぎて関東から京都へ帰られます。御和讃や『浄土文類聚鈔』などの撰述をなさるためにあえて京都へ帰られたのです。もしそのときに京都へ帰られなければ、今日われわれが著述をとおして親鸞聖人の教えに遇うことはなかったでしょう。しかし、京都へ帰られたことは、関東のお同行からいえば見捨てられたということにもなります。

だからそのことを恨みに思った人もあったのでしょう。当時鎌倉幕府は、念仏を弾圧し始めます。おまけに日蓮は念仏申せば無間地獄へ落ちるといい出します。

それで、関東念仏者たちはよけいに混乱することになってしまった。そこで親鸞聖人の名代として善鸞さんが、まちがった教えをただす目的で関東へ行かれるのです。ところがその善鸞さんがいちばんまちがったことをいい出した。しかも、「自分はないしょで父親に聞いたのだ」といったものですから、関東の人々はますます迷うようになっていくのです。親鸞聖人はわれわれにはいわれなかったけれども、ひょっとしたら親子のことだから善鸞さんにはいったかもしれないと思う人も少なくなかった。なかには親鸞聖人の長男である善鸞さんに近づいて、善鸞さんの地位を利用して自分の勢力を伸ばそうとした弟子もいたのでしょう。その結果、多くの人が善鸞さんに従うことになった。初めのうちは親鸞聖人も、そんなことはあるはずがないといっておられたのですが、ますます混乱していく事態の原因が自分の子どもの善鸞さんにあって、しかもそれが本願の中心である第十八願をしぼめる花にたとえるということまでいい出したと伝えられまして、

このことども、つたえきくこと、あさましさ、もうすかぎりなければ、いまは、おやということあるべからず、ことおもうことおもいきりたり。三宝・神明にもうしきりおわりぬ。かなしきことなり。(『御消息拾遺』)

ということで善鸞さんを義絶されたのです。親子の縁を切ることはよくよくのことがなければいたしません。しかし縁がなければそうすることもおこるのが、人間の世界です。それで、「かなしきこと

なり」といわなければならない状況にあったのです。

「今生に、いかに、いとおし不便とおもうとも、存知のごとくたすけがたければ、この慈悲始終なし」です。「子の手術無神論者も手を合わす」という川柳がありましたが、如何に熱心に拝もうとも、親子でも夫婦でも親友の間柄でも、病一つ代わってやれないのです。代わってやれないということは、あなたも念仏する人になってください、あなたも自分の役割を尽くす人になってほしいと願うよりほかないでしょう。つまり、いそぎ仏になる。いそぎ念仏して仏になるという道を自分が歩むと同時に、あなたもまた念仏していそぎ仏になる道を歩んでくださいというよりほかに手立てがない。われわれはそれを忘れて、子どもにものを残そうと思っているのです。お粗末なものです。

幸せの材料なんかいくら与えたって意味がない。どんな状況の中にも幸せを感じるような心構えを子の中に呼び起こせなければ、ほんとうの幸せはない。しかしそれは人間ができる仕事ではありません。仏さまの仕事です。しかしその仏さまの仕事を、もしわれわれが手伝えるならば、私が仏さまになる仕事を全生涯をかけてやるという、その生き方以外にないのでしょう。生き方を見てくださいなどとはいえない。私が精一杯お念仏の道、聞法の道を歩むよりほかない。

そういうことを語っているのが、

しかれば、念仏もうすのみぞ、すえとおりたる大慈悲心にてそうろうべきと云々

ということなのでしょう。親鸞聖人は、「信巻」で、『大悲経』を引用して、

もしよく展転してあい勧めて念仏を行ぜしむる者は、これらをことごとく、大悲を行ずる人と名

いかと、こう教えられるのでしょう。

といわれます。私がほんとうに念仏していく道を歩むことのほかに、慈悲を徹底する道はないではないか、こう教えられるのでしょう。

教育とは大自然を子どもといっしょに愛することではないかといった人がいます。人間を教育することができるのは大自然で、大自然こそ永遠かつ真の教育者なのだと。親鸞聖人は、「みだ仏は、自然のようをしらせんりょうなり」といわれますから、本当の教育者は弥陀仏です。弥陀の法に教化されて、弥陀に帰依し念仏する身になることだけが自然に帰る道であり、それが慈悲を徹底する道なのでしょう。

その念仏申す生活について、坂村真民さんの「なにかをしよう」というタイトルの詩を紹介します。

なにかをしよう
みんなの人のためになるなにかをしよう
よく考えたら、自分の体に合ったなにかがあるはずだ
弱い人は弱い人なりに
老いたる人には老いたる人なりになにかがあるはずだ
生かされて生きている御恩返し
小さいことでもいい
自分にできることを捜して、なにかをしよう

一年草でもあんなに美しい花をつけて終わっていくではないか

「しかれば、念仏もうすのみぞ、すえとおりたる大慈悲心」とは、こういう生活のところに、現れてくるのでしょう。いかに小さな出来事でも、念仏の申されるように生活することが、すえとおる慈悲なのです。

こうして、わが思いのごとく助けられると思っているあやまりと限界を教えて念仏へ帰せしめ、慈悲を徹底する道を教えるのが第四条なのです。

第五条　親鸞は父母の孝養のためとて

（原　文）

一　親鸞は父母の孝養のためとて、一返にても念仏もうしたること、いまだそうらわず。そのゆえは一切の有情は、みなもって世々生々の父母兄弟なり。いずれもいずれも、この順次生に仏になりて、たすけそうろうべきなり。わがちからにてはげむ善にてもそうらわばこそ、念仏を回向して、父母をもたすけそうらわめ。ただ自力をすてて、いそぎ浄土のさとりをひらきなば、六道四生のあいだ、いずれの業苦にしずめりとも、神通方便をもって、まず有縁を度すべきなりと云々

（現代語訳）

親鸞は、亡き父母の追善供養のためと思って、念仏したことは、一度もありません。それは、いのちあるものはみな、いつの世にか、父母であり、兄弟・姉妹であったからです。だから、どのいのちも、今生の終わりに仏となって、救わなければならないのです。念仏が、自分の力でする善行なら、その功徳を父母にたむけて救うこともできましょう。

いま自分ができるのは、自分の力にとらわれる思いをすてて、阿弥陀仏の願いに目覚め、どのよう

な迷いの境遇にあっても、自由自在の救いのはたらきで、まずご縁のある人びとと共に救われることですと、親鸞聖人からお聞きしました。

父母の孝養のための念仏

第四条は慈悲について説かれました。第五条は、父母孝養について説かれます。第四条で問題にした慈悲の徹底で、いちばん身近な関係としてあるのは親子です。自分がいまここにあるのは、親があったからです。つまり親子は生まれながらの関係ですから、人間関係を考える時父母孝養はさけられない課題です。父母孝養の孝養とは、この時代は追善供養という意味だそうですが、まず親子関係として考えていきたいと思います。

学生時代に西谷啓治先生から、人間としていってならない言葉が二つあると聞いたことがあります。一つは親が子に対して「誰のおかげで大きくなったのか」ということであり、もう一つは子が親に対して「勝手に生んでおいて」ということだといわれました。今思いますと、それは人間であることの事実、親子関係のいのちの実相を、無視したり勝手に解釈してはいけないということをいわれたのであろうと思います。その意味では、親子の関係は「親から子へ」と「子から親へ」とは同じように語られなくてはならないのでしょうが、今日親子という場合、親から子へということでよく語られます。制度上でも、親の扶養義務は子ども全員に平等にあるのに、親は子どもを養育する義務があるが、子どもは家を継ぐ者以外は親をみる義務がないと誤解している人もいる。親子は切っても切れない関係であるにもかかわらず、親から子へということはいわれながら、子から親へということがいつの間にかうとんじられています。親になった今の自分の生活を振り返りますと、やはり親を思うことより子を思うことに比重がかかっています。その意味で父母孝養は、日常生活のあり方を省みる大切な視点といえます。

親子の中でも特に母と子という関係は、お母さんのおなかの中に子どもが授かったときから始まります。お母さんのおなかの中にその子が宿ったときが、まさしく生まれたときだといってもいいわけです。今日では、お母さんのおなかから別れたときが誕生だということになっていますが、それはかならずしも正論ではない。昔の数え歳というのは、そういう意味ではある正しさを持っております。今でも母子手帳は、子どもが生まれてからもらうものではなく、もっと早くもらう。ということは、お母さんのおなかに宿ったときに私の誕生があるといっていいのでしょう。

中国の善導大師は、『観無量寿経』の孝養父母を解説されて、

もし父無くんば、能生の因即ち闕けなん。もし母無くんば、所生の縁即ち乖きなん。もし二人倶に無くんば、即ち託生の地を失わん。かならず、すべからく父母の縁具して、方に受身の処あるべし。既に身を受けんと欲するに、自の業識をもって内因と為し、父母の精血をもって外縁と為す。因縁和合するが故に、此の身あり。斯の義をもっての故に、父母の恩重し。

といわれます。「既に身を受けんと欲するに、自の業識をもって内因と為し」といわれますから、自分が生まれたいといって生まれてきたことは、きちんと押さえられます。しかし自分の生きておる事

実は、父母の縁がなかったら生まれることはなかった。だからそういうことからいえば、無条件で父母の恩重しというのです。

さらに善導大師は、

母、胎に懐みおわりて十月を経、行住坐臥に常に苦悩を生ず。また、産の時死の難を憂う。もし生みおわりぬれば、三年を経るまで恒常に、屎に眠り尿床に臥す。被たる衣服、みなまた不浄なり。

その長大するに及びて、婦を愛し児に親みて、父母の処において反って憎嫉を生じ、恩孝を行ぜざれば、即ち畜生と異なること無し。

といわれます。つまり、善導大師は、お母さんのおなかに宿ったときから親子だといわれます。そして、懐妊して十月の間、ずっと行住坐臥にお母さんに苦悩を生じさせてきたのである。それからさらに「産の時死の難を憂う」と、一つまちがえば、母子どちかの命を犠牲にしなければならなかったといわれる。医療が発達していなかった昔は、特にそうだったのでしょう。

そして、生まれてから三年の間は、親からほおっておかれたら人間は育たないのであって、食べるほうだけではなく、下のほうの世話もしてもらわなかったら、人として成長していなかったのだといわれる。ところがちょっと一人前になると、妻を愛し子どもに親しんで、父母を憎しみうとましくさえ思うようになるといわれます。

先般も、息子にお嫁さんをもらったお父さんが、

「どんなに苦労して育てても、きた嫁さん次第で息子は一発で飛んでってしまう」
といっておられました。嫁さん次第で飛んでってしまうような息子しかよう育てなかった自分はぬきにしますし、また自分も結婚した頃は、息子と同じようにしてきたことはすっかり忘れておりますから、やはり愚痴が出るのでしょう。すぐ責任転嫁する人間の根性を善導大師はよく知っておられたのです。老人介護は、子どもの頃おむつを取り替えてもらったように親のおむつを取り替えることだといわれますが、それが軽々とできないのです。そういうことを少し振り返りますと、「恩孝を行ぜざれば、即ち畜生と異なること無し」。つまり、親に恩考をしないならば畜生とかわらないとのことばが、痛烈に響きます。それで、本来父母の恩重しといわれるのです。

ところで、ここでは、

親鸞は父母の孝養のためとて、一返にても念仏もうしたること、いまだそうらわず。

とありますから、親鸞聖人は父母孝養は、しなくていいといわれたと受け取られがちですが、そうではないのです。父母の恩重しということと、親孝行、追善供養のために念仏するということとは違うという立場をはっきりされたのが親鸞聖人です。

追善供養しない仏教の伝統

親を思わない人はいません。とくに早く親に別れればなおさらのことです。釈尊は生まれて七日目にお母さんが亡くなっています。釈尊がお生まれになったルンビニーの花園は、釈尊のお母さんが自分の故郷へ帰る道筋なのです。お産に里帰りされる途中の出産だったのです。だから釈尊の命と引き換えにお母さんは亡くなったともいえるので、釈尊は、お母さんのことをずいぶん恋しく思われたに違いありません。

親鸞聖人も幼少の頃に両親に別れておられます。だいたい鎌倉時代の高僧といわれる人は、法然上人にしても道元禅師にしても、みな早く両親に別れておられます。早く両親に別れたから、永遠に別れることのないいのちのもとに出遇いたいということで、仏道に入られるご縁になったともいえます。薄幸であったがゆえに、いのちの尊さいのちのよろこびを求められたといえるのです。

釈尊は、悟られた後一夏のあいだ忉利天におられるお母さんの所へ遇いにいって説法されたという話が伝えられております。そしてお母さんに説法して再び地上に降りられたという伝説の場所が、インドで八大仏跡の一つとして今日まで伝えられています。八大仏跡の七つまでは歴史的事実でありますが、忉利天で説法した後、地上に降りてこられた所はまったく伝説の場所です。その場所がサンカーシャに、二千数百年の歴史を経て今も残っております。それは、仏教徒が父母の恩を大切にしてきたことを物語るのでありましょう。

ところで、釈尊がお母さんに説法されたといいますと、生母に説教したように聞こえますが、釈尊のお悟りは、縁起の道理の発見であって、生かされて生きていた事実への目覚め、つまり生かされて生きていることに気づかなかったという無明の自覚です。だからその説法の内容は、お母さん、わたしが悟りを開いたのはあなたに生んでいただいたこと、そして悲しいことではありましたが早くあなたに別れたお陰でありましたとうなずけた法への讃嘆と、それに気づくまでは恨みにも思い愚痴も出ましたという懺悔の告白であったとうかがえます。

また釈尊には、こんな話も伝えられております。ある時、釈尊が托鉢に出られた。ところが大変な飢饉で、多くの人々が餓死するという状況下で、どれほど托鉢に出られても、何にも食べ物をいただくことができなかった。一昨日もだめであった。昨日もだめであった。今日もだめであった。そのようすをみたお弟子は、今こそ釈尊にお供養の時だと思って、自分の持っている三衣を売り払い、一鉢の米を買って釈尊に捧げました。その時釈尊は、

「法衣を売って買い求めた、そんな素晴らしい供養を受ける資格の有る者は、誰もいない」

という。それでお弟子が、

「釈尊が召し上がらぬものを、誰が食べられますか」

といいますと、釈尊は、

「あなたに、父母はいないのか」

「あります」

「その父母は、仏法を聞いているか」

「聞いていません」

「それなら、今こそこの食物を父母に捧げよ。そうすれば必ず父母は感動して、やがて法を求めるようになるだろう。そうしたら、あなた自身の手で三帰依を授けなさい」

と、諭されたといわれます。つまり父母を大事にすることは、世間的に楽をさせるのではなく、仏法僧に帰依して法に遇うこと、法に遇えば父母の恩も戴けるし、共に法を慶ぶこともできると教えられるのが仏教の伝燈でしょう。

だから、親鸞聖人が「親鸞は父母の孝養のためとて、一返にても念仏もうしたること、いまだそうらわず」といわれたのは、独断ではなく仏教の伝燈をうけついでおられるのです。ここで父母の孝養といってあるのは、追善供養、つまり亡き人に、追善の法事を勤めて供養し冥福を祈るという意味です。南無阿弥陀仏の教えは、亡き人に対して忘恩の私を教えられることであっても、けっして亡き人に追善し供養するためのものではないのです。

親鸞聖人当時の仏教は、建て前は修行を中心に据えていても、庶民との関わりの現状はおおむね先祖供養や現世祈禱になっていたのです。それも、追善供養ができたのは力のある人だけなのです。一般庶民は、自分が生きることで精一杯で、坊さんを招いてお勤めをしてもらう力などありません。高野山に行くとたくさんの立派な墓がありますが、大きな墓は強力な権力を持っていたことをあらわすのでしょう。ほんとうは民衆の心の安らぎを明らかにしなければならないはずの仏教が、いつの間にか力のある一部分の人々の、それも追善供養のために利用されていったのです。それに前の第四条には「念仏もうすのみぞ、すえとおりたる大慈悲心にてそうろうべき」とありましたから、力のない人々はすえとおる大慈悲心の南無阿弥陀仏をもうして追善供養にしようとした人も多かったのでしょう。

それに対して、「親鸞は父母の孝養のためとて、一返にても念仏もうしたること、いまだそうらわず」といわれるのです。それは、仏に帰依することより追善供養として受け取られてきた仏教の問題を踏まえて、仏教本来の立場を明らかにされたといえるのです。

ほんとうの親子関係の復活

それで、親鸞聖人は、『菩薩戒経』という経典を『教行信証』の「化身土巻」に引用して、

出家の人の法は、国王に向かいて礼拝せず、父母に向かいて礼拝せず、六親に務えず、鬼神を礼せず、と。

といっておられます。礼拝ということで私たちが考えるのは、先祖供養とか、追善供養でしょう。だからその礼拝は、礼拝の本来の意味である帰命、全存在をあげて仏に帰依する、すなわち頭の上げようのない自分に出遇う礼拝ではなくて、利用という形の礼拝、願いごとの道具にするような礼拝になっているのです。われわれが、平生拝みに行こうかというときはなにかあるときです。そうすると礼拝という形を取るけれども、自分の都合で無理難題を仏さまに頼みに行っているのでしょう。人間の間でもそうです。「お父さん、頼みます」と子どもに拝まれたら、だいたい無理を聞かなくてはならないときです。拝む中身は、拝んでまでもわが意を通したい、私の思うようにしてほしいという意味が含まれている。そういう礼拝はまったく非仏教的なことなのです。

それで、「出家の人の法は、国王に向かいて礼拝せず、父母に向かいて礼拝せず、六親に務えず、

鬼神を礼せず」といわれるのでしょう。それは、けっして出家の人が偉そうにしているということではないのです。利用しようとするならば、親でも国王でも兄弟でも神さまでも同じことです。利用するのは取引勘定であって、礼拝ではありません。利用して自分の都合のいいように計らおうとするわが身自身が、ひっくり返されるのが南無阿弥陀仏なのです。だからその南無阿弥陀仏をもって、追善供養をしようと考えることは、とんでもないまちがいなのです。それで、「親鸞は父母の孝養のためとて、一返にても念仏もうしたること、いまだそうらわず」といわれるのです。

だから、南無阿弥陀仏の教えは、親子の関係まで利用関係に置き換えていこうとしていた自分に気がつかされる教えなのです。親子の関係でも利用関係になれば、人と人との関係から、ものとものとの関係に転落してしまいます。これだけのことをしてもらったから、これだけのことをして返すという関係になってしまう。だから、たとえ礼拝という形をとったとしても、その中身は相も変わらずものとものとの関係でしかないのです。そういうように本質がすこしも変わっていない私に、その利用関係こそが問題なのだと教えて、ほんとうの親に遇わしめるのが念仏なのです。

だいたい、追善供養という考え方は、親の善が不足しているからプラスしてあげるということでしょう。もしかりに親の善が不足しているというならば、それはおおむねわが子よければすべてよしと、子育てに熱中したからでしょう。親にそうさせた責任の一端も感ずることなく、追善供養ができると思うのは全く失礼なことです。そして、その追善供養によって、親思いの自己満足をするなら、思い上がりもいいところです。そのような私のあり方をえぐりだすのが、南無阿弥陀仏です。つまり、南無阿弥陀仏においてはじめて、利用し合うという親子の関係、追善供養の関係がひっくり返り、ほんとうの親子の関係が生まれるのです。いままで私の外においていた親が、はじめて私のいのちの根っことなるような親となって見いだされる。それが南無阿弥陀仏です。

これは、中日新聞に載っていた、八木晴美さんの「命の根」という詩です。

私の命は　私ひとりのものでなく
おとうさん　おかあさんのものです。
そして　おとうさん　おかあさんのものだけでなく
それぞれの　おじいちゃん　おばあちゃんのものです。
それはまた　ひいおじいちゃん　ひいおばあちゃんのもので
勿論　ひいひいおじいちゃん
ひいひいおばあちゃんのものでもあります。
粗末になんてできますか
不幸になんてなれますか
命の根は　いま　私に託されているのです。

このように、私のいのちの背後には、父母のいのちがあり、祖父母のいのちがあり、曾祖父母のいのちがあり、無量のいのちがあります。南無阿弥陀仏と心静かに礼拝するのは、亡き人を偲びつついのちの深さ広さにおもいをいたし、「粗末になんてできますか　不幸になんてなれますか」と、託された私のいのちを大切に生きるためです。

「亡き人を思う心は、亡き人に思われていた証拠である」といわれた先生があります。もしわれわれに親が拝めるときがあるならば、それは親に拝まれているわが身に気づいたときでしょう。私の根性を整理して拝むというようなことは、いくら努力してもできることではない。拝まれていたというわが身に気づいて、はじめて拝むということが出てくる。そういうところから「一返にても念仏もうしたること、いまだそうらわず」というおことばも出てくるのでしょう。

私のいのちのもととしての親と出遇うということは、けっしてわが親をりっぱだとか、偉いとかということで持ち上げるのではない。そうではなくて、親に拝まれているのも知らずに、親を拝まずに来たようなわが身、そして自分のいのちはどうしようと自分の勝手でないかと、いのちを粗末にしてきたわが身に気がつくということなのです。だから親を拝めるのは、財産をくれたとか、いい性格に産んでくれたとかと、そんなことをありがたいと拝むのではなくて、いのちそのものをいただいたという、頭の上げようのなさに気づいて拝めるようになってくる。そのような意味で親を拝む心を開くのが念仏、南無阿弥陀仏の姿なのでしょう。

暁烏敏先生が、有名な歌を残しておられます。

十億の人に十億の母あらんも　わが母に勝る母ありなむや

これは、自分のお母さんが特別偉い人だというようなことではない。自分の母のいのちを通して、十億の母のいのちが見えたということでしょう。そのときにわが母あればこそと無条件にうなずける。

だからわが母あればこそということは、自分のお母さんだけでなくて、自分のお母さんにつながる一切のお母さんのこころをいただくことなのでしょう。

世々生々の父母兄弟

そういう念仏にたまわる広い地平を、

そのゆえは、一切の有情は、みなもって世々生々の父母兄弟なり。

といわれたのでしょう。つまり、全ての生きとし生けるものは長き世をかけて、幾度も生まれ変わる間に、互いに父母となり兄弟ともなってきたというのでしょう。こうして一切の有情は、みなもって世々生々の父母兄弟なりという心境が開け、はじめて親も拝めるのです。そうでなければ、たまに拝んだとしても、拝んでやったという慢心とこれだけ拝んだのにうまくいかないという愚痴だけが残ることになります。

今日冷戦が終わり、東西が一つにまとまろうとする一方で、民族主義がまたそれぞれの厚い壁を作りつつあります。最近出ました『アルビン・トフラーの戦争と平和』という書物には、

今世紀のような大量殺戮戦はないが、しかし民族、宗教、国境、経済等の対立は激化し戦争要因は逆に増加する。

と予測されています。そうすると現代の課題といいましても、結局は「一切の有情は、みなもって世々生々の父母兄弟なり」ということがうなずけるかどうかということなのでしょう。

それで、「一切の有情は、みなもって世々生々の父母兄弟」とうなずけることが、ほんとうの国を築くもとになるのです。人間はみんな国を求めて、ことばを換えていえば浄土を求めて生きているのです。ところがどこまでいっても理想の国ができない。民主主義の国を求めて国を作ったけれども理想の国とは違っていた。社会主義の国も同じことです。これこそ理想だとみんなが求めたのですが、でき上がってみたら、そうではなかった。人類史が戦いの歴史のようになるのは、「一切の有情は、みなもって世々生々の父母兄弟なり」ということへの気づきと、そうでない在り方をしている自分に懺悔がないからでしょう。人間の習性としてそれがわからない。よく自分の家は、何代続いた旧家だと自慢していう人もいますが、もうちょっとさきまでさかのぼったら、お猿さんが私たちの御先祖さまです。そこまでいけば、「みなもって世々生々の父母兄弟なり」というのは事実であるのに、そう気づかないのです。

釈尊は、お悟りになった時、「私はかつて牛であった、草であった、大地であった」とうなずかれたといわれます。かつて牛であったということは、六年の苦行を止められた釈尊が、スジャータの捧げた乳粥をもらって気力を回復して菩提樹下に座り悟りを開いたことを表わします。悟った近いご縁は、乳粥にある。その乳粥の乳は牛が草を食べてできたものだ。その草を育てたのは大地である。だから大地と自分は、いのちの地続きなのです。だから人間がいちばん安らぐのは大地に腰を下ろしたとき、大地に五体投地したときです。なによりも安定しているのは、大地にごろりと寝ることでしょう。そのようにすべての人間は大地に支えられたものどうしなのです。

つまり、「一切の有情は、みなもって世々生々の父母兄弟」といううなずきこそ、ほんとうに父母に遇う道なのです。ほんとうのいのちのもととしての父母に遇う道です。家庭の和というような問題を考えるにしても、世々生々の父母兄弟なりということが押さえられないままに、和を考えるならば、どれほど家のことを考えているといっても、その家庭はお互いに遠慮し合う場になってみたり、ゆがみ合う場になってみたり、あるいは欲の調整の場になったりするのではないでしょうか。「わが家では家庭円満俺我慢」という川柳がありましたが、家族がそれぞれ不満をもって、自分が我慢していると思っている者がいっしょにいるのでしょう。

マイホーム主義になれば、マイホームの中のさらにマイホーム的人間が利害を調整するだけのはたらきしか持ちませんから、お互い精一杯努力しつつもゆがみ合っていかなければならない。そうなれば、ホームはあっても、こころはホームレスでしょう。だから「世々生々の父母兄弟なり」ということは、山や川、木や草もみんな仏さまだということなのでしょう。山にも川にも養われているし、木にも養われている。山河大地はみな父母兄弟だといううなずきの中で、親もいただける。そのことにうなずくことが親も喜ぶ道だ。自分も喜ぶ道だ、そして子どもも喜ぶ道だ。同時にそれは、限りなく横の人々が、全人類が喜ぶ道につながるのです。動物も喜ぶ、草も喜ぶ。そういう気づきの中で、はじめてわが家庭のありがたさが出てくるのです。

そういううなずきがなければ、親子はかえって愛憎がきつくなる。先祖供養も、世間体ですること以外は、結局自分のところへなにかをもたらしてくれた人に対する追善であったり、感謝であったりするわけですから、都合のいいことのためにするというだけのことになります。そういうことの懺悔において、ほんとうに「一切の有情は、みなもって世々生々の父母兄弟なり」という広さ、深さの世界に出会っていくのが念仏だと教えられるのです。そして、そのことが、追善供養ではなくて、ほんとうの供養というか、父母に出遇って父母と共に助かっていく道なのでしょう。

そういううなずきの中から出てくるのが、

いずれもいずれも、この順次生に仏になりて、たすけそうろうべきなり。

ということばなのでしょう。順次生というのは次の生という意味です。次の生といってあるのは、今生ではお互いに助けることができないということです。今生では助けることができないといっても、助けることを放棄するのではない。第四条にありましたように「いかにいとおし不便とおもうとも、存知のごとくたすけがたければ」ということがある。助けることを放棄するわけではないのですが、助け尽くすことはできない。精一杯のところ「一切の有情は、みなもって世々生々の父母兄弟なり」というなずきにおいて生きるより手がない。それがわれわれの立場だということを教えられるのです。

今生において助け尽くすことができないところに、南無阿弥陀仏をいただくことを通して、山河大地が父母兄弟だといえる世界に目覚めていく。凡夫が生きることは、それに気づくだけで、それしかないのでしょう。

念仏は不回向の行

それでその次に、

わがちからにてはげむ善にてもそうらわばこそ、念仏を回向して、父母をもたすけそうらわめ。

といわれます。ここでいう回向は、自分の積んだ善根功徳を、だれかに振り向けることをいいます。いまは念仏という善根を積んで父母に振り向け追善供養することをいいます。

南無阿弥陀仏は、私からだれかへの行ではない。南無阿弥陀仏が私からだれかへの行となれば、南無阿弥陀仏をプレゼントの内容にするわけですから、それは利用であり手段化になります。念仏はそうではないことを明らかにして、法然上人は、南無阿弥陀仏を不回向の行といわれた。不回向の行とは無回向の行、回向がない行ということではありません。南無阿弥陀仏の行はわれわれの回向する努力を必要としないということで、念仏はわれわれが仏さまに手向けるような行ではないということです。念仏は、仏さまからわれわれに呼び掛けておってくださる行なので、われわれから仏へたむける行ではないのです。

それで、不回向の行といわれた法然上人の教えにうなずいて、親鸞聖人は、南無阿弥陀仏を仏さまからわれわれへの行だといただかれて、他力回向の行といわれた。他力回向の行というのは、仏さまが私たちへ願われている行が南無阿弥陀仏だというのです。人から仏へ向かうと、一切が人間的になりますから、どうしても不純性を脱し切ることができません。いかに純粋に見えても、最後には駆け引きが残る。野心が残る。ひょっとしたら、万に一つでもというものが残ります。そうなると、やはり称えん者よりは称えた者が勝ちだとなります。聞かない者より聞いた者がよい。そういう形で人間的な濁りをつけていくのです。

だいたいわが力にて励む善、人間が励む善は、おまえのためということになります。おまえのためだという善はいつわりになる。本人はまじめで、そのときは純粋に思っていても、いつの間にか「おまえのため」になっている。それで、「わがちからにてはげむ善にてもそうらわばこそ、念仏を回向して、父母をもたすけそうらわめ」といわれる。南無阿弥陀仏は、自力作善ではないから南無阿弥陀仏を回向して、父や母を助けるということはできないというのです。それで、「ただ自力をすてて、いそぎ浄土のさとりをひらきなば」といわれるのです。

そこで、できることは、南無阿弥陀仏を称えて親のためにしてやろうということがまちがいだったと気づくことです。南無阿弥陀仏を称えて親のためにするなどと、いい加減な親孝行を考えていたあつかましさ、うぬぼれに気づくのが、「ただ自力をすてて」ということでしょう。つまり自分の力で助けることができると思っていた、その思い上がりの心を捨てることが大事なのです。一切の有情はみなもって世々生々の父母兄弟なりと気づくには、自力無効に気がつかなければならないのです。自分の力が有効である、自分でなんとかできると思っている間は、一切の有情はみなもって世々生々の父母兄弟なりとうなずけない。だから、ただ自力をすててといわれるのです。

「ただ自力をすてて、いそぎ浄土のさとりをひらきなば」とありますが、自力がすたるということは浄土のさとりがひらけるということと同じことです。一念同時であって、内容は自分の思いに死んで事実に生きることです。死と再生、自我の死と自己の誕生は永遠のテーマなのでしょう。自分の自我に死ぬことがなければ、ふくよかに自分のところに与えられているいのちの広さ深さに気づくことはないのです。一度死ななければ復活しないのです。だから死んで生き返ってこなければいけないのですが、自分で死ねば自殺になります。自殺でなくて満足して自我が死ぬのは、念仏に遇うからでしょう。

南無阿弥陀仏は、死して生きるという世界を賜るので、それが浄土のさとりです。浄土のさとりという特別なものがあるのではない。お浄土の世界は、いろいろに語られますが、たとえば倶会一処というでしょう。倶会一処というのは、みんな一つところで会うということです。その内容はなにかといったら、山川草木悉皆成仏です。人間だけが仏になるのではない、山川草木みな仏である。それが倶会一処ということです。そのことを人間関係でいえば、「一切の有情は、みなもって世々生々の父母兄弟なり」です。

一切の有情は、生まれ変わり死に変わりしている父母であり兄弟であると気がつく。そう気がつくのは、自分の自力がすたるからで、それが浄土のさとりを開くことです。南無阿弥陀仏を称えてわが父母だけに追善供養しようと思っていたこころがすたって、「一切の有情は、みなもって世々生々の父母兄弟なり」ということに気がつくことが、浄土が眼前に開けたということなのです。だから具体的にいえば、草も拝める、山も拝めるということでしょう。草も拝める、山も拝めるというのが、浄土のさとりを開くということです。そしてそれは、自力無効ということがわかればそうなるのです。

六道四生のあいだ

次に、

六道四生のあいだ、いずれの業苦にしずめりとも、

とあります。六道というのは、特別な世界ではなくて、現在のある状況です。つまり自分を中心にして生きている迷いの人間の状況で、地獄、餓鬼、畜生、修羅、人間、天上の六つをいうのです。地獄というのは、いちばん苦しい状況。そのいちばん苦しい状況はいろいろに表現できる。たとえば地獄の「獄」という字は、獣と獣がいい合っている姿を表した字です。犬と犬とが吠えている。お互いにしきりに吠えるけれども、ちっとも通じないというのが「獄」という字。親もやかましくいう。嫁さんもやかましくいう。子どももやかましい。しかしお互いに、言うのはいうがなにも通じていない。言えばいうほど通じないという状況が「獄」です。だからそれは、人間のある状況です。

餓鬼というのもある状況です。餓鬼の地獄絵を見ると、腹が膨れているのにほかはやせ細っているでしょう。食べ物があっても栄養にならないという状況です。物はあふれているけれども、不足という根性はちっともなくなっていない。だから、いつでもまだ足りないという不満しかない。いつでも不足の状況でやせこけているのが餓鬼の状況です。

畜生というのは、弱肉強食で慚愧がない状況をいいます。バレなかったら、すまんとも思わない。そうして、そのことが恥ずかしいということもない。それともう一つ、畜生は、傍生ともいわれて、飼われている在り方でもあります。月給の多少はあっても月給に飼われておれば、畜生の状況でしょ

う。ペットのように自存の道がない状況は畜生です。食べ物の贅沢さでいえば、いい家に飼われている犬のほうが、われわれよりはいいものを食べています。水族館のラッコは活きたアワビを食べますから年間食費は、ずいぶんかかるようです。しかし飼われているのですからやはり畜生です。いかに豊かだといっても、飼われている状況で生きているならば、それは畜生という状況です。

それから次に、修羅というのは、戦い、喧騒の状態です。戦争や民族紛争や隣近所の争いだけでなく、兄弟や姉妹それに親子夫婦でも喧嘩が絶えません。そして、人間は無常と不浄を知って苦しむ状態です。さらに天上というのは、人間の理想郷をいう。全部思うようになった状況を天上界という。しかし人間は思うようになったら助かるかというと、そうでもない。いよいよ助からないものになっていく。思うようになればなるほど、こんどはその思いが崩れるときの心配をし始めるのです。だから天上界も迷いの状況です。

それから四生というのは、胎卵湿化といって、迷いの世界の生まれ方の分類です。胎生は人間のように母胎から生まれるもの、卵生は鳥のように卵から生まれるもの、湿生は魚や虫などのように湿気から生まれるもの、化生は天や地獄のように過去の業力によって突然に仮の姿を現すものといわれます。生まれ方の違いで迷いの状況をいうのは、釈尊当時のインドの考え方です。

まず有縁を度すべきなり

しかしそのような状況でどれほどの苦しみに遭おうとも、

神通方便をもって、まず有縁を度すべきなりと云々

といわれます。ここでいう神通方便は、『大無量寿経』でいえば本願に誓われてある六神通です。六神通は宿明通、天眼通、天耳通、他心通、神足通、漏尽通ですが、前の五つは仏教以外にも通じて、六番目の漏尽通が仏教の特色をあらわすといわれています。方便は、うそも方便という意味ではなく、まことへのアプローチ、方法という意味です。

だからここで、神通方便をもってというのは、煩悩に左右されず自由自在に人を助けることをいっているのです。仏智をもって自在に有縁を度す。つまり自分に縁のある身近なものを救うというのです。ここの父母から有縁へ変わっていく表現がおもしろいと思います。初めは「父母の孝養」とあって、次に「父母兄弟」となり、最後は「有縁を度す」といってある。だから逆に読むと、父母も有縁という形の父母になることが大切だと見えてくるでしょう。有縁という意味の父母にならないと、他人より身内だから私の親だからとなって要らん力が入る。そうすれば親を私有化することになる。親の扶養力で親をはかるのではなくて、有縁としての親に出遇う。さらには、有縁としての子、有縁としての友に出遇うことでしょう。

度すというのは、此岸から彼岸へ度すのですから、ほんとうは念仏申す人になっていただくということでしょう。有縁を度すというと、いかにもなにか人助けするように思いますが、南無阿弥陀仏の教えでいう人助けは、念仏申す身になっていただくということです。

「書き残す、言の葉一つなけれども、南無阿弥陀仏、忘れたもうな」とのメモを机の引き出しに残

して、浄土へ還えられたご住職がありました。念仏する身になっていくには、共に念仏するしかないのでしょう。そのことのほかに人助けなどないのです。ですからこの度すの度は、なにかものをあげて助けるというような意味ではない。困った状況から、なんとか幸せな状況に変えるということなら、地獄から天上へ変えただけで、それもやはり迷いです。地獄の状況を天上の状況にしてあげるということはできます。けれどもそれはやはり迷いの中のでき事ですから、いくらしてみても徹底しない。一つ間違えば、甘えん坊、怠け者を増やすことにもなりかねない。そうではなくて、ほんとうに念仏申す身になっていただく。それが有縁を度すということではないでしょうか。

そこには漏神通をもって度すということがあるのでしょう。漏神通というのは煩悩から自由になるという意味です。それは、煩悩をなくすることはできないが、煩悩を煩悩と知らされて、煩悩のままでと教えられることでしょう。煩悩丸出しで生きている自分を知らされて、懺悔すらない自分に南無阿弥陀仏と頭が下がる。そこに南無阿弥陀仏せしめた法に転成されて自ら度せられていく。その自ら度せられていく姿のほかに、有縁を度すことはないのでしょう。人が人を度すということはないのです。人の助けで、人がほんとうに助かることはない。南無阿弥陀仏の教えが灯として伝えられていくというところに自らも度せられ、人も度せられていく道がある。それが「有縁を度すべきなり」ということだと思います。

そういう意味でいえば、私が度せられていく道がそのまま一切有情が度せられていく道である。もっというと、念仏は、六道四生の迷い、業苦に沈む中にありながら、そこに自由を感じる眼を賜って、有縁の人々と共に助かっていく道なのでありましょう。

第四条でいいましたように、親鸞聖人は、自分の長男善鸞を、南無阿弥陀仏の信心に導けなくて、義絶されました。しかしそこから、

弥陀の本願信ずべし　本願信ずるひとはみな
摂取不捨の利益ゆえ　無上覚をばさとるなり

と夢告の和讃を感得して、『正像末和讃』を作って、

如来大悲の恩徳は　身を粉にしても報ずべし
師主知識の恩徳も　ほねをくだきても謝すべし

と念仏生活に昇華していかれました。そしてそのことによってさらに多くの人々を教化されていきました。それがまず有縁を度された姿でしょう。まさしく「いずれの業苦にしずめりとも、神通方便をもって、まず有縁を度すべきなり」です。

八十四歳になって息子に義絶状を書かなければならなかった業苦の中にあって、そうでしたねと、「弥陀の本願信ずべし」こううなずいていけるのが南無阿弥陀仏の道でしょう。業苦のただ中に自由自在を得る道を賜るのが南無阿弥陀仏であって、その念仏に自ら助かっていくことが有縁の人々とともに助かっていく道であると教えているのが、第五条であると思います。

第六条　専修念仏のともがらの

（原　文）

一　専修念仏のともがらの、わが弟子ひとの弟子、という相論のそうろうらんこと、もってのほかの子細なり。親鸞は弟子一人ももたずそうろう。そのゆえは、わがはからいにて、ひとに念仏をもうさせそうらわばこそ、弟子にてもそうらわめ。ひとえに弥陀の御もよおしにあずかって、念仏もうしそうろうひとを、わが弟子ともうすこと、きわめたる荒涼のことなり。つくべき縁あればともない、はなるべき縁あれば、はなるることのあるをも、師をそむきて、ひとにつれて念仏すれば、往生すべからざるものなりなんどいうこと、不可説なり。如来よりたまわりたる信心を、わがものがおに、とりかえさんともうすにや。かえすがえすもあるべからざることなり。自然のことわりにあいかなわば、仏恩をもしり、また師の恩をもしるべきなりと云々

（現代語訳）

ひとすじに念仏する人びとのあいだで、自分の弟子だ、他人の弟子だというい い争いがあるのは、もってのほかのことです。

親鸞は、弟子を一人ももっていません。それは、自分の力量で、他の人に念仏をさせるのなら、自分の弟子であるともいえましょう。しかし、念仏はすべて阿弥陀仏のはたらきにうながされてするのですから、念仏する人を自分の弟子だというのは、言語道断です。

つくべきご縁にあえば朋になり、ご縁がなくなれば離れるという、縁による出遇いを、これまでの師に背いて他人について念仏するものは、阿弥陀仏の浄土へ生まれることはできないなどというのは、とんでもないことです。それは、阿弥陀仏から賜わる信心を、自分が与えたものとして、取りかえそうというのでしょうか。そのようなことは、あってはならないことです。

阿弥陀仏の本願の自然の道理にかなえば、おのずから仏のご恩の尊さもわかり、また師のご恩もわかるはずですと、親鸞聖人からお聞きしました。

わが弟子ひとの弟子という相論

『歎異抄』の第四条、第五条、第六条は、人間関係の問題が取り上げられています。人間関係の基本は、第四条の慈悲でしょう。それを血縁という切っても切れない生まれながらの関係でいうと、第五条の父母孝養になるでしょう。そして人として成長していく学びの関係は、第六条の師と弟子になるでしょう。

それで、第六条は、

専修念仏のともがらの、わが弟子ひとの弟子、という相論のそうろうらんこと、もってのほかの子細なり。

とあります。「専修念仏のともがらの」とありますから、念仏を専らに修する人々の人間関係です。念仏する者は、みなともに仏弟子でありますが、教えを聞くについて、師と弟子の関係ができます。仏教の教団は、文字通り教えを中心にした集まりですから、師と弟子といってもその集まりは、僧伽という意味を持つといわれます。

僧伽は、和合衆・和合僧ともいわれ、教えに生きる人々がお互いに影響しあいながら、個性を失わずに一味に和しているグループのことです。教えは、教えられた人にあるのですから、教えられた人々が対話する集まりが僧、僧伽なのです。僧というと衣を着た一個人のお坊さんを指すように思いますが、僧は僧侶ともいわれますように、侶は友とか仲間という意味ですから、教えを中心にした三人または四人以上のグループのことです。

それで僧には、帰依僧・僧に帰依するという意味があるのです。三帰依文には、「自ら僧に帰依したてまつる。まさに願わくは衆生とともに、大衆を統理して、一切無碍ならん」とあります。教えに帰依した人々の願いは、大衆を統理して、一切無碍ならんというのでしょう。ここでいう大衆の統理は、力による統理ではなく仏に帰依し法に帰依する大衆の統理でしょう。専修念仏のともがらも、その仏教教団の基本を離れませんから、共に仏弟子としての帰依和合僧の集まりです。

ところが、その和合僧であるべき専修念仏のともがらに「わが弟子ひとの弟子、という相論」がおこったのです。わが弟子ひとの弟子、という相論があるのは、帰依僧がないことになります。帰依僧がなければ、仏教の基本である三帰依が成立しませんから、仏に帰依し法に帰依することもなくなって、仏道でなくなります。それで「わが弟子ひとの弟子、という相論のそうろうらんこと、もってのほかの子細なり」といわれるのでしょう。

釈尊の教団は、平等の教団でした。カーストの厳しい当時のインド社会で、差別がまったくない集まりでした。そのように仏教の教団は、和合衆であって平等であるのが原則なのです。教えの前にはみな平等でしょう。いかに社会的差別があっても、それはその社会にいるときだけであって、教団の中へ入ればみな平等なのです。そこには教団の中だけの平等ではなくて、やはり人間として平等、そしてその底にはいのちあるものとして平等だという、自然の道理への基本的了解があるのでしょう。性の別があろうが、老少の違いがあろうが、体力の差があろうが、知力の差があろうが、人はいのちあるものとして共生しているのであって、みな基本的に平等だというようなうなずきがあるのです。そのうなずきのなかで、帰依三宝、つまり帰依仏、帰依法、帰依僧して、人間としてのほんとうの平等性と自主性を回復したのが釈尊の教えです。だから、当然そこに集う人々の間には、和合僧、僧伽と呼ばれる共同体が実現していたのです。僧侶の名や法名に釈という一字がつくのは、仏弟子であると共に平等であるという、二つのことをあらわしているのです。

それを、同朋ということで確認されたのが親鸞聖人です。だから同朋を願いとして南無阿弥陀仏の教えをいただこうとしてきた人々の中には、わが弟子、ひとの弟子というようなことはあり得ないことです。そのあってはならないことがありうるのが、人間の関係なのです。だいたい、人が人を左右するというようなことはないのでしょう。教えられた人には教えられるが、教えようとする人に教えられたためしはないといわれるように、人が人を思うように教えることはできないことで、できると思うのは幻想なのでしょう。しかし、それが起こるのです。

子どもだって親のいうことを聞かないことがあります。夫婦だってそうでしょう。たとえいうことを聞いたとしても、力関係でうんといわせているだけで、力が逆転したらこんどは逆になる。教えのない人間関係は、満足して従うことはないのでしょう。人間が満足して従うのは、やはり教えによるからです。あの人だけは自分のいうことをいつもよく聞いてくれるといっても、それは都合が合うから聞いているだけであって、満足して聞いているのではないのでしょう。もし満足して従うとしたら、その人のいったことによって、自分自身の根源にふれることができるからこそ従うので、それは教えに遇うことで従えるのです。考えてみれば、思うようになるようなものは本来なに一つないのですが、われわれはそれを思うようにしようと、思い計らって生きています。自分の身体も思うようにならないのに、自分の思いひとつも思うようにならないのに、人を自分の思うように、しかも将棋の駒のごとく動かそうとするのです。それはいったんは思いどおりに動いたように見えても、すぐまた変わるのでしょう。いかに整然と動いておっても、競争に負けたら変わる。トップが替われば、ころりと変わる。ですから、それは全面的に満足して動いていたわけではない。それにもかかわらず人を自分の思いのままに動かそうと企むのが人間の思いなのでしょう。

そういうことからいえば、人はみんな上に立ちたいのですね。あれはおれの弟子だといってたくさん弟子を持ちたいのです。そういう根性、指導者意識だけはいつの時代もあるのです。おまけに当時の教団内でグループができれば、それは単に人数だけの問題ではなくて、それがそのまま経済にもかかわってくるから、派閥ができていくのです。

当時は、いまの檀家制度のように、それぞれの家のお寺が決まっているわけではないから、どこかのグループが整っていきいき活動すれば、人々はそこへ集まっていくようになる。そういう流動的な状況ですから、そこには人間の欲が絡みます。自我心が絡むと、わが弟子ひとの弟子という縄張り争いが多く起こるようになってくる。つまりたくさんお弟子があるということは、その人の権威が高くなるし、親鸞聖人のお弟子としての発言力も大きくなるのでしょう。そして関東一円のお弟子の中でも、それ相応の待遇を受けるようになると思うのです。それでいきおい弟子集めに熱心になり、派閥争いにかまけることとなって、教えを聞くといういちばん肝心な問題をおろそかにするようになったのでしょう。親鸞聖人自身も、

是非しらず邪正もわかぬ　このみなり
小慈小悲もなけれども　名利に人師をこのむなり

といわれるように、終生人師をこのむ自分、褒められたい自分を厳しく見つめていかれます。

親鸞は弟子一人ももたずそうろう

そういうことで、「親鸞は弟子一人ももたずそうろう」といわれたのです。みんな御同朋、御同行

なのですから、弟子一人ももたずというのが、専修念仏のともがらとのかかわりであって、共に教えを聞くというのが念仏教団の出発点なのです。つまり自分がどこまでも弟子として教えに聞いていくのです。その教えを聞くについては、かぎりなく友だちをわが師匠として仰いでいくのです。そういうことから「親鸞は弟子一人ももたず」とおっしゃるのです。しかし、その姿勢を保ち続けることは、容易ではありません

　ところでこのことばは、うっかりするとわれわれも弟子一人ももたずと、弟子のない自分の自己肯定の言葉にしてしまうことがある。第六条を読んで、「自分は女一人ももたず」といった人があった。なかなかりっぱに聞こえます。しかし私は、その人に「きみのはもたずでない、もてずだ」といいました。もてずともたずは違います。もてる者がもたずといってこそ、もたずの意味があるのであって、もてぬ者がもたずというのなら、負けた者の遠ぼえでしかない。ところがわれわれは、それをするのです。「親鸞は弟子一人ももたず」といわれたことを盾にとって、自分が聞法する意欲のないことを棚上げにしてしまう。自分に弟子ができるほどの求道心がないことを正当化するために、弟子を持たずということばに感動しているとしたら、これはとんでもないまちがいでしょう。

　そういうことからいえば、自分が弟子になることに精力を費やすべきです。親鸞聖人は、『教行信証』の中で二度も、

一つには道ありと信ず、二つには得者を信ず。この人の信心、ただ道ありと信じて、すでて得道の人ありと信ぜざらん、これを名付づて「信不具足」とす。

と引用します。つまり、道ありという仏道のみでなく、得者という仏道を歩む師匠を信ずるのが信心の内容だというのは、法然上人をよき師として廻心された親鸞聖人の弟子の立場をあらわすのでしょう。だから、親鸞聖人は、なにもいい格好して、「弟子一人ももたず」とおっしゃったのではない。現に関東を中心に親鸞聖人を師と仰ぐお弟子はたくさんおられたのです。だから、孤高の塔を守って、「弟子一人ももたず」といわれたのでなくて、多くのお弟子がおられても、教えの前には人はみな平等だという仏道の基本的立場を、南無阿弥陀仏の信心において確認されるのでしょう。

人間が助かるということは、名利に惑わされて師匠に祭り上げられることではなくて、自分がどこまでも和合僧の仏弟子として、平等の地平を開くことでしょう。指導力や包容力のあるなしに惑う自分に頭が下がって、念仏申せることが救いでしょう。どんなに能力がなくても、平等だとうなずける。どんなに能力があっても、いばらなくてもいい。そういう地平に出遇いたいのに、そうはいかないのです。

真宗仏光寺派の教団の聞法運動で、「深きいのちに目覚め、一切を拝める人になろう」というスローガンを掲げられたことがありました。深きいのちに根源的に目覚めるということこそ、一切の人を平等に拝める人になる道なのです。一切を拝める人になるのが僧伽の実現なのです。

大阪の南御堂の新聞に「拝まれる人も尊いが、拝む人はなお尊い」という掲示が出ていました。深きいのちに目覚め、一切を拝める人になる。それが平等、御同朋なのです。学生時代に読んだ書物に「友なり師なり仏なり」という題の佐々木蓮麿先生の本がありました。この題のもとは、佐々木先生の親友の大河内了悟先生の言葉だそうですが、一人の上に「友なり師なり仏なり」とうなずけるのが御同朋の僧伽でしょう。ところが、平等であるはずの人間関係が、いつの間にか上下関係になってくる。上下関係になれば、共に仏弟子であるという僧伽を失いますから、教団は衰退していきます。つまり教えが生き生きと伝わらないことになるのです。

御再興の上人と仰がれる蓮如上人は、室町時代中期に出られた方ですが、蓮如上人の青年期の本願寺教団は微々たる存在だったのです。当時は仏光寺教団や高田教団のほうが盛んでした。本願寺教団はひとり寂々として、部屋住みのころの蓮如上人は日常食べるものにさえ不自由されたといいます。おまけに蓮如上人のお母さんは、祖父のお付きの人であったという事情もあって、お父さんの存如上人に正妻がこられる時に身を隠された。それで幼少の時から、権威主義と差別の実態をずっと見てこられたのです。四十三歳で第八代の本願寺の留守職につかれましたが、その後文書伝道を始められたとき、いちばんはじめに確認されたことは、この第六条の「親鸞は弟子一人ももたず」ということでした。「御文」の一帖目第一通の中ほどから読んでみます。

故聖人のおおせには、「親鸞は弟子一人ももたず」とこそ、おおせられ候いつれ。「そのゆえは、如来の教法を、十方衆生に説ききかしむるときは、ただ如来の御代官をもうしつるばかりなり。さらに親鸞めずらしき法をもひろめず、如来の教法をわれも信じ、ひとにもおしえきかしむるばかりなり。そのほかは、なにをおしえて弟子といわんぞ」とおおせられつるなり。されば、とも同行なるべきものなり。これによりて、聖人は御同朋・御同行とこそかしずきておおせられけり。

されば、ちかごろは大坊主分の人も、われは一流の安心の次第をもしらず、たまたま弟子のなかに、信心の沙汰する在所へゆきて、聴聞し候うひとをば、ことのほか説諫をくわえ候いて、あるいはなかをたがいなんどせられ候うあいだ、坊主もしかしかと信心の一理をも聴聞せず、また弟子をばかようにあいさえ候うあいだ、われも信心決定せず、弟子も信心決定せずして、一生はむなしくすぎゆくように候うこと、まことに自損損他のとが、のがれがたく候う。あさまし、あさまし。

このように「親鸞は弟子一人ももたず」という一点の確認こそが、真宗教団のいちばん大事なかなめだと見抜いておられたのが蓮如上人です。しかもそのことを実践していかれた。御承知のように蓮如上人は『歎異抄』の奥書に、「右斯聖教者、為当流大事聖教也」と書きとめて『歎異抄』に最も注目した人です。この『歎異抄』が当流大事の聖教である一つの点が、「親鸞は弟子一人ももたず」ということにあるのです。つまり観念ではなく、念仏することにおいてほんとうに平等だといい得る関係を開くのが親鸞聖人の教えだと、こう確認されたのです。その確認において、御同朋・御同行の教団を南無阿弥陀仏の教えの信心決定のすがたとして現実に明らかにされたのが蓮如上人です。

釈迦・弥陀二尊の勅命にしたがう

では「弟子一人ももたず」といいきるのは、どういうことなのかというと、

そのゆえは、わがはからいにて、ひとに念仏をもうさせそうらわばこそ、弟子にてもそうらわめ。

ひとえに弥陀の御もよおしにあずかって、念仏もうしそうろうひとを、わが弟子ともうすこと、きわめたる荒涼のことなり。

こういわれます。つまり人が念仏するということは、人の努力ではなくて、弥陀のおんもよおし、弥陀と人との関係において成り立つことであって、師と弟子の関係のみで念仏するのではないというのです。

しかしそのことは師をおろそかにするということではありません。師によらなければ法は明らかにならないけれども、それはけっして師に固執することではない。その師が見つめんとするものを見つめていくということなのです。そうでなければ、月を指した指にとらわれ月を見ないことになってしまいます。われわれにはそういうことがよくある。教えは月を指し、師は月に向かって歩まんとする生き方を見せてくださっている。その姿に教えられて、われもまた月に向いて歩まんとするものとなる。だから指指す人の教えを通して進むべき方向がわかったら、それ以後は自分の責任において道を歩むのです。

釈尊は、僧伽の人々に「一人して行け」といわれたといいます。『大無量寿経』には、

かくのごときの諸仏、各各無量の衆生を、仏の正道に安立せしめたまう。

とあります。諸仏、師は、衆生を仏道において、各各安立させるのです。つまり師に遇って念仏する人は、南無阿弥陀仏において独り立ちが与えられるのです。弥陀に帰命すること、南無阿弥陀仏がないと、いかに師匠のもとに集おうとも結局は烏合の衆であって、自損損他の関係でしかないのでしょ

う。聞法の仲間になっても、出来事にあうとバラバラになることがあります。よき友であり長年の友であればあるほど、思い出も多く執着も深くなりますから孤独におちいり残念きわまりないことになります。しかし、それは弥陀のおんもよおしを忘れて、人間関係を私有化していたことであると身にしみて深く教えられることなのです。

ところで、この弥陀のおんもよおしと師との関係を教えるのは、『教行信証』の「信巻」にある、善導大師の二河白道の喩えです。すなわち、二河の喩えには、行者が東岸から西岸へ大河の中の道を歩むのですが、そこに、休みなく水の河が道をうるおし火の河が道を焼くことに出逢い、行者は遂に死を覚悟して、

我今回らばまた死せん、住まらばまた死せん、去かばまた死せん。一種として死を勉れざれば、我寧くこの道を尋ねて前に向こうて去かん。

との三定死を決断した時、東岸の人の

仁者ただ決定してこの道を尋ねて行け、必ず死の難なけん。

と勧める声と、西岸の人の、

汝一心に正念にして直ちに来れ、我よく汝を護らん。

と呼ぶ声を聞いて、歩んだとあります。

西岸、すなわち道を求める行者の前面にあって「汝一心に正念にして直ちに来れ、我よく汝を護らん」というのは、救主である阿弥陀仏の呼び声です。そして東岸、すなわち行者の背面にあって「仁

者ただ決定してこの道を尋ねて行け、必ず死の難なけん」というのは、教主である釈尊のお勧めです。つまり、行者が阿弥陀仏に向かって歩むもの、念仏するものとなるのは、弥陀の招喚と釈迦の発遣によるのです。これは、阿弥陀仏に向かって歩むもの、南無するものとなれと、背中をたたいて押し出してくださる人こそ教主としての釈尊であると教えているのです。

それで、親鸞聖人は、念仏することを『尊号真像銘文』に、

帰命はすなわち釈迦・弥陀の二尊の勅命にしたがいて、めしにかなうともうすことばなり。

といわれたのです。諸仏も教主といえますから、教主としての釈尊は、釈尊一人のみということではないのでしょう。七高僧でもありましょうし、親鸞聖人でもありましょうし、もっとも身近な有縁の人々だということもあるのでしょう。疑い深いわれわれは、釈尊お一人のお勧めでは、なかなか阿弥陀仏に向かう存在とならないのです。得道の人々、有縁の人々、諸仏のお勧めと護念で、道を求める一歩がはじまるのです。

つまり有縁の人々によってわれわれもほんとうに仏に帰依し、法に帰依し、そして僧に帰依するものとなる。こういう内容を持っているのが道に遇う、念仏するということです。だから道を求める者は、すべての人と平等に、有縁の諸仏として出遇っていくのです。

平等といっても、のっぺらぼうの平等ではありません。足して二で割って、平坦にするのを平等だという人もいますが、それは悪平等にもなりましょう。能力のあるなしで威張る必要もなければ、卑下する必要もない。ともに教えを学ぶものということで、お互いに辛辣なときもあれば、やさしいと

きもあって、その時その時の事情や立場のちがいを通して、お互いに念仏申す身としての喜びや、あるいは懈怠を語り合いながら歩んでいく。だから懈怠の人もあれば、進んでいく人もあるし、進んでいた人にも懈怠の時もありましょうが、そういういろいろな歩みにおいてもみな平等であって同朋なのだとうなずいていくのが念仏の教団です。それは釈尊が指向した教団と同じ意味を持っているのでしょう。しかもそのことの確認こそが、念仏を生き生きといただいていくいちばんのもとになるのだと注目されたのが蓮如上人なのでしょう。

阿弥陀仏によって呼ばれ、諸仏によって行けと押し出される。「友なり師なり仏なり」によって阿弥陀仏に南無せよと押し出される。そのようにうなずける人だけがほんとうの意味で平等であって、同朋といえるのでしょう。だから、同朋というのは、念仏する仲間だけの同朋ではないのでしょう。すべての人が同朋なので、すべての人が同朋であったとうなずくのが念仏なのでしょう。だから、親鸞聖人は『教行信証』の「行巻」で、念仏について、

明らかに知りぬ、これ凡聖自力の行にあらず。かるがゆえに不回向の行と名づくるなり。大小の聖人・重軽の悪人、みな同じく斉しく選択の大宝海に帰して、念仏成仏すべし。

といわれます。念仏とは不回向の行であり、凡聖自力の行ではないという。だから念仏者とは、不回向の行を行ずることでしょう。そういうことからいえば自力ではない。自力でないから差がないのです。自力で回向する行であるなら差がでます。あの人は力があるから回向も力があるとか、この人は力がないから、回向もお粗末だということになる。けれども念仏は不回向の行なのです。不回向の行

であるから、大乗小乗の聖者も、また罪に重い軽いがあっても、それは問題にならない。念仏で「皆な同じく斉しく」助かるといわれるのです。ほんとうの意味で皆・同・斉という意味を人間のうえに成就するのが念仏だというのです。

そういうことからいうと、現代の教育とはまったく逆さまの立場です。現代の教育はおおむね差をつけるための教育であって、偏差値教育です。いかにして差をつけて、特別な能力を身につけ得るかということが中心になっています。それに対して南無阿弥陀仏は、どれほど能力が違おうと、どれほど体力や知力、情操力が違おうと、皆な同じく斉しく、人間の根源に帰らしめて平等性を満足せしめる。念仏は、それぞれの自力の各別なる心によってお互いに差つけをしていこうとすることの問題点と誤りを十分に教えて解放するから、同朋として皆な同じく斉しくということが成り立つのです。

そうして、念仏は不回向であるからこそ、念仏申す人はまさしく弥陀の御もよおし、来たれという御もよおしによって念仏するのです。「ひとえに弥陀の御もよおしにあずかって、念仏もうしそうろうひと」であるのです。念仏者は、諸仏の行けという発遣にもよるけれども、内容はひとえに阿弥陀仏の御もよおしにあずかるということなのだ。師も阿弥陀仏の御もよおしにあずかるし、弟子もまた阿弥陀仏の御もよおしにあずかる。阿弥陀仏の御もよおしにあずかって念仏申すということにおいては変わりはない。だから「念仏もうしそうろうひとを、わが弟子ともうすこと、きわめたる荒涼のことなり」といわれるのです。なかなか厳しいですね。きわめたる荒涼のこと、つまりとんでもないまちがいであるといわれるのです。

はなるべき縁あればはなるる

その次に、

つくべき縁あればともない、はなるべき縁あれば、はなるることのあるをも、師をそむきて、ひとにつれて念仏すれば、往生すべからざるものなりなんどいうこと、不可説なり。

といわれます。人縁はつくべき縁あればつくし、はなるべき縁あればはなれるのでしょう。人と人との関係、集団の集合や離散は、まったくご縁のものです。真宗教団連合のカレンダーに、

「ご縁ご縁　みなご縁　こまったことも　みなご縁」

というのがありました。いっしょにいたいと思ってもいられないときもあるし、こんな人とは一日も早く別れたいと思っても、一生付き合う場合もあるし、それはいろいろだろうと思います。こんなひどい目に遭うのだったらあのとき別れておけばよかったなどといいながら、まだ付き合いしているということもあるのですから、これはもうまったくご縁によるのでしょう。だからどれだけ心が通い合っているようにみえても、はなるべき縁が来れば、はなれなければならない。つくべき縁あれば、ついていかなければならない。

仲のいい夫婦であっても、サラ金に手をつけ借金がかさむと、だいたい別れ話になる。少額の間は親族が寄って助け合いますが、二度目の相談ではじめに隠していた借金まで出てきたりすると、後々のことを考えて別れたほうがよいということになる。あのとき助けておかなければよかった。助けたばかりによけいに借金を大きくしてしまったということをよく聞きます。「一言が足りない時や多い

時」という川柳がありましたが、わずかな言葉の行き違いで、親交の深い人間関係が崩れることもあります。縁というのは無量ですから、はじめからつくべき縁はなるべき縁がわかっているのでもなければ、自分の思いで縁を切ったり縁をつけたりすることもできないのでしょう。

先般も法事であるお同行が、こんどの報恩講さんから寺参りしたいといわれる。しかしはじめは一人では行きにくいという。それで私も、その話に乗ってこんどから来てくださいといっていたら、そこで誘ってくださる人も決まったようです。そういうことが縁なのでしょう、お参りくださるようになった。たしかに真宗にご縁があったから、こうして南無阿弥陀仏の教えを聞けたのですが、ご縁というようなものはどこにあるかわからないのです。決めてかかるようなものは縁ではない。ご縁というものはなにがご縁になるかわからないのです。いいことがご縁で聞く人もいるし、不幸がご縁で聞く人もいる。それこそ無量です。だからご縁がなくなれば、それまでいかに縁が深くても、師弟の関係であっても、離れるべきときは離れるというのが人生の道理なのです。

はなれてみてはなるべき縁と知り、ついてみてつくべき縁だと知るのです。だから、人の集合離散に誰かがいったからとか、彼が悪いからなどと無理をして人のせいにしなくてもいいではないかというのでしょう。無量のご縁に一喜一憂していたら、南無阿弥陀仏の教えに歩むことがおろそかになります。そんなに人生は暇ではないのでしょう。

「つくべき縁あればともない、はなるべき縁あれば、はなるる」というと、いかにも冷たいではないかと思えます。はなるべき縁のできた者をも引っ張ってくるのが仏教者の務めでないかといいたいけれども、縁なき衆生は度し難しです。そこはきちっと押さえている。阿弥陀仏からいえば、縁なきものは一人もない。阿弥陀仏からいえば、離れたこともご縁だ、そこでまたそれをご縁に法に遇えばよいのですから、それでいいのです。けれども人縁はまったく無量でしかもご縁ですから、ついたり離れたりしていくわけで、その今あるご縁を解釈せずに、ご縁のままにいただいて生きていく身になることが、念仏申すことだということです。ご縁というのは、今ある自分へのうなずきなのです。

だから、つくべき縁で弟子になった人を、師を背いて離れていくから、南無阿弥陀仏の教えにはもう二度と出遇えないなどということは、とんでもないまちがいなのです。師に背くことで、懺悔がおこりかえって法に遇うということだってある。ほんとうの同朋になることもある。こう教えてくださるのでしょう。

さきほどの「友なり、師なり、仏なり」を大河内先生から贈られた宮城智定先生は、それに応えて「そして一緒に落ちるなり」と書かれたそうです。それで、

如来よりたまわりたる信心を、わがものがおに、とりかえさんともうすにや。かえすがえすもあるべからざることなり。

といわれます。信心は如来と私の関係で、地獄一定と頭が下がるかどうかの決断なのです。だから如来よりたまわりたる信心なのです。法然上人のいわれた不回向を、積極的に表現すると親鸞聖人の回向、他力回向になるのです。たまわりたる信心をわれわれはじきにわがものがおにする。わがものがおが好きなのです。普段は如来さまのおかげで聞こえるようになったというけれども、すぐに「おま

えが聞くのは、おれが誘ったからでないか」とまでいいだす。これが如来よりたまわりたる信心をわがものがおにとりかえすということです。唯円大徳の周囲にもそういう人がおられたのでしょう。親鸞聖人がきちっとそうおっしゃったことを唯円大徳が覚えておられたことは、唯円大徳にも身に覚えがあったのでしょう。

人間は教えを肯定的にばかりいただくものではない。否定的にいただく場合もあります。たとえば、「尊い人間になれ」と教えられて、「はい、尊くなります」と受けとめることは少ないでしょう。尊い人間になれということは、なかなか尊くなれないという自覚を通して尊い人間になれという教えをいただいていくのです。それと同じように、ただ念仏の教えも、こんなめんどうなことはない、こんなわかりにくいことはない。ほかのことならわかるけれども、ただ念仏と、そこに落ち着けというのはたいへんだという自覚を通して、ただ念仏という教えをいただくのでしょう。教えにハイといえない自分の姿を通して教えはいただいていけるのです。教えのごとくならないわが身をまな板に乗せて、教えのすばらしさに気がついていくのです。そういうことからいえば、如来よりたまわりたる信心をわがものがおにしようとする、わがものがおがいつも丸出しなのでしょう。しかしそのわがものがおが丸出しであればあるほど、「如来よりたまわりたる信心をわがものがおにとりかえさんともうすにや。かえすがえすもあるべからざることなり」と、ふたたび教えに返って、わがものがおしかない自分自身を見つめ直させられることになる。弟子が向こうへ行ったのは、かなしむべきことであって、弟子を恨むわけにはいかない。ましてやそのことで往生すべからざるなどというようなことは、とんでもないまちがいである。師、弟子といっても縁によって師、弟子になったのですから、縁がなくなれば、いつでも離れ得るものを持っているのです。それが「つくべき縁あればともない、はなるべき縁あれば、はなる」ということでしょう。

仏恩をも知り師の恩を知る

それなら、教えてくださった師匠はどうでもいいかというと、そうはいわない。それで、

自然のことわりにあいかなわば、仏恩をもしり、また師の恩をもしるべきなりと云々

というのです。ここでいっている「また師の恩」の「また」は、仏恩とイコールのようです。つまり仏恩を知るということは、師の恩を知るということと一つなのです。師の恩をいただくということは、同時に仏恩をいただくということ。だから師匠を私の先生だといって持ち上げることも、師匠に対して御無礼になるし、同時にまた師匠が、あれはおれの弟子だというのもたいへん弟子を御無礼に扱ったことになる。このように仏恩は、師と弟子の両方が私有化していく関係を限りなく切って解放していくのでしょう。それが自然のことわりなのです。

これは金子大榮先生のことばだったと思いますが、

「法縁を人縁に私すれば、法縁も争いのもとともなり、人縁を法縁に帰すれば、人縁もいよいよ深く感ぜられる」

という名文句があります。私たちが念仏することはみな法縁なのです。如来よりたまわった信心であ

る法縁を人縁にし、私すると争いになる。しかしあの人のお導きで念仏する身になりましたと、その人縁の尊さを法縁に帰すると、まことに師のおかげでということになる。人縁を法縁に帰すれば、師の恩もいよいよ深く感ぜられる。その深く感ぜられる世界を明らかにしていくことが、「自然のことわりにあいかなわば、仏恩をもしり、また師の恩をもしるべき」ということであろうと思います。

「念仏者の中には、野心家がない。だから念仏者の間には、利用するということがない」と、いわれた先生があります。それが原則なのでしょうが、実際には『口伝鈔』にありますように、法然上人のところにも野心家はいたのです。鎮西の聖光坊というかたが、

みやこに世もて智恵第一と称する聖人おわすなり。なにごとかは侍るべき。われすみやかに上洛して、かの聖人と問答すべし。そのとき、もし智恵すぐれてわれにかさまば、われまさに弟子となるべし。また問答にかたば、かれを弟子とすべし。

と、なかなかえらい勢いで上洛してきたのです。法然上人に問答を挑んで、負けたら弟子になるけれども、勝ったら法然上人を弟子にする。こういう思いではるばる九州から都へ来られた。ところが法然上人との問答に負けたから、上人の弟子となって二、三年熱心に勉強した。それで、法然上人のいいたいことは、だいたいわかったと思ったのでしょう。

あるとき、かご負かきおいて、聖光坊、聖人の御前へまいりて、「本国恋慕のこころざしあるによりて、鎮西下向つかまつるべし。いとまたまわるべし」と申す。すなわち御前をまかりたちて出門す。

と、帰りかけた。そうしたら、法然上人が、

あたら修学者が、もとどりをきらでゆくはとよ

といわれた。もとどりというのは、髪の毛を束ねたところのことで、出家の時は頭を剃るから、聖光坊は、当然もとどりは切っていたのです。それで、

その御こえはるかにみみにいりけるにや、たちかえりて申していわく、「聖光は出家得度して、としひさし、しかるに本鳥をきらぬよし、おおせをこうぶる、もっとも不審。このおおせ耳にとまるによりてみちをゆくにあたわず、ことの次第うけたまわりわきまえんがために、かえりまいれり」

こういって法然上人に詰め寄ります。そこで、法然上人は、

法師には、みつのもとどりあり。いわゆる勝他・利養・名聞、これなり。この三箇年のあいだ源空がのぶるところの法文をしるしあつめて随身す。本国にくだりて人をしえたげんとす。これ勝他にあらずや。それにつきて、よき学生といわれんとおもう。これ名聞をねがうところなり。これによって檀越をのぞむこと、所詮利養のためなり。このみつのもとどりをそりすてずは、法師とはいいがたし。よって、さ申しつるなり

こう教えられた。それでこれはたいへんだというので、聖光坊は勉強した荷物を焼いて帰ったといわれています。立派な態度ですが、荷物を焼けばまた自分は焼いたという思いが残るでしょう。それが人間です。

念仏者の中にも野心家がいるのです。いや、みんな野心はあるのです。師をそむきてひとにつれて念仏することもあります。そうした野心の者にも、野心を無用と知らせて廻心させ、ほんとうに御同朋、御同行と僧伽に帰依させるのが仏恩なのです。もっといえば、念仏して師も弟子も御同朋と出遇えるのが救いなのです。御同朋とすべての人がいただけるところまで、南無阿弥陀仏を具体化してくださったところに、親鸞聖人の「弟子一人ももたずそうろう」と仏恩が響いた無心の呼びかけがあるのです。

その意味で、第六条は、釈尊の教団が四姓平等を宣言して以来、底流として綿々と続いてきた帰三宝、特に僧伽の精神を「専修念仏のともがら」において明らかにしているのです。

第七条　念仏者は無碍の一道なり

（原　文）

一　念仏者は、無碍の一道なり。そのいわれいかんとならば、信心の行者には、天神地祇も敬伏し、魔界外道も障碍することなし。罪悪も業報を感ずることあたわず、諸善もおよぶことなきゆえに、無碍の一道なりと云々

（現代語訳）

念仏は、なにものにもさまたげられることのない、ひとすじの道です。
なぜかというと、本願を信じて念仏する人には、天の神、地の神も敬い、悪魔や外教の人びともさまたげをしません。そして、どのような罪悪もその報いをもたらすこともなく、どのような善行も本願の念仏の力にはおよばないから、無碍の一道であると、親鸞聖人からお聞きしました。

念仏者の読みかた

『歎異抄』の前の第四条、第五条、第六条は、念仏申すことにおける人間関係の問題が語られてい

ました。つまり、慈悲、父母、そして師弟という人と人との関係において、念仏申すということはどうあるべきか。人間は単に一人であるのではなくて、社会的な存在としてあるから、その間的存在のあり方が語られたのです。それに続いて第七条から第九条までは、社会的存在としての私自身が、南無阿弥陀仏によってどのような人生を送ろうとするのか、いい換えれば、私自身の深い迷いから覚めていく生き方が語られているのです。

その中で第七条は、まず、「念仏者は、無碍の一道なり」といわれます。念仏申す人生とはいったい何か。それは無碍といわれるような一道を賜わる、一無碍道を賜わることであるというのです。「念仏者は無碍の一道なり」といわれる念仏者の「者」は、漢文体の送り仮名として「は」と読むのか、それとも念仏する人という意味で「者」と読むのか、昔から議論のあるところです。読み方によって、南無阿弥陀仏という法が無碍の一道なのか、それともその南無阿弥陀仏を称える者が無碍の一道なのかという違いが出てくる。先生方によりましてもそれぞれご意見があって、二通りに分かれているのです。

しかし考えてみますと、人に伝わらないような法は理屈に過ぎませんし、法に遇わない人の意見は独断に終始します。法に遇ってはじめて人は智慧を賜わるので、法を離れて無碍だといえば、それは偏見でいっているだけになります。そうかといって、人を離れて、念仏は無碍の一道だといってみても、無碍になった人がいなければ、それは観念ではないかということになります。法を離れて人はありませんし、人を生み出さないような法もありません。人は法によってはじめて人となり、法は人を生産することによってはじめて法たり得るはたらきをするのです。

だからこれは、「念仏は」と読んでも「念仏者は」と読んでも、どちらに読んでもいいのでしょう。ところがどう読んでもいいとは思いたくないのです。そのときに読んだ感情からいえば、読み方の逆に読むのがいちばんいいのです。「念仏者は、無碍の一道なり」といいたいときは、あえて「念仏は、無碍の一道なり」と読む。「念仏は、無碍の一道なり」といいたいときには、「念仏者は、無碍の一道」と読む。われわれの感情は、同じ感動するのでも自分に都合のいいように感動していますから、そのときの自分の感情の逆を読むべきではないかと思うのです。そうするといつも「無碍の一道」が新たに教えられていくことができる。それで、二通りの読み方があるのは、かえって意味があるので、どちらに読むべきだと簡単に決着をつけないほうがよい。そういう点で、先生方が両方の読み方をしてくださることは、ありがたいことであると思います。

それなら、念仏を申す身において無碍であるかというと、内容は有碍ばかりです。しかし、念仏者は阿弥陀仏の智慧に照らされて自分の闇を知る者です。だから、念仏する者は、「碍は衆生に属す」と教えられる信心の智慧を賜ります。したがって、念仏しながら有碍だというのは、当然そういっている私自身の問題なのです。念仏しても、私の不足の心が照らされないと、すべては有碍になるのです。不足の心に問題があることが見えないと、どんなにいい状態になっても有碍なのです。一つの不足が解決すれば、次の不足が出る。その不足が解決すれば、また次の不足が出てくる。いつまでたっても有碍なのです。

豊かになればなるほど碍が増えるだけです。今は雷で電気一つ止まっても大変でしょう。暗いだけでなく、水は出ないし、ご飯は炊けないし、トイレも使えない。おまけに豊かになると、豊かであることが当然だと思い貧しさに耐える能力も弱くなるから、よけい碍が増えます。いちばん下にいる間は、上がることだけが碍だと思っていますが、中途にいますと、下がるのも碍なら、上がるのも碍です。じっとしているのはなお碍で、全部が碍でしょう。だから死んでもいけないけれども、生きてもいけないのです。

無碍の一道

ただ、念仏して「碍は衆生に属す」と教えられて自分の煩悩がはっきりしますと、碍が受けとめられるのです。それはもう自然で、事実です。自分とは「自然の一部分である」といわれた人がいますが、今ここにこうして生きているのは自然の一部分としてあるのです。あるべくしてあり、なるべくしてなっているので、自然です。自然ですから無碍です。自然の道理ですから計らいはなくていいのです。けれど自我分別の能力が出てきますと、同じ生まれるのだったらこんなところでないほうがよかったと計らいますから、生まれたことからはじまって死に方にいたるまで全部が有碍になります。自分の環境から自分の親から自分の兄弟から自分の能力に至るまで碍ばかりです。碍でないものがない。釈尊は、出家する前にわが子が生まれた。そのときに、「ラーフラがうまれた」といわれたそうです。ラーフラというのは、障りあるものという意味です。自我の分別を立てればわが子だって障りになります。

清沢満之先生は、『絶対他力の大道』で、

請う勿れ。求むる勿れ。爾何の不足がある。若し不足ありと思はば、是れ爾の不信にあらずや。如来は爾がために必要なるものを賦与したるにあらずや。若し其の賦与において不十分なるも、爾は決して此以外に満足を得ること能はざるにあらずや。

といわれます。不足は不信であるといわれる。碍は衆生に属するのであって、不足は不信であることがはっきりすれば、足下に満足を得るのです。つまり、分別は分別であったと、事実が事実と見えれば自体満足して無碍なのです。それで、

そのいわれいかんとならば、信心の行者には、天神地祇も敬伏し、魔界外道も障碍することなし。

といわれるのです。天神地祇は、天の神、地の神のことです。魔界は、魔の世界に住んで仏教のさまたげをする悪魔のことです。外道は仏教以外の教えのことで、外の条件を自分の思うように整備して満足しようとする道のことです。不足の心は、事実が事実と見えず外に原因があるとするこころですから、見るもの聞くもののすべてが外の力によると思いこみます。有碍の生活は外の力によると思いこむと、その力を怖れるこころがふえていきます。それで、天神地祇や魔界外道を頼って、その有碍の状況を封じて無碍の状況にしようと頑張るのです。

しかし外の力によって満足しようとする心は、頼めば頼むほど限りなく迷わされていくことになります。今日はやっている宗教は、この魔界外道的宗教が多いのでしょう。社会が複雑になればなるほ

ど自我を立て、自我を立てようとすればするほどストレスがたまって有碍がふえるでしょう。ありとあらゆることが障りになっている。昔なら、課長になったら、それなりに仕事にも張りが出てやりがいがあった。ところがいまは中間管理職になったら、上からは押さえられるわ、下からは突き上げられるわで、ストレスだけがふえる。だから、朝起きたらまず運勢を見て、お守りをつけて会社へ行くという人もいます。

それで外からの力に頼って、有碍撲滅作戦を展開していくことになる。外の力を頼って、無碍の状況にしようというのは、煩悩を増長させるだけです。宗教が煩悩を応援するから、日本の宗教人口は、実人口の二倍とも三倍ともいわれるのです。お金はもうかる、仕事はうまくいく、病も治るという信仰が宗教だと思われているが、それは魔界外道なのでしょう。

ところが魔界外道を頼る時に、忘れていることがある。それは、自分が自然の道理、事実に反して自分の都合だけを頼んでいるということです。だからかならず行き詰まりがきます。たとえば生死ということは身を以て生きている人の事実でしょう。その事実を無視して、病気は治ります、老いませんなどといくらいってみても一時しのぎの気休めにしかすぎないのです。

日の善し悪しにこだわるこころ

この二月でした。あるおばあさんが来られて、「ちょっとお聞きしたいことがあるのです」という。何事ですかと聞いたら、

「うちの嫁が一軒の家で二人の厄年の者が一度に厄落とするすると勝ち負けが出る。それで今年は息子もおばあさんも厄年だから、今年は息子の厄を落して、おばあさんの厄落としは、来年にしてほしい」

といったという。他人事なら、おばあさんも気にならないのでしょうが、孫のを先にして自分のは来年に回すと嫁にいわれたものだから頭へ来たのです。

「厄落としに勝ち負けがあるというのもおかしいけれども、もしあるとすれば年寄りから先に厄を落としてもらうのが順番だと思うが、どんなものでしょう」

という話なのです。私は、

「厄落としなど、しなくてていいでしょう」

といった。そうしたら

「そんなことというたって…」

と妙な顔をされるので、困りはてて、

「おばあさん、厄、厄というが、いちばん嫌な厄は何ですか」

と聞いてみた。そうしたら、

「それは、わかってます。死に厄ですわ」

と。それで私は、話は聞いてみるものだと思って、

「それなら、その厄を逃れた人はおりますか」

といったら、

「わかりました」

といって帰っていかれました。死を逃れる人はだれもいません。日本でいちばんいいお医者さんにかかっていても死ぬ時は死ぬのです。大病院の病院長でも病むときは病むし、長生きするとは限りません。


だから、この教えを信じたら病から逃れられるというようなことをすこしでもいい出すなら、それはもう偽物の宗教に決まっています。だからそういう人には、あなたの宗教は死が逃れられますかといったら、それで終わりでしょう。ところがそれにわれわれは乗せられて、天神地祇、魔界外道に頼るのです。厄や、日の善し悪しはよくいうでしょう。私のところは、お鏡餅は昔から年末の二十九日につくのです。そうすると大晦日には鏡餅がうまく固まって、お供えするのにちょうどいい。近所では二十八日につく家が多いらしいのですが、昨年は二十八日が餅つきによくない日だったらしいのですね。それで二十七日につくが、ちょっと早すぎるという。それなら二十九日についたらよいと思うが、それもダメだという。それで、どうしてかと聞いたら、

「二十九日は九（苦）がくっつく。クモチつくなというではないか。そんなことするものでない」

こういう。私のところは昔から二十九日につくことになっているといったのですが、日の善し悪しにこだわっている人には通じないのです。「大安を選んで離婚届でる」という川柳がありました。病院へ入院した日は善し悪しをいわないに、退院の日はよい日にという。

ある新聞に、「占い」という題の投書がありました。

私は独身の頃、「占い」というものに興味があったし、すぐに信じた。高一の時、雑誌の星占いに「好きな人に積極的にアタックを！」と、あったので、積極的にアタックしたらふられて、大ショックだった。高三の時、進路のことで大変悩み、最後に占いで決めてもらおうと、隣町のよく当たると評判の占師のところへ行き、路上で二時間待って見てもらった。おじさんが言うには「短大へ行きなさい」「どうしてですか？」「いまどき見合いをするにしても短大ぐらいは出ていないとダメだ」。

私は、私にあっている進路はこれだ！とズバリ言って欲しかったのに、この答え。期待はずれでがっかりだった。一番気になっていたのは結婚だった。手相を見るという美術の先生は、「結婚は、うーん三十か四十」。よく当たるという占師も、「結婚は焦らないで。あなたは晩婚だよ」。人相を見ることが出来るという美容師のおばさんは、私の友人二人には「結婚が早い」と言い、私にだけは「晩婚だ」と言った。

でも一番早く結婚したのは私だった。婚約したのは二十三歳だったが、晩婚だと言われたことが気がかりで、「この結婚は破棄されるかも」「式の直前、事故に遭って駄目になるか」「ハネムーンで飛行機が落ちるかも」と心配をした。そして結婚した後、「占いなんか絶対信ずるものか」と思った。

「新聞とテレビと雑誌で違う運」という川柳のように、いろいろ見てはかえって悩みを増し、苦しみを増やしているのでしょう。「手相では短命とでて九十年」「占い師これも運命辻に立つ」というのもありました。

それから方角でしょう。北枕というけれど、北を頭にするのはいちばんいいのです。足は南になるから頭寒足熱でこんないいことはない。それで顔を西に向ければ普通の人なら心臓が上になるから、いちばん健康的な休み方だそうです。心身ともに健全に生きて完全燃焼されたのが釈尊の涅槃のお姿と聞きました。それで人が亡くなったときは、完全燃焼された釈尊の涅槃のお姿をまねて北枕にするのでしょうが、それを亡くなると北枕にするものだから、北枕で寝ると縁起が悪いというので忌みきらう人がある。「気がつけば北の枕で五十年」というように、普通に考えればいいものを、北枕を縁起が悪い方向というのはとんでもないことです。そして天神地祇、魔界外道を動員して、なんとか思うようにしようとするのです。

暁烏敏師の表白

考えてみると、天の神、地の神というのは神格化された自然の法則のことでしょう。自然神です。自然神は、祀った人のいうことを聞くものではありませんね。祀ったらいうこと聞くというのは、人間のほうの計らいがつくった迷信でしょう。三重県人はちょっと信仰がうすいから、一度伊勢湾あたりで天罰を与えてやろうかというので風の神さまが、伊勢湾台風をおこしたわけではない。自然と人為とをいっしょにしてはいけません。自然は頼んでいうことを聞くものではありません。俵万智さんの詩に「天気予報聞かなかった一日は雨でも晴れでも腹が立たない」というのがありましたが、情報を頼んで当てにして困っているのは、頼む人自身です。頼む以前から人間を支えているのが自然です。私を生かそう、生かそうとしているのが自然です。

人間こそ、自然が何十億年もかけて培ってきたいのちの歴史を、核で一瞬のうちに木端微塵にするのです。開発の名の下に、自然や森林を破壊してきたのです。頼んでいうことを聞くと思っているのは、自分のこすい根性に合わせて神さんを考えただけです。自分の根性に合わせて神さまを考えると、お願い事の成就にはお百度を踏むほうがいいということになる。自分の経験では、多少難しいことでも何遍も頼みにいったら通ったこともある。それで難しい縁談でも、一度や二度であきらめずに、百回ぐらい頼みに行ったらまとまるかも知れないという。しかし、縁談は自分のほうにも面子があるし、それに頭を下げることは大嫌いですから、そこそこで止める場合が多いのです。そんな経験を、信仰にも当てはめて信仰がうすいから、不熱心だから願いがかなわないのだという。それは、人間の根性にあわせて考えたことなのでしょう。

老病死の事実にびっくりして出家されたのが釈尊です。一休禅師も「人が死ぬと思っていたのに儂が死ぬこれはたまらん」といわれたのに、われわれは釈尊や一休禅師より賢いのか、老病死を見ても驚かないのです。老病死は人のことで自分は大丈夫だと思っている。釈尊は老病死に驚いて出家し、初めは理知と修行で解決できると思われたから、アーラーラ・カーラーマ、そしてウッダカ・ラーマプッタという、当時の有名な二人の仙人のところへ行って勉強をされた。ところが、「無所有処」「非想非非想処」という禅定をマスターしたが生死は超えられなかった。それで、自分で修行をしようと決心して六年間の苦行に入られたのですが、それでも解決しなかった。ついに山を下りて尼連禅河で沐浴し近くの菩提樹下に坐って瞑想に入られて覚られたのです。昭和の初めに暁烏敏先生が、インドへ行かれて釈尊がお悟りになられた所、金剛宝座のところに頭をつけた時の、格調の高い感動的な文がありますので、読ませていただきます。

世尊の正覚の御座の前にひれふして正覚の御心を偲び奉る。私は世尊の王舎城の説法に導かれて、世尊の御跡を慕うてインドにまいりました。その耆闍崛山の説法の根源は、この金剛宝座の上に生まれ出たのであります。世尊は六年の苦行の林を出て、前正覚山を降ってこの地に正覚を成らせ給うた。私は、久しい間、家を出て山に入らせ給うた世尊の御心を仰ぎつゝ、山を捨てゝ村に出られた世尊の御心がわからなかったのであります。家を捨てゝ神々の道を求めて山に入られた世尊は、天地の神々の自己を救わない事を達観せられて、宗教の神々を後にして泣く泣く救いなき自己の身体をこの宝座の上に運ばれたのであった。もはや、この時は世尊は救いを外に求むるの人ではなかった。妻、子、眷族、財宝の上に救いはなく、神々の中にも救いはなく、世間にも出世間にも救いを見出すことの出来なかった世尊は、もはや自己自身に救いを見出すより外の道はなかったのであります。自己内心に道を求め給いし世尊は、静かにこゝに三七日の禅思を尽くされました。そして、忽然として自己の底に徹し、自己の本源を見出して、始めて救われ給うたのである。しからば、こゝに世尊が発見せられたる救いの道はどんなものであったろう。これを説き現わしたのが、今の大蔵経である。世尊自身の口により、御弟子達の口により、遠く世を隔てた渇仰者の思出によって、この世尊正覚の一念が研鑽せられたのであります。要約してこれをいえば、正覚の一念は仏教の本源であります。世尊がこの一念を最も簡明にお説きになったのが四諦十二因縁のお話であります。苦の本源は集である、集とは煩悩の事であって、つぶさにいえば、十二因縁の相である。十二因縁とは無明、行、識、名色、六入、触、受、愛、取、有、生、老死であります。生老病死の苦の原因は無明であると喝破せられた。苦の原因を客観的の世間に求むるが故に、救済を世間的のあんばいの上に求めねばならぬのである。苦の原因が外にあるにあらずして内の無明にあることがわかれば、もはや、救いは外に求むべきものではなくて、自分自身の無明を霽らすことになるのであります。苦諦を観じて集諦に入り、苦の原因を無明と覚り、生老病死に苦しんでおる自己の本体が無明であると覚られた世尊は、自らを愚よと叫して勇ましく立ちあがられました。自らの本体を無明とし愚と呵すことの出来たのは無明の開けた相であった。かくて、世尊は、夢の醒めたる如くにして光明赫奕たる天地を味わゝれたのでありました。私は久しい間、世尊の正覚は、自らの賢明に気づかせられたことと思い誤っておりました。そして、世尊を遠い処に見奉っておりました。しかるに、今から十三年以前、我が齢三十七歳の春、自己の内外の破滅を痛感し、死によっても、生によっても、世間によっても、出世間によっても救われ難き大暗黒の自己を発見したときに、私は、世尊の菩提樹下における無明の悟道を体得するを得たのでありました。世尊が自ら仏陀と名乗らせられたるは故あるかなと思うのであります。

私は今、この金剛宝座の前に跪いて新しく自己の愚を知り、世尊と共に愚よと叫び得る光明赫奕たる信念の光景を喜ばずにはおられないのであります。世尊、願はくば、暫し我をこの御座の前に跪くことを許させ給え。そうして、世尊の無明の叫びに奮い立つ極東の一弟子のうなじに信愛の御手を加えさせ給わんことを。(『仏跡巡拝記』)

天神地祇に祈るこころ

無明が、釈尊のお覚りの内容であり、その無明は親鸞聖人が愚禿とうなずかれたことであるといわれます。ブッダガヤの釈尊の座像もそうですが、釈尊の正覚の座像は、みんな右手の指先が大地についております。釈尊のお姿が像になりますのは、滅後五百年ぐらいですから、座像として形取られる時には、釈尊の教えを聞いた人たちが、どのように造形すれば教えが一番よく伝えられるかということを、十分考えて作られたに違いありません。

二度目のインド仏跡参拝の時、現地の人が釈尊の座像について、

「右手がすっと降りていって、指先が大地についた時に、お覚りになりました」

と、説明してくれました。右の手が降りていって、指先が大地にちょんとついた時に覚ったとおっしゃるのですから、大地を忘れて生きていた己の愚かさ、毛穴から死臭がするまで苦行して、それでも自分の力で生死が超えられると思っていた愚かさ、そういう無明に気づいた。無明と覚醒した。その廻心の姿を表すのが正覚の座像でしょう。今もブッダガヤの大塔の正覚の座像の前では、色々な国

の人々が、五体投地の礼拝をしておられます。その姿を見ておりますと、礼拝の対象だから右手を大地につけた座像にして安置したので、右手を大地につけた正覚の座像は、五体投地の参拝者に先立って釈尊ご自身がなされた五体投地の姿を表していると思われます。

だから覚りは、生死を逃れられるはずだと思っていた自分が、とんでもない考え違いをしていたと五体投地することであって、事実は大地に支えられて生きていたと、有碍を作っていた妄念妄想に破れて、大地の支えにまかせて生きることでしょう。生死を超えるということは、生死と戦って生死を抜け出すことではない。生死を生死としていただけるのが、生死を超えるということなのに、それを自分の力で超えられると思っていたあさはかさに気がついたのが無明の一念、覚りなのです。それは大地の感覚でしょう。釈尊は、大地に指先がついたときにそのことがわかられたのです。

大地に頭がつけば、これほど不服をいい、これほど文句をいうているにもかかわらず、この私を生かそう生かそうとしていた世界があったとはじめて気がつく。気がついて、大地に五体投地をしてみれば、こちらが頼む前から天地は私を支えていた。天地が先に敬礼していた。しかし天地が先に私に頭を下げていてくださったというのは、私の頭が下がらなければわからないことです。私の頭が下がってみれば、天地は初めから頭を下げてくださっていた。それが「天神地祇も敬伏し、魔界外道も障碍することなし」ということでしょう。念仏している者は無碍だから、神さまのほうが頭を下げてきたと、そんな話ではない。念仏する者だけがほんとうに天地自然を利用してきたことに気づいて天地自然に頭を下げるのです。念仏者の礼拝は天地自然までも利用してきたことへの懺悔なのです。ところがわれわれは、拝むことまで手段化して、自分に都合のいいように利用しようとしている。拝むとか、お参りするとか、祈るとか、座るとかしますが、どれほど熱心に行じても手段にするのなら、本当の宗教とはいえないでしょう。天地を崇めるのでなくて、天地を崇めることを手段として自分の有碍なる世界を無碍なる世界にひっくり返そうとしている。それは、天地をあなどっていることでしょう。天地をあなどり、天地を利用する心のあるかぎり、天地は限りなく恐れの対象となります。その恐れが、日や方角を選び、運勢、相性、墓相、家相をいって、祈禱や除霊をお願いすることになるのでしょう。

「信心の行者には、天神地祇も敬伏し、魔界外道も障碍することなし」というのは、南無阿弥陀仏と頭が下がれば、天神地祇は初めからわれわれを支えているし、魔界や外道は、障碍するものではなかったと目覚めたことをあらわすのです。

人生の出来事は、自然に支えられた無限の条件の重なり合いによって、いまあるように起こっているのですから、理性や分別でうなずけなくても、現実を逃げることはできません。逃げることの出来ない現実を、天神地祇や魔界外道のせいにして祭り上げてでも思うようにしようとするのは、自分の都合による神々への責任転嫁であって、神々に支配されていく生き方です。

親鸞聖人は『教行信証』「化身土巻」の終わりに『論語』のことばを引用しておられます。ちょっとめんどうですが、『論語』の原文のままを書いてみますと、

季路問事鬼神、子曰、未能事人、焉能事鬼。

（季路、鬼神に事えんことを問う、子曰わく、未だ人に事うるあたわず、焉んぞよく鬼に事えん）

お弟子の季路が、どのように鬼神に事えたらよろしいかと問うたら、孔子は、人間にさえ事えることができないのに、どうして鬼神に事えることができますかといわれた。こういうのが『論語』の読み方なのです。ところが親鸞聖人は、これを、

季路問、事鬼神。子曰、不能事。人焉能事鬼神。

と、「未」を「不」に換えて、「事」で切って「人」を下の句に付けて、

季路、問わく、鬼神に事えんかと。子の曰く、事うることあたわず。人焉んぞよく鬼神に事えんや。

と読まれた。つまり、お弟子の季路が、鬼神に事えたらよろしいかとの問いに、孔子は、事える必要はない、人がどうして鬼神に事えてよいものかといわれたと読んでおられる。孔子も人は鬼神に事える必要のないものであるといわれたと受け取っておられるのです。

われわれが神に事えるというときには、かならず利用価値があると思うからでしょう。利用価値で事えるのは、いかにも神さまを大切にしているように見えるが、実はいちばん神さまを粗末にしていることなのです。同時に、自分が自立することを放棄して、神の奴隷になっていくことです。有碍の現実は、自分中心の生き方に目覚める大切なときなのに、そのときを神に頼みますといって、ますます現実を逃げる自分を作り上げていくのです。だから神々に事える必要はない。人間がそんなふうに利用価値で神さまに事えたら、人間の自立をなくしてしまうだけだといわれるのです。

神さまや仏さまに自分の生活が無碍になるように頼むことは、一切のものを利用価値で見ていくことです。親も子も、兄弟も夫婦も、すべて利用という形で見ていくので、最後は自分の能力でさえ利用価値で見ることになるのです。どうして自分はこんなに気が短いのか、頭が良くないのかというのは、自分の能力までも外なるものとして利用しようとするから、不足であって有碍にしか感じられないのです。背が低いとか高いとか、痩せているとか肥えているとか、自分の属性さえも利用価値で見る。そんなことでどうして生きがいを感ずることができますか。それは自分の内なる不足を外なるものによって満足しようとするために、天神地祇・魔界外道に祈っていく方向と少しも変わらないのです。まことになさけない話です。

内心外道を帰敬せり

『愚禿悲歎述懐和讃』の第七首目に、

五濁増のしるしには　この世の道俗ことごとく
外儀は仏教のすがたにて　内心外道を帰敬せり

とあります。仏教は内道ともいわれ、自分の内を問題とするのに、現実は外のものを思うようにし、外のものの条件を整えることによって人間が満足できるとする外道の考え方に、みんなこころを奪われているといわれるのです。

老齢年金でも基礎と福祉との名のちがいで、掛け金をした人としない人でももらえる年金の額がちがうそうです。掛け金なしでもらう人はたいへんありがたいことだ、もったいないことだ、いい時代に生まれさせてもらってと喜んでいます。ところがもらいに行くと、掛け金をした人も来ているから、同じいただくのだったら、もうちょっと多くいただけたらいうことないのにということになる。もらった途端に次へ移行するのです。そして、どこまで行っても満足がない。

外のものによって自分のこころを満足させようとするかぎり、お金であろうと、能力であろうと、名誉であろうと同じでしょう。人間は名利に弱いが、名利はいくらあっても満足しません。ここで注目すべきは、「この世の道俗ことごとく」という言葉です。道俗の道というのは道を求める人、ここでいえば仏教者です。教えに遇わない俗人だけでなく僧分のものまで、表向きは仏教のかっこうをしているけれども、中身はみんな煩悩を満足させる外道になっていると悲歎しておられるのです。

その次の八首目には、

かなしきかなや道俗の　　良時吉日えらばしめ
天神地祇をあがめつつ　　卜占祭祀つとめとす

良時吉日、時の善し悪し、日の善し悪しを道俗ともにえらんでいるといわれます。そして、天の神地の神をあがめ、占いや祀りで幸せを得、災いを除くことばかりを考えているといわれる。

外道化した仏教は、諸願成就と書いてこれを祈るのですね。けれど、諸願が満足しますか、もし満足したらどうなりますか。たとえば自分の子どもについて諸願成就ということになれば、体操ができて、国語ができて、英語ができて、数学ができて、音楽ができて、しかも行いがよくて、親のいうことをよく聞いてとそういうことを願うのでしょうが、そんなことあり得ないことでしょう。かりに親よりよくできたら、親をなめてかかります。にもかかわらず、われわれはそう願うのです。われわれの考えた願を満足しよう、成就しようなどというのはとんでもないまちがいでしょう。その諸願成就のために、入学、受験、結婚、安産、あと厄年に至るまで人生の節々のあらゆる点で都合よくなりますようにと祈願する。そういう内容の川柳をあげてみます。

三人目安産祈願もしなくなり
手術前正信偈術後週刊誌
供養より願いごとする墓参り
合格後神と仏にご無沙汰し
厄年と大吉どっち信じよう

全部煩悩の応援でしょう。人生の大事な転機に当たっては、むしろ煩悩こそが問題だと自分自身に立ち返らなければならないのに、どんどんと逆の方向を向いて外道化していくのです。そういう自分のあり方に頭が下がるのが念仏です。

親鸞聖人は、『現世利益和讃』を十五首作られますが、その十一首目には、

天神地祇はことごとく　　善鬼神となづけたり
これらの善神みなともに　　念仏のひとをまもるなり

といわれます。天神地祇がまもるのは、わがままな煩悩をまもるのではなく、念仏のひとなのです。

つまり自分の都合で、自分の利用価値でしか仏さまも神さまも見てきませんでしたと頭が下がった念仏のひとをまもるのです。自分の功利性、利用価値で仏さまを見れば、民族宗教になります。仏教といっても、結局民族宗教になっている。わが氏、わが町、わが民族さえよければいいというような視野で仏さまを見ている。その私の狭さというものに、まいりました、たいへん御無礼な扱いをしてありましたと、ほんとうに頭が下がった。下がってみれば、向こうは先に頭を下げてくださっていたというのが、「天神地祇も敬伏し、魔界外道も障碍することなし」ということです。

罪悪も業報を感ずることあたわず

そこで、次に、

罪悪も業報を感ずることあたわず、諸善もおよぶことなきゆえに、無碍の一道なりと云々

とあります。罪悪というが、もともと罪悪の人間なのです。直そうと思っても直せません。だから、都合のよいことに人さまから先などと絶対いいません。電車に乗るのも自分が先です。よほど暇で落ち着いているときには、お先にどうぞといえますが、急用の時は、お先にどうぞどころでない。「ああ乗れた私は乗れたはよ閉まれ」という川柳もありました。ゆったりしているときは、世のため人のためにどんなことでもできるように思っていても、困ってきたら、それどころではないのです。

「業報を感ずることあたわず」というのも、業報はとっくに受けているのです。罪は許されることはあっても消したり償ったりすることはできないが、報いは受けているのです。受けているのがわか

れば、いまさらそれに悩む必要がない。われわれは業報的存在です。受けるべきものはとっくに受けています。それを受けずにおこうと思うからこそ天神地祇や魔界外道を怖れるのです。罪悪深重、煩悩熾盛ですから、罪を消して自分だけ楽になろうというようなことは毛頭思わないことです。第二条にありましたように「地獄一定すみか」なのです。自分が先だという根性を離れられないのが自分だとわかれば、人が自分が先だといっても怒らなくていいはずです。

あいつこすいやつだというけれど、人のこすさが見えたら、自分はもっとこすいのです。そうでなければ、人のこすさは見えません。あれはひどいやつだというが、あいつのひどさが読めるということは、自分にも同じような経験があるからです。そうでなければなかなか読めません。子どもにおとなの世界は読めません。おとなは読める。読めるというのは、同じような根性を持っているからです。自業自得なのです。だから「罪悪も業報を感ずることあたわず」なのです。

信心の行者は業報に脅える必要はないのです。それで「諸善もおよぶことなきゆえに」とある。われわれの行ったような善は自慢するに値しないということでしょう。諸善といってもご縁でするのですから、ご縁がなかったら、できはしません。人に施しをするといっても、ありがとうといって受け取る人がなければ、施しひとつできません。自分のところにもたくさんあるのに、同じものをくれたということになれば、善いことをしたことになりません。

だから、自分の思いで悪がやめられると思い、自分の思いで諸善ができると思っていると、悪をするとひねくれるし、善ができたら威張ることになる。それこそ焼いても煮ても食えないものになっていくのです。そういう私の一切の考え方が、すべてまちがいであったと頭が下がる。頭が下がってみれば、すべては私を支えていた。一切は無碍であったと知れるのです。つまり碍は内にあった。碍は私の利用価値、功利性、私有性にあったと気がつくがゆえに、罪悪を怖れたり諸善を必要としない生活を賜るのです。

「幽霊の正体見たり枯れ尾花」といわれます。怖い、怖いと思って夜道を歩いていると、ススキの穂を見ても幽霊が出たと思う。しかしそれは、自分の怖い、怖いという根性に写っただけだという。こちらの根性がまちがいであったとわかれば、いくらススキがあっても悠々と歩けるのです。こちらに怖いという根性があったら、一歩も踏み出せない。一目散に逃げるより手がないのです。だからどれほど苦難の道であろうとも、正体がこっちにあることが見えれば、わが業を精一杯に尽くして、全力投球で生きるほかないのです。こうして、ほんとうに全力投球ができる意味を私のうえに見いだしてくださるのが、お念仏なのです。それで、「念仏者は、無碍の一道なり」と教えられるのでしょう。

小林秀雄氏は、「真に行動的な人間は、かならずどこか無心なところがある」といわれます。その無心に対応する世界は無碍でしょう。有心であれば、一切が有碍です。有心を照らされて無心にふれるからこそ、どんな問題が出てきても、無碍に応じて生きていけるのでしょう。良寛さんは、

「地震に遭うときは遭うがよろしく候。災難に遭うときは遭うがよろしく候。これ災難よけの妙法にて候」

といわれたそうです。良寛さんのようにはなれないけれど、念仏者は弥陀の智慧をたまわるゆえに、

有心を懺悔して無碍の一道として完全燃焼していく道を賜ると教えられるのが第七条です。

第八条　念仏は行者のために非行非善なり

〈原　文〉

一　念仏は行者のために、非行非善なり。わがはからいにて行ずるにあらざれば、非行という。わがはからいにてつくる善にもあらざれば、非善という。ひとえに他力にして、自力をはなれたるゆえに行者のためには非行非善なりと云々

〈現代語訳〉

念仏は、行ずる人にとって、自分がする行でも自分がおさめる善でもありません。自分の思慮で行なわないから、行ではないというのです。また自分の分別で努める善でもないから、善ではないというのです。すべては阿弥陀仏の本願のおはたらきであって、人間の自力をはなれているから、行ずる人にとっては、行でも善でもないと、親鸞聖人からお聞きしました。

念仏は行者のために非行非善なり

第四条、第五条、第六条は、念仏するものの人間関係におけるあり方が説かれておりました。それ

に対して、第七条、第八条、第九条は念仏するもの自身の信心の歩みが語られております。

第七条は、「念仏者は無碍の一道なり」と説かれ、その内容として「信心の行者には、天神地祇も敬伏し、魔界外道も障碍することなし。罪悪も業報を感ずることあたわず、諸善もおよぶことなきゆえに、無碍の一道なりと云々」と語られました。真宗でいう現世利益は、『現世利益和讃』にありますように、念仏のひとを守ってくださる、真実信心を守ってくださるのであって、私の都合を守ってくださるのではないのです。私がどのような困った状況の中でも、どんな苦しい中でも、お念仏に帰らさせていただく。その念仏に帰ることで、信心をお守りいただいていることを感じるのが南無阿弥陀仏の現世利益なのです。

念仏はそうした現世利益をいただく道、「念仏者は無碍の一道」であるだけに、ひとつまちがいますと、自分はそういう念仏を称えておるのだ、私は無碍の一道である念仏を歩んでいるのだと、自分の申す念仏を握り締めて自慢することがおこるのです。

第一条には「しかれば本願を信ぜんには、他の善も要にあらず、念仏にまさるべき善なきゆえに」とありました。また『教行信証』の「行巻」の始めに、親鸞聖人は、念仏について、

大行とは、すなわち無碍光如来の名を称するなり。この行は、すなわちこれもろもろの善法を摂し、もろもろの徳本を具せり。

といわれます。

ここで、大行というのは、無碍光如来の名を称することで、称するとは名を称え名にかなうことで

すから、念仏のことです。その念仏は、「もろもろの善法を摂し」、すべての善がおさまっているし、さらに「もろもろの徳本を具せり」、すべての功徳をそなえているといわれる。つまり念仏は善なるものであり、徳なるものであるといわれているのです。

だから、第七条にありましたように、念仏者は無碍の一道であって、天神地祇も敬伏し、魔界外道も障碍することなく、罪悪も業報を感ぜず、諸善も及ばないのです。その意味で、すべての善をおさめ徳をそなえている念仏は、大行であり大善であるといえるのです。ところがその、大行大善の念仏を、私が修する私が行ずるとなると、そこに執着心が生まれます。執着心がつくと、どんなすばらしい行でも鼻持ちならないものになります。

人間は、どこかで自慢せずにはおれないのです。自分がダメでも子供がよくできるとそれとなく子供を自慢するでしょう。子供がだめなら、孫自慢をする。「要するに俺は偉いという意見」という川柳がありましたが、話のはしばしに自慢の心が入っている。それがわれわれの日常生活です。だから念仏が、善法徳本であり、無碍の一道であるといわれればいわれるほど、それに対する執着も出てきて、私は大行大善である念仏をしているのだと固執していくのです。現に、法然上人がおられた念仏教団の時にも、自力を励まして念仏を修し、その善根功徳を積んで往生しようとする人々も多くおられたのです。

考えてみると、自分の修した行に執着しなければならないのは、ほんものになっていないからでしょう。ほんものは、どこか無心である。だから自分がしたと威張る必要はない。そういうのがほんものでしょう。そうしますと、生涯を通してずっと無碍の一道に出遇い続けるには、私は無碍の一道である念仏をしているのだというような鼻持ちならぬ自慢、執着心がいつも否定されていかなければなりません。

それで、第八条は、

念仏は行者のために、非行非善なり。

といわれるのです。つまり念仏は大行大善であるからこそ「行者のために、非行非善」なのです。われわれが、行ずるとか善だといえば、その底に行や善ができるという慢心や執着心が入りますから、有心になります。念仏が大行とか大善というのは、無心であるからいえるのでしょう。念仏に私心がないから大行大善というのであって、有心つまり私心があったら、これはもう執着するだけですから、行にも善にもならないのでしょう。私心を離れるのが念仏であって、私心を離れるから無碍の一道なのです。私心があったら有碍ばかりです。私というものをひとつ立てたら、家族までも全部邪魔ものになっていくでしょう。最後には自分一人だったら気楽であったのになどと、まるで自分一人が家族の犠牲になったようなことをいう。しかし、家族があったおかげで元気を出して働くこともできたのです。だから、家族がいなかったら寂しいといい出すに決まっているのです。

新聞に「一人時間はつまらない」という投書がありました。

やっと夏休みが終わった。九月一日、子供たちが登校したとたん、窓から吹き込む風を冷たく感じた。今年の夏休み。小学校一年と三年のわんぱく盛りの子供を持つ私は、一日中怒鳴ってばかりいた。毎日の家事に加え、子供たちの下らないけんかの仲裁や宿題の監督、おまけにあの暑さ。しまいには、そこに子供がいるだけでいらいらするようになっていた。「早く休みが終わって一人でゆっくりする時間がほしい」と毎日思い、子供が寝るとほっとした。今秋の結婚十周年のお祝いは、一人気ままに過ごせる時間がほしいと、夫にまでぐちをこぼしていた。すると夫が「会社の人とキャンプをするんだけど、子供二人を連れていくから、ゆっくりするといいよ」。思いもかけない言葉。そして当日、夫と子供たちは出かけていった。「やった。自由な時間ができた。少し遅いけど、今日は私の夏休み」と、うれしい気分に浸れるはずだった。ところが、期待したほど楽しくない。気が抜けて何もする気になれない。結婚して初めて子供とも夫とも一緒に過ごさない時間がこんなにつまらないとは。いらいらしても、うるさくても、やっぱりにぎやかな方がいい。家族と離れて初めてそのことを知った。

大勢いればやかましい、一人でいればさみしい、有心はどっちに転んでも落ちつけないのでしょう。念仏は無心に触れる言葉でしょう。たとえば「おかげさま」というのは無心に触れたうなずきでしょう。ところが「おかげさまで」といいながら、無心でないことがある。「お元気ですか」と問われると、「おかげさまで」といいながら、すぐ自分の健康法を自慢げに話したりする。これはもう「おかげさま」ではないのです。「おかげさまで」といったら、私の力ではなかったみなさまのおかげであったというのですから、無心をあらわすのでしょう。だから「おかげさま」ということばはきれいで、尊いのです。われわれは、そうした無心の言葉まで有心で使うのです。私心で使うのが癖なのです。

本願は行にあらず善にあらず

無碍光寺さんの伝道掲示板に、「落ち葉はどこに落ちてもいい姿。分を尽くして涅槃する」と書いてありました。われわれは落ち場所が悪いと、これだけ苦労して一生懸命頑張ってきたのにこのおれをなんだと心得ているかなどといいますね。これだけ苦労して育てたのに、親をもの以下に扱うとは何事か、となる。どこに落ちてもいい姿というが、無心でなければどこに落ちてもぶざまな姿になる。完全燃焼して、力の限り咲き切ったからこそ、ぱっと落ちるときはどこへ落ちても、それで満足なのでしょう。

ところが、われわれはそうはいかない。それで、行動すれば行動したことに執着し、念仏すれば念仏することを自慢にする私たちに、念仏は分を尽くして涅槃する道だとはっきりさせなくてはなりません。

書店で、坂村真民さんの本が目にとまったので買ってきました。そこには、

山も遊んでいるのだ。
川も遊んでいるのだ。
大宇宙のものはすべて遊んでいるのだ。
だからあんなに美しいのだ。

と書いてありました。みんな遊んでいる。遊んでいるというのは無心ということです。おとなになると遊べなくなるのは、有心だからです。無心になるのが遊びです。時を忘れるでしょう。無心ということはほんとうにすばらしいことで、無心であればなにが来ようと、どこへ落とされようと、その落ちたところでほんとうに分を尽くして完全燃焼していけるのです。その完全燃焼せしめる力が念仏なのです。なぜ念仏が完全燃焼せしめるかというと、念仏はいつでも非行非善として私心を批判してくれるからです。せっかく念仏に遇いながら、その念仏をまた私有化したではないかと、こういうふうに念仏が私に問うてくる。私を限りなく、あらず、あらず、あらずと否定してくるのです。それで、念仏は大行、大善でありながら、いつでも行者のためには非行非善といわれるのです。

親鸞聖人は『末燈鈔』で、

『宝号経』にのたまわく、弥陀の本願は行にあらず、善にあらず、ただ仏名をたもつなり。名号はこれ、善なり、行なり。行というは、善をするについていうことばなり。本願はもとより仏の御約束とこころえぬるには、善にあらず、行にあらざるなり。かるがゆえに、他力ともうすなり。

といわれます。

「弥陀の本願は行にあらず、善にあらず、ただ仏名をたもつなり」といわれる。つまり弥陀の本願はわれわれに行ぜよ善をせよとはいわず、ただ仏名をたもつといわれる。それは、み名を称えて行ぜよ善をせよといえば、必ず有心になって、念仏することに自慢心がつくことを見抜いているからでしょう。だから、「名号はこれ、善なり、行なり」といわれながら、「行というは、善をするについていうことばなり」と、行というのは善いことをする修行の意味、つまり私心をはなれる行だといわれるのです。それで、「本願はもとより仏の御約束とこころえぬるには、善にあらず、行にあらざるなり。かるがゆえに、他力ともうすなり」と、念仏は仏の御約束であって、人間のはからいを超えているから善にあらず行にあらずであって、すべては他力であるといわれるのです。他力は自力に対する言葉ですから、そのへんをもう少し見ていきますと、『一念多念文意』に、

別解は、念仏をしながら、たりきをたのまぬなり。別というは、ひとつなることをふたつにわかちなすことばなり。……念仏をしながら自力にさとりなすなり。……また、助業をこのむもの、これすなわち自力をはげむひとなり。

といってあります。

つまり念仏をしながら他力をたのまぬ別解の人があるといわれる。読誦したり礼拝したりする効能によって浄土へ往生しようというのは、結局自力を励む人だといわれる。南無阿弥陀仏がすばらしいのは、他力だからでしょう。他力の念仏だから分別を離れて無心にさせるのでしょう。他力のみが無心にさせるのは、人間はみんな自力の有心であるからです。「誰か見ていてくれないかと缶拾う」という川柳がありました。缶一つ拾うも、誰かが見ていてくれないかなあと期待する心が入る。私がするのはもう私心に決まっている。その私のうえに無心が現れたら、それは仏の心がそのまま現れたからです。有心の私に無心の心が現れるのは、弥陀の本願に呼び覚まされたからです。弥陀の本願がとどいたからです。

だから、その有心を超えたところの南無阿弥陀仏を行者のためとして私が執着したら、それはもう南無阿弥陀仏ではなくなります。そういう一刻も私心を離れない私を明らかにするために、「念仏者は、無碍の一道なり」といいながら、わざわざもう一度「念仏は行者のために、非行非善」だといわなければならないのです。念仏は行者のために非行非善であればこそ、大行であり、大善なのです。南無阿弥陀仏は私を超えておるからそうなるのです。

無心がすばらしいのは、有心ではどうしても私自身が落ち着けないことがあるからでしょう。おもしろいもので、おれがやったといいたいのに、おれがやったといったのでは落ち着けないのです。ほんとうにおかげさまでといえたときにいちばん落ち着ける。私が欲したとおりに報われたら落ち着くようだけれども、報われたら、もっと報われていいのでないかと思うし、報われなければ、なんのために苦労したかわからないという形で、自分自身をみじめにしていかなくてはならない。行者のためにしようとする私心が出たら、よくなっても落ち着けないし、悪くなったらなおさら恨むことになる。どっちに転んでも不足なのです。やはり他力に帰して念仏する、すべてお任せだったというところではじめて落ち着くのです。無心に触れないかぎり落ち着かないのです。

それはまた、落ち着けない、不安だということでみんな無心を求めているといってもいいのです。どんなに迷っていても、迷っているということを感ずる。迷っていることを感じると落ちつく場所を求める。落ち着く場を求めても、私心から出発すると、やはり落ち着かないことを感ずる。その落ち着かないというところに、仏の心が突き刺さるのです。弥陀の本願の無心に触れてはじめて有心が知らされ、落ち着くべき所に落ち着くのです。だから「念仏は行者のために非行非善」といわれるのです。

はからいを越える念仏

それで、その次に、

わがはからいにて行ずるにあらざれば、非行という。わがはからいにてつくる善にもあらざれば、非善という。

といわれます。「はからい」というのは計算の「計」です。念仏というのは私の計算ではない。われわれは、計算をするのです。「人間はタダでは動かんものだ。タダで動くのは地震ぐらいのものだ」といった人があります。仮にタダで動いたら、自分はタダで動いたと誰かにいう。あの人にはこれだけのことをしてあげたというソロバンをいつまでも忘れずに持っている。それでソロバンが合わなかったら愚痴をいい恨みさえするのです。

その計算は日常生活はもちろん、日常生活を脱皮しようとする修行においてもあるし、そしてまた南無阿弥陀仏をするところにも、その根性がきちっと入っている。だから、せっかく南無阿弥陀仏の無心に遇ったことが、自慢の有心を強くしていくことになって、遇ったことまで無意味にしてしまうのです。そういうお念仏までも計算していく人間の根性を見るがゆえに、「わがはからいにて行ずるにあらざれば、非行という。わがはからいにてつくる善にもあらざれば、非善という」といわれるのです。わがはからいで念仏するのではない。はからいでつくる善でもない。そのはからいというのは、自分をよしとして自分の都合を中心に考える計算のこころです。こうして念仏は行者にとって非行であり非善であることを徹底して、無心へと帰らしめるのです。それで、親鸞聖人は南無阿弥陀仏あるいは南無阿弥陀仏の信心について、非という字をずいぶん多くつけて領解されます。それは南無阿弥陀仏の信心は、人間のはからいの中に入るものではないことを教えるのです。「信巻」には、「大信海を案ずれば」といわれて、

非行非善、非頓非漸、非定非散、非正観非邪観、非有念非無念、非尋常非臨終、非多念非一念、唯是不可思議・不可説・不可称信楽也。

(行にあらず・善にあらず、頓にあらず・漸にあらず、定にあらず・散にあらず、正観にあらず・邪観にあらず、有念にあらず・無念にあらず、尋常にあらず・臨終にあらず、多念にあらず・一念にあらず、ただこれ不可思議・不可説・不可称の信楽なり。)

と、十四も「非」の字をつけて、信心は、はからいを離れているといわれますが、それらの非は、はじめの「非行非善」に摂まるのでしょう。

人間が自分のはからいを立てたら、念仏するについても、有念か無念かを争い、尋常か臨終かにこだわって、一念で充分であるとか、多念でなければ往生できないとかいい続けていかなければならなくなるでしょう。だから「わがはからいにて行ずるにあらざれば、非行という。わがはからいにてつくる善にもあらざれば、非善という」といわれるのです。だいたい私どもが「何々のために」とはか

らうのが問題なのです。たとえば、あなたのためにといいますが、ほんとうにあなたのためなのでしょうか。それはあなたのためもあるだろうが、さらに延長していくと結局自分のためになっている。みんなのためにといっても、「のために」といったときには、やはりためにする自分のためがある。その自分はちょっとよそへ置くのです。

教育の現場では、よく「子どもたちのためにではなく、子どもたちとともに」といわれる。では「ともに」といえばいいのかというと、そうもいかないのです。「ともに」といったほうが「のために」というよりもよりためになると思っていえば、同じことです。自分のはからいが入れば、ほんとうに「ともに」ということにはならないのです。

だいたい人のためというのは、どこかおかしいのです。人の為と書くと偽りになるし、人為と書いても偽りになるのです。そこには、人の為といいながら、深く自分のためにしていこうというものがある。蓮如上人は、『蓮如上人御一代記聞書』に、

他宗には、親のため、また、何のため、なんどとて、念仏をつかうなり。聖人の御流には、弥陀をたのむが念仏なり。

といわれます。ためにしないのが念仏だと聞きながら、弥陀をたのむ念仏を自分のつかいものにする。念仏を自分の都合のよいようにつかいものにするかぎり、念仏が生き生きと自分に伝わりませんから、そこを否定しなくてはならない。しかし、自分では自分を否定できませんから、教えによって否定されるのでしょう。それで非というので、法は自分を立てる私には、いつでも非とはたらくのです。

だから、お念仏している人は、なかなかお念仏が申されませんとお念仏していくのでしょう。念仏しない人が念仏できませんというのはあたりまえのことです。けれども、南無阿弥陀仏をすればするほどなかなか南無阿弥陀仏一つがいただけません、ただ念仏になりません、こういうことで南無阿弥陀仏がいただかれていくのです。

一生称え続けていける念仏

第八条は、わずかな字数ですが非という字が六回もでています。それは、やはり最後まで非、非、あらず、あらずということばが私のうえに聞こえてこないと、ほんとうに生き生きした念仏がいただけないからでしょう。坂村真民さんは、

悲しみや苦しみの中から信仰が生まれてくるかもしれないが、
信仰の行き着くところは喜びである。
どんなに悲しいことがあっても、
どんなに苦しいことが起こっても、
それを喜びに変えていくのが
ほんとうの信仰であり、信心である。
どうして自分だけがこんなつらい目に遭うのであろう。
そういう心がいつもどこかにあって信仰している人があったら、

それはまだほんものでなく、

まだほんとうに仏さまの心がわかっていないのである。

といわれます。どうして自分だけがこんなつらい目に遭うのだろうか。そういう心がいつでもどこかにあって信仰している人があったら、それはまだほんものでなく、ほんとうに仏さまの心がわかっていないのだといわれる。それはどこかに、信仰をはからいでとらえ私有化するものがあるからでしょう。無碍の一道である念仏にふれながらも、なおそれを私するために、喜びを半減させている。そういう意味で非ということばは、信心の歩みのなかで聞きとらねばならぬ大事な意味をもっているのです。

念仏が行者のために非行非善でなければ、私は念仏していると腰を下ろす。腰を下ろせばそこで終わります。念仏は非行非善であるから、生涯念仏申せるのです。だから、因幡の源左さんがいったように「一口称えて足ったでなし、千口称えて足らんでなし」なのでしょう。念仏は人間の思いを超えているから、一声称えて足らないこともないが、しかし千回称えて足ったということでもない。一口の念仏が他力なら、千口の念仏も他力なのです。だから念仏に助けられるということは、一生称えていける一生聞いていける座が自分に与えられることでしょう。われわれは聞法することに休みたく、一服したくてたまらない。もうこれだけ聞いて、だいたい見当がついたのだから、もうよかろうといって腰を下ろしたいのです。そういう座を蹴立てるはたらきを持つのがお念仏なのです。だからいつでも非なのです。

蓮如上人は「聞けばいよいよかたく」といわれましたが、聞けばいよいよ聞いていかなくてはならないようになっていくのが、聞こえたということでしょう。聞いてわかって一休みするようなものなら、完全燃焼ではない。燃焼というのは、この肉体のあるかぎり燃え続けていくということです。それがさきほどの伝道掲示板の「分を尽くして涅槃する」ということでしょう。涅槃するというのは、完全燃焼していけるということです。有心であれば、どれほど理知がすぐれていても、事が起これば迷いだすのが人間です。いかに冷静な人でも、ガン検診で自分にガンが発見されたらいっきに崩れ出す。「お守りを医者にもつけたい手術前」という句がありましたが、なにもかも踏まえて落ち着いた人でも、子どもが重い病にかかったり事故に遭ったりしたら迷い出します。そんな思わぬ事が二、三回続けばあちこちへ相談に行って、あげくの果ては占い師にみてもらいにいくということになっていくのです。そしてお祓いをしてもらったり、急にお供養をお願いしたりする。もう迷い出すときりがない。あそこがいいといわれてはあそこへ行く、ここがいいといわれてここへ行く、そうしてずっと迷い続けていくのです。

ほんとうの救いはそんな自分の思うようになることではなくて、どんな中にも落ちていけるということでしょう。掲示板のことばでいえば、どこへ落ちてもいいといえる世界が開けることです。それが救いなのであって、あそこでなくてはならないというのは救いではない。あそこでなくてはならないという場所は、そのときそのときの状況で変わっていきます。どこへ落ちてもいいといえるには、永遠に非と教えられることしかないのです。だから弥陀の本願は、いつも「おまえ、間違ってはいないか」と叫んでいるのです。非行非善の南無阿弥陀仏は、いつでもどこでも人間の機嫌を取らないのです。お寺の世話をよくしたからいいことが起こるとか、いいところへ行くとかいわない。自分の根性に合うようには、答えてくれないのです。それがまたありがたいのです。

そういうことからいえば、法は道理ですからきわめて単純明快です。第六条でいいましたように、念仏は、「大小の聖人・重軽の悪人、みな同じく斉しく選択の大宝海に帰して、念仏成仏すべし」という法です。念仏は、漢字でいうと、どの人にとっても皆同斉の法です。それを、聖人の念仏と悪人の念仏を区別し、自分の念仏と他人の念仏を比較してしまう。だからいつでも非ず非ずと、こう教えられないかぎり、皆な同じく斉しくという念仏へ帰っていけないのです。南無阿弥陀仏が厄介なのではない。南無阿弥陀仏を称なえる私が厄介なのです。はからいでがんじがらめになっている人間が複雑なのです。

その複雑なのが自分であったとはっきりすると、ああ、要らないはからいを握っていたとわかる。要らないものをつかもうとしていた。そのつかもうとする心そのものが問題であったとわかれば、そのままここに生かされて生きていたことに気がつくのです。はからいに立つ人生観でいえば、上りがあれば必ず下りもあります。力を信頼して上れば、あるところまで上ったらあとは落ちるしかないでしょう。体力であろうと、学力であろうと、能力であろうと、気力であろうと、あるところまで登ったら、そこで寿命が尽きないかぎり、あとはみな落ちてきます。急上昇した人の頂点に長居しようとする画策と、それでも降下せざるを得ない悲哀は大変なものです。その画策と悲哀は、自分の思いに執着している非なるものと教えられて、はからいが否定されれば、そのことをご縁にして完全燃焼していける。念仏はそういう人生を賜るのです。ここへ落ちたらダメだとはからっていると、いよいよダメになる。どこへ落ちてもいいという人生は、そこがご縁で分を尽くして涅槃していけるです。

本願による人間のはからいの絶対否定

人生の夕暮れ時を、夕闇にするのか夕映えにするのか、この違いが大事でしょう。われわれは、いい年齢まで来たから、もうこれからは下り坂になるだけだと、暗い顔をしてみな夕闇にするのです。自分の考えで力を頼りに生きると、長生きすればみな劣っていくよりほかない人生しか見えないのです。いかに努力しようとも滅びへの人生でしかない。もうどこへ行きたいという気力もなくなったといわれる。そこまではよろしいのでしょう。ところが、その後で気力がなくったから駄目だという。その駄目だというのは自分のはからいでしょう。

年取ると気力がなくなっていくものですとそのまま認めれば、それはそれでまた生きていける。それを気力がなくなったのでもう駄目ですというのは、自分のはからい、解釈です。そのはからいが南無阿弥陀仏によっていつでも非、非と教えられることで、どこまで行けるかわかりませんが、終わったところが完全燃焼のところだといえる人生を送らせてもらう。そのためにはどうあっても非と教えられなくてはならないのでしょう。つまり、「わがはからいにて行ずるにあらざれば、非行という。わがはからいにてつくる善にもあらざれば、非善という」と教えられる念仏に遇って、はじめてわれわれは完全燃焼していけるのでしょう。それに遇わなければ、ほんとうに空しい人生になるのでしょう。

照り柿ということばがあります。柿が太陽に照らされて熟し、なんともいえない赤みを帯びて自然の光沢がでる。人間の分別に立つなら、どうしても暗やみへ突入していく人生ですが、南無阿弥陀仏の光に遇うと、いつでも非、非と教えられて、光沢のある人生を賜るのです。

それで次に、

ひとえに他力にして、自力をはなれたるゆえに、行者のためには非行非善なりと云々

といわれます。「ひとえに他力にして」という他力は、如来の本願力です。私のようなものが念仏できるのは、非、非、非と叫び続ける他力、ひとえに本願の力によるのです。念仏するということは他力なのです。念仏することが他力なのです。南無阿弥陀仏ということばはたしかに私の口から出たが、出させるもとは、私にはない。念仏は私からは生まれてこないのです。

たとえば食べるというような能力は、親からもらったものだといってもよいでしょう。けれども南無阿弥陀仏ということばは、誰かに教えられ誰かが称えていたのを聞かなければ出てこないでしょう。南無阿弥陀仏ということばが自分の口から出るのは、少なくとも親が称えていた、あるいは隣の人が称えていた、おじいさんが称えていた、おばあさんが称えていたということがあったからでしょう。戦地で爆弾が落ちてきたときは思わずお念仏がでたとか、おばあさんが亡くなったときだけは南無阿弥陀仏と称えたとかいっても、それもどこかで聞いたから称えられたのでしょう。歴史を通して南無

阿弥陀仏が伝わってきたから、南無阿弥陀仏ということばが出るのです。

その歴史上の人を諸仏といいますが、その諸仏の歴史をさかのぼると、親鸞聖人が出てきます。もっとさかのぼれば、七高僧が出てきて、さらにさかのぼれば釈尊まで行きます。釈尊までさかのぼれば、南無阿弥陀仏が釈尊に南無阿弥陀仏せしめたことになります。南無阿弥陀仏と私に称えさせたもとは、どうみても南無阿弥陀仏です。

「ひとえに他力にして、自力をはなれたるゆえに」とは、そういう弥陀をたのむ南無阿弥陀仏の一念をいうのでしょう。南無阿弥陀仏と弥陀をたのむ一念が口に出れば、出たもとは、南無阿弥陀仏自身のはたらきによるのです。南無阿弥陀仏は称名です。称はかなうという。はかるという。はかるというのは非とはかるのです。自分の能力で称えたというはかりはまちがっていたとはかる。はかられると、なるほどまちがっておりましたと教えられて南無阿弥陀仏にかなう。それが称という意味です。南無阿弥陀仏は私の行ではない、まして私の善ではないと、こうはかられて、あ、南無阿弥陀仏でしたねと、南無阿弥陀仏に帰る。帰ったところに完全燃焼していく世界を賜る。私が称えた、私が喜べた、私は聞けるようになったという、その私心がいつも知らされて生涯称名し生涯聞法していくこととなる。念仏は「ひとえに他力にして、自力をはなれたるゆえに」称名の停滞や聞法の疲れを徹底して照破しつくすのです。だから生涯称名し生涯聞法するのはいつも初心です。いつでも初一念です。

南無阿弥陀仏は「ひとえに他力にして、自力をはなれたるゆえに」初一念を成就し、その初一念を相続させていくのです。だから聞くこともいつ聞いても初事、初事なのです。『蓮如上人御一代記聞

書』には、

ひとつことを聞きて、いつも、めずらしく、初めたる様に、信のうえには、有るべきなり。ただ珍しき事を聞き度く思うなり。一事を、幾度聴聞申すとも、めずらしく、はじめたるようにあるべきなり。

道宗は、「ただ、一つ御詞を、いつも聴聞申すが、初めたるように、有難き」由、申され候う。

といわれています。南無阿弥陀仏の法は、「ひとえに他力にして、自力をはなれたるゆえに」初事と聞こえて、いつも新鮮なのです。

そこでもう一度第八条を読んで見ます。

念仏は行者のために、非行非善なり。わがはからいにて行ずるにあらざれば、非行という。わがはからいにてつくる善にもあらざれば、非善という。ひとえに他力にして、自力をはなれたるゆえに、行者のためには非行非善なりと云々

こうして行者のために非行非善である南無阿弥陀仏において、はからいの執心の深さが教えられ、ひとえに他力である南無阿弥陀仏の初一念が、いつも生き生きと相続されると教えられるのが第八条なのです。

第九条　念仏もうしそうらえども

（原　文）

一　「念仏もうしそうらえども、踊躍歓喜（ゆやくかんぎ）のこころおろそかにそうろうこと、またいそぎ浄土へまいりたきこころのそうらわぬは、いかにとそうろうべきことにてそうろうやらん」と、もうしいれてそうらいしかば、「親鸞もこの不審ありつるに、唯円房（ゆいえんぼう）おなじこころにてありけり。よくよく案じみれば、天におどり地におどるほどによろこぶべきことを、よろこばぬにて、いよいよ往生は一定（いちじょう）とおもいたまうべきなり。よろこぶべきこころをおさえて、よろこばせざるは、煩悩（ぼんのう）の所為（しょい）なり。しかるに仏かねてしろしめして、煩悩具足（ぼんのうぐそく）の凡夫（ぼんぶ）とおおせられたることなれば、他力の悲願（ひがん）は、かくのごときのわれらがためなりけりとしられて、いよいよたのもしくおぼゆるなり。また浄土へいそぎまいりたきこころのなくて、いささか所労（しょろう）のこともあれば、死なんずるやらんとこころぼそくおぼゆることも煩悩の所為（しょい）なり。久遠劫（くおんごう）よりいままで流転（るてん）せる苦悩の旧里（きゅうり）はすてがたく、いまだうまれざる安養（あんにょう）の浄土はこいしからずそうろうこと、まことに、よくよく煩悩の興盛（こうじょう）にそうろうにこそ。なごりおしくおもえども、娑婆（しゃば）の縁つきて、ちからなくしておわるときに、かの土へはまいるべきなり。いそぎまいりたきこころなきものを、ことにあわれみたまうなり。これにつけてこそ、いよいよ大悲大願はたのもしく、往生は決定（けつじょう）と存じそうらえ。踊躍歓喜（ゆやくかんぎ）のこころもあり、いそぎ浄土へもまいりたくそうらわんには、煩悩のなきやらんと、あやしくそうらいなまし」と云々

（現代語訳）

「念仏しておりましても、踊りあがるような喜びもうすれていますし、また、はやく浄土へまいりたい心もおこりませんが、どうしたらよいでしょうか」とお尋ねしましたら、「親鸞も、その疑問があったのですが、唯円房も同じ心だったのですね。よくよく考えると、天におどり地におどるほど喜ぶはずのことが喜べないからこそ、ますます往生は間違いないと思うのです。喜ぶべき心をおさえて喜ばせないのは、煩悩のしわざです。ところが阿弥陀仏は、すべて見ぬかれて、煩悩のかたまりである凡夫と呼びかけておられるのですから、阿弥陀仏の他力の大悲の本願は、このようなわれわれを救うためにこそおこされたのであったと気づかされて、ますますたのもしく思われるのです。

　またはやく浄土へまいりたいという心もなく、少しでも病気になると、死ぬのではないかと心細く思うのも煩悩のしわざです。遠い昔から今日まで、さまよい続けてきた苦悩に満ちた故郷はすてがたく、まだ生まれたことのない安らぎの阿弥陀仏の浄土に心がひかれないのは、まことに、よくよく煩悩がはげしいからでしょう。

　どれほど名残おしいと思っても、この世の縁がつきて力およばず命終わるときに、阿弥陀仏の浄土へまいれるのです。はやく浄土へまいりたい心のないものを、阿弥陀仏はことのほかあわれんでくだ

さるのです。そうであるからこそ、大慈悲の心でおこされた大願はますますたのもしく、往生は決定していると思います。

踊りあがるような喜びがあり、はやく浄土へまいりたいというのは、それこそ煩悩がないのであろうかと、かえって疑わしく思われます」と、親鸞聖人からお聞きしました。

踊躍歓喜のこころおろそかにそうろう

第七条で、「念仏者は無碍の一道なり」とうなずかれた。その無碍の一道の内容は、自分は念仏者だと威張ったり、自慢をしたりするのではなくて、私を縛るのは内なる碍であると知らされて、外にあるすべての事柄から解放されることでした。それを徹底するために、第八条では「念仏は行者のために、非行非善なり」といわれた。

第九条は、それを踏まえて、

「念仏もうしそうらえども、踊躍歓喜のこころおろそかにそうろうこと、またいそぎ浄土へまいりたきこころのそうらわぬは、いかにとそうろうべきことにてそうろうやらん」と、もうしいれてそうらいしかば、「親鸞もこの不審ありつるに、唯円房おなじこころにてありけり。」

という唯円大徳の問いと、親鸞聖人の答えから始まります。

第二条でいいましたように、『歎異抄』の前半の十条は、師訓十条といわれる親鸞語録です。だから前半の各条の終わりには「と云々」あるいは「とおおせそうらいき」ということばがついています。

その中で問答といいますか、対話が置かれているところが二か所あります。その一つは第二条で、「おのおの十余か国のさかいをこえて、身命をかえりみずして、たずねきたらしめたまう御こころざし、ひとえに往生極楽のみちをといきかんがためなり」とありました。そのあと、第三条から第八条まで続いて、この第九条の対話となり、そして第十条が、『念仏には無義をもって義とす。不可称不可説不可思議のゆえに』とおおせそうらいき」で、語録が終わるのです。

第一条は、親鸞聖人の念仏の信心の総説ともいうべきもので、それは「弥陀の誓願不思議にたすけられまいらせて、往生をばとぐるなりと信じて念仏もうさんとおもいたつこころのおこるとき、すなわち摂取不捨の利益にあずけしめたまうなり」と、一句一息に凝縮されて、明らかにされています。そうして第十条は、「念仏には無義をもって義とす」というのですから、いわゆる結び、結語になっています。第一条の総説、信心の告白の全体をうけて、その内容を具体的に展開する第二条に対話が置かれ、そして結語に至る直前、第九条にもう一度対話が置かれている。このように前半の十条では二か所に対話が置かれているのです。

つまり信心の内容は、対話でないとより明確にならない部分があるのです。信心は師と弟子との激しい切り結び、出遇いに賜るのでしょう。ほんとうに如来の信心を賜っているのかと、師の生き方にまでなっている教えに出遇って、やはりそうであった、念仏よりほかになかったとうなずいていくのです。そしてまた念仏の信心が伝達されていくのも、そうした出遇いのうなずきなのです。それで信心を確かめるときに、対話は必然するものなのです。

それで、『歎異抄』では、大事なところに対話が置かれています。そしてその置かれている位置と内容を見ますと、第二条の対話をした人が第九条でもう一度対話していることがわかります。第九条には唯円という名が出ていますが、第二条にはその名がありません。けれど、「おのおの十余か国のさかいを」こえて京都へきた人々の中に唯円大徳がおられたに違いありません。第九条では唯円大徳が「念仏もうしそうらえども」といっているところからはじまるのですが、同じ唯円大徳がかつて若いころに往生極楽の道を確かめられたのが第二条でしょう。唯円大徳から確かめられて親鸞聖人は、第二条で「親鸞におきては、ただ念仏して、弥陀にたすけられまいらすべしと、よきひとのおおせをかぶりて、信ずるほかに別の子細なきなり」といわれた。そして、念仏は浄土へ生まれるたねか地獄におちる業か、それは存知しない。ただ「たとい、法然聖人にすかされまいらせて、念仏して地獄におちたりとも、さらに後悔すべからずそうろう」、こうおっしゃって、「弥陀の本願まことにおわしまさば、釈尊の説教」、「善導の御釈」、「法然のおおせ」、「親鸞がもうすむね、またもって、むなしかるべからずそうろうか」、「愚身の信心におきてはかくのごとし。このうえは、念仏をとりて信じたてまつらんとも、またすてんとも、面々の御はからいなりと」、こうきっちりといい切られたのです。いい切られてはじめて唯円大徳は、そうだった、ただ念仏であった、ただ念仏の信心であったとうなずいて関東へ帰っていった。

うなずいて帰っていく唯円大徳には、もう先生にたよる必要はなかったのでしょう。わかったのだから、当然独立するのです。独り立ちして関東に帰られ、ご縁のある人々に、いろいろな疑問を持って京都まで出かけて親鸞聖人にひざ詰めでお尋ねしたけれども、やはり「ただ念仏」でありましたと、教えられた内容を感動を持って伝えていかれたのでしょう。それで、唯円大徳にもたくさんお弟子ができていたのだろうと思います。

ところがそうして信心の踊躍歓喜を人にもお伝えをしていた自分が、いつの間にか信心歓喜のこころがおろそかになってきた。それでもう一度京都へ上って親鸞聖人に遇わなくてはならないようになってきた。そのときの対話が第九条なのです。だから第二条があっての第九条で、これが大事なことです。

それで、第九条は「念仏もうしそうらえども」とはじまるように、これは念仏申したところから出てきた問題です。念仏を申さないで出た問題ではない。念仏を申してその念仏に喜んだところからはじまっているのが第九条です。なぜそんなことを丁寧にいうかというと、「念仏もうしそうらえども、踊躍歓喜のこころおろそかにそうろうこと、またいそぎ浄土へまいりたきこころのそうらわぬは、いかにとそうろうべきことにてそうろうやらん」と、もうしいれてそうらいしかば、「親鸞もこの不審ありつるに、唯円房おなじこころにてありけり」とあるから、親鸞聖人でもお念仏を喜べなかったのだ。親鸞聖人でさえ浄土へまいりたいという心があまりなかったといっておられるのだから、自分のようなものは、踊躍歓喜も浄土へまいりたきこころもなくてあたりまえでないか。こういうふうに、親鸞聖人の不審のことばを、自分が喜べないお浄土へ参りたいと思わないことの弁護として読むことがあるからです。

よく読めばそのようなことは書いてない。「念仏もうしそうらえども、踊躍歓喜のこころおろそか」というのですから、喜びはあったのです。だから一度も念仏申して喜んだことのない人が、親鸞聖人も喜べないといっておられるのだから自分と同じだなどというのはもってのほかです。それは自分の信心の決断がはっきりしていないのに、たまたま自分に読んでわかるような文章があったから、それを自分流に受け取って、自分が喜べないことの理由づけにしているだけです。

これによくにた例を挙げますと、これも有名なことばですが、『教行信証』の「信巻」の真の仏弟子釈のあとに、こういうことばがあります。

誠に知りぬ。悲しきかな、愚禿鸞、愛欲の広海に沈没し、名利の太山に迷惑して、定聚の数に入ることを喜ばず、真証の証に近づくことを快しまざることを、恥ずべし、傷むべし、と。

これも、親鸞聖人も愛欲の煩悩の広海に沈没していたのだ。世間の名声や利益の山に迷惑していたのだ。だからわれわれのようなものが愛欲にどっぷりつかり、名利に目を向けこころをうばわれていくのは当然のことだと考える。しかし、よく読むと「定聚の数に入ることを喜ばず、真証の証に近づくことを快しまざることを」といっているのですから、定聚の数、つまり往生が正しく定まり必ずさとりをひらくともがらに入っていない、真証の証に近づかないといっているのではありません。

往生の仲間に入っているにもかかわらず喜べない、真証の証に一歩一歩近づきつつあるにもかかわらず快しめないと、念仏に遇った信心の生活を恥じいっておられるのです。だから、これも自分の思わくを肯定するための弁護に使ったのでは意味が通りません。第九条も、この悲しきかなの文章も、念仏に踊躍歓喜し浄土を願った聖人が、さらに道を求める歩みの中で行き当たった問題なのです。まずそこをはっきりしておかないと、第九条の全部を読みまちがえてしまいます。

感謝できない自分が見えてくる

第二条の対話の内容を一言でいえば、南無阿弥陀仏ひとつということがはっきりした、「ただ念仏」と信知したということです。

あるお寺の寺報を見ておりましたら、

どのような不幸を吸っても
吐く息は感謝でありますように
すべては恵みの呼吸ですから

という詩が掲載されていました。おそらくこの作者は念仏ひとつということがわかったのでしょう。第二条では「親鸞におきては、ただ念仏して、弥陀にたすけられまいらすべしと、よきひとのおおせをかぶりて、信ずるほかに別の子細なきなり」とありました。しかもその内容は、「たとい、法然聖人にすかされまいらせて、念仏して地獄におちたりとも、さらに後悔すべからずそうろう」というのですから、いい換えれば、どのような地獄にあってもそこが極楽といただけますようにということでしょう。「ただ念仏」というようなずきは、すべては如来の恵みの中ですからと、すべてを頂戴した心に違いありません。

どのような所にあっても、すべて感謝できる身でありたい。ひとたびは、そうでありました。それで、ひとり立ちして念仏を喜んだのです。ところが「吐く息は感謝でありますように」と、こう念じているところに、感謝できない自分が見えてくる。ありがたかったとうなずいたけれども、毎日感謝とばかりはいっておられない。恵みの呼吸であることを忘れるのです。忘れはしても事実は恵みの呼吸ですから、またすぐ恵みへ帰れる。感謝は、人と人、社会と社会の架け橋です。しかし感謝が救いではありません。信心歓喜ですから、信心は歓喜をともないますが、歓喜は必ずしも信心ではないのでしょう。むしろ歓喜できない感謝できない心をご縁にして、もう一度「すべては恵みの呼吸ですから」と再教育されていく聞法が救いなのでしょう。

一度わかったらそれで終わりなのではなくて、わかったところから聞いていけるのが南無阿弥陀仏の教えです。わかったのは入門なのです。ほんとうに仏法に助かったかどうかは、死ぬまで聞法の座にすわれるかどうかということです。もう嫌だ、あきた、休みたい。そういう根性の中に、それでもやはり聞いていかなくてはならない。念仏に遇うと、聞くことを抜いたら私の一生はまた無駄骨に終わるということがあって、聞けるところに身を置いていけるのです。

自動車の免許のように、一度受かったら、あとは更新だけですむというわけにはいかない。免許の更新でも適性検査は受けなくてはならない。違反をすれば、講習を受けなければならない。南無阿弥陀仏の教えは、そうかとわかったところが出発点で、それからはこれでいいのかと、問い直しながら歩んでいくことになる。その歩みの中で、初めはあれほど喜んだのに、それほど喜べなくなってきたのです。「念仏もうしそうらえども、踊躍歓喜のこころおろそか」というのですから、初めは「天におどり地におどる」ような喜びがあったのです。なければ、おろそかとはいわない。けれど、そのあった喜びがいつの間にやらおろそかになってきたのです。

そして、南無阿弥陀仏にふれて信心歓喜したときには、いつどこで死んでもよいと思っていたけれども、いつの間にか長生きもしてみたいと思うようになった。それが「またいそぎ浄土へまいりたきこころのそうらわぬは」ということでしょう。すべては恵みの呼吸だとわかった。だからいつ死んでもいい。命あるものはかならず終わるのであって、私の思いで縮めたり伸ばしたりできるものでないことは、だれでも了解している。それはそうだけれど、まあそう慌てなくてもよい。いや、できたらもう少し長寿がよいという心が出てきますから、さてどんなものだろうかと唯円大徳も相当思案しておられたのでしょう。

そのあたりのことをお尋ねするために、また十余か国のさかいを越えてもう一度京都へ上り親鸞聖人にお目にかかりたい。しかし、以前にお尋ねしたときは全部わかりましたといって、喜び勇んで関東へ帰ったから、いまになってそんな相談をしたら、ひどくしかられるかもわからない。師匠は自分以上に自分を見通す人だから怖いので、できれば相談に行きたくない。行きたくないけれども、行かなければ解決しないことがおこったのです。ただ念仏の道は、そういう師匠との対話を通して相続されていくのです。

親鸞もこの不審ありつるに

それで唯円大徳は、踊躍歓喜おろそかであることと、いそぎ浄土へまいりたきこころのないことを、聞き正さずにはいられないということで、再度京都まで出かけられて問うたのです。そうしたら、親鸞聖人は、

親鸞もこの不審ありつるに、唯円房おなじこころにてありけり。

といわれたのです。親鸞聖人は「親鸞も」と、自分に「も」の字をつけて、しかも実名の名告りをさきにしていわれます。私たちもときどき「自分も」といういい方をしますが、実名は使いません。そして、あなたもそうか私もそうだと、あなたをさきにして自分は代名詞で私をあとにする。自分にとって都合の悪いところをいう時は特にそうです。いいところは逆に、自分もそうだが、あなたもそうかと自分をさきにしていう。そこが同朋として仏道を歩む親鸞聖人のすごいところです。喜べないということは普通でいえば師匠としていうまじきことです。それを親鸞もと、実名の自分がさきに出る。これは仏法をいただいた人といただかない人の違いでしょう。われわれは、都合の悪いときに、「いや、それは私の問題だ」とさきにいえないのです。

そして、「親鸞もこの不審ありつる」という「つる」は、完了の助動詞だそうですから、たびたび「この不審」があったといっておられるのでしょう。それから、「唯円房おなじこころにてありけり」の「けり」は、いままで知らなかった事実にはじめて気がついて、しみじみとしている気もちを表すのに用いる助動詞だそうです。それではっきりします。気がつかなったけれども、唯円大徳、あなた

が問うてくれたおかげで私もずっと持っていた「この不審」の原因が明瞭になりましたといわれたのです。

そして、親鸞聖人は、

よくよく案じみれば、天におどり地におどるほどによろこぶべきことを、よろこばぬにて、いよいよ往生は一定とおもいたまうべきなり。

といわれたというのです。「よくよく案じみれば」というのは、踊躍歓喜のこころがおろそかであることを案じるのです。その踊躍歓喜のこころがおろそかであることをよくよく案じてみれば、「天におどり地におどるほどによろこぶべきことを、よろこばぬにて、いよいよ往生は一定とおもいたまうべきなり」といわれる。

つまり第八条で、「念仏は、行者のために、非行非善なり」と教えられて「ひとえに他力にして、自力をはなれたる」心境が開けたのは、人間の思いを越えた喜びでしょう。「すべては恵みの呼吸ですから」というのは、なんでもないことのようですけれども、容易に気がつかないのです。仏さまの教えを聞き抜かないと、わからないことです。生かされて生きているというのは、ことばでは簡単です。しかし、そうだとうなずくには、それこそ聞いて聞いて聞き抜いて、仏さまの力が加わらないとできないことです。それだけに、仏力によってすべては恵みの呼吸と感動するこころを念仏一つに賜わるのですから、それは望外の喜びなのです。望外の喜びといっても、なにかものをもらったときのような喜びではありません。こんな自我いっぱいの私が、よくこれで生きておれたな、生かされておったなという深い喜びです。南無と頭の下がった喜びです。

東井義雄先生に、こういう詩があります。

目が覚めてみたら、生きていた。
死なずに生きていた。
生きるための一切の努力を投げ捨てて、
眠りこけていた私であったのに、目が覚めてみたら、生きていた。
劫初以来一度もなかった
真っさらな朝のど真ん中に生きていた。
いや、生かされていた。

この「生きていた。いや、生かされていた」という喜びは、南無阿弥陀仏に遇ったものが感ずる喜びでしょう。「天におどり地におどるほどによろこぶべきことを、よろこば」ぬ身であっても、生かされているのです。つまり、どんな不幸があっても、感謝でありますようにと私が思うわけにはいかないが、そう思わしめられる道が見つかったのです。だから、「往生は一定とおもいたまうべきなり」といわれるのでしょう。喜べないことがご縁で、いよいよ喜ばせてもらわずにはおれない教えに遇うのが南無阿弥陀仏の道だというのです。

それで、

よろこぶべきこころをおさえて、よろこばせざるは、煩悩の所為なり。

といわれるのです。煩悩の所為だというのは、煩悩がだめだというのではありません。真宗は『正信偈』にありますように、「不断煩悩得涅槃」です。煩悩の身のままに涅槃、つまりさとりをいただくのです。煩悩を断じなければ涅槃しないというのなら、みんな失格です。生きているということと煩悩があるということとはいっしょです。煩悩のない人間がいますか。命のあるかぎりは煩悩がなくなることはないのです。

だから煩悩がなくならなければ覚れないというのは夢です。しかし煩悩そのままだったらなおたいへんです。それで、煩悩だと見える、煩悩と気づくことが大事なのです。気づけばひっくり返るのです。つまり、恵みの呼吸であるにもかかわらず、不幸の空気は嫌、幸福の空気が好きだといっている私の煩悩の誤りに気がつけば、懺悔を通して感謝のこころがでてくるでしょう。念仏は、煩悩をなくすことではなくて、煩悩が喜ぶこころをおさえていたと気づかせてもらうことなのです。

南無阿弥陀仏の信心は、『正信偈』に「貪愛瞋憎之雲霧、雲霧之下明無闇」とあるように、闇ではないのです。闇は晴れる、けれど煩悩の雲霧は出るというのです。煩悩の雲や霧は出るけれども闇ではない。闇ではないというのは、貪愛瞋憎の雲霧、つまり煩悩と気づくということでしょう。煩悩だとわかれば、もうそれは闇ではない。だから信心をいただくと、雲霧が見えるのです。南無阿弥陀仏の教えに遇えば煩悩だと気づかせてもらえる。仏の眼ざしでみんな煩悩の所為だと気づかせてもらうのです。

曾我量深先生は、真宗は人のふり見てわがふり直せというのでなくて、人のふり見てわがふり気づけというのだといわれたそうです。わがふりを直せると思うと、人を責めます。しかし、わがふりに気づくというのなら、人の煩悩の姿から、あの人も御苦労さんだ、たいへんだと、人のふりがわが身の煩悩を知るご縁といただくことができる。煩悩をなくすのではない、煩悩と気づく内容を「煩悩の所為なり」というのです。

仏かねてしろしめして

そして、その煩悩の所為とは、すでに仏のお見通しのことであったから、

しかるに仏かねてしろしめして、煩悩具足の凡夫とおおせられたることなれば、他力の悲願は、かくのごときのわれらがためなりけりとしられて、いよいよたのもしくおぼゆるなり。

といわれるのです。よく考えてみたら、とっくの昔に仏さまが煩悩具足の凡夫というておられたのです。煩悩もあるというようなものでない、煩悩具足の凡夫というのです。煩悩だけは十二分に持っているのが凡夫だと、仏がおおせられている。そのことにも気がつかずに、煩悩が修正できると思っていた。いや、うまくいけば煩悩をなくせるとさえ思っていた。その私は、煩悩具足としろしめす仏の眼に背を向けて遠ざかっていたのではなかったか。煩悩具足の凡夫とおおせられたる仏のことばを、まことに聞いていなかった自分だといただき直すのです。

だから、念仏一つで救うという阿弥陀仏の願い、南無と頭が下がって阿弥陀の無量の呼吸の中にあったことに気づけという他力の悲願は、まさしく「かくのごときのわれらがためなりけりとしられ

て、いよいよたのもしくおぼゆるなり」です。

この「われら」ということばも親鸞聖人の大事な表現なのです。われわれとわれと、その二つが一つになって「われら」です。その「ら」のところに、私に責任があるけれども、すべての人もまた「ら」のところにいただいている。けっして自分と社会を二つに分けて見ておられない。自と他というものを分けて見ておられない。われのうえにわれわれを見ておられる。われわれの中にまたわれを見ておられる。それはあなたの問題であってわたしには関係のないことだといわれないのです。いつでもわが身のうえに人のふりを見ておられる。人のふりのうえにわがふりが教えられている。そういう内容が「われら」でしょう。「他力の悲願は、かくのごときのわれらがためなりけりとしられて、いよいよたのもしくおぼゆる」からこそ、「ただ念仏して、弥陀にたすけられまいらすべし」と立ち帰っていけるのでしょう。

次にもう一つの問題が出てきます。

また浄土へいそぎまいりたきこころのなくて、いささか所労のこともあれば、死なんずるやらんとこころぼそくおぼゆることも、煩悩の所為なり。

といわれる。「よろこぶべきこころをおさえて、よろこばせざる」のも煩悩の所為、「いささか所労のこともあれば、死なんずるやらんとこころぼそくおぼゆることも」煩悩の所為。「煩悩の所為」ということが二回出ます。みんな煩悩のなせるわざだといわれる。「また浄土へいそぎまいりたきこころのなくて」、いそぎというのはいまということです。浄土へいま参りたいというこころがなくて、「いささか所労のこともあれば」、ちょっと病気や疲れが出てくると、「死なんずるやらんとこころぼそくおぼゆる」、間もなく命終わるのではないかと思う。死ぬのは生まれたときに決まっていたにもかかわらず、年寄って先が短くなってくると死ぬのではないかと思う。しかし、「死なんずるやらんとこころぼそくおぼゆる」のも煩悩の所為だといわれる。それで、

久遠劫よりいままで流転せる苦悩の旧里はすてがたく、いまだうまれざる安養の浄土はこいしからずそうろうこと、まことに、よくよく煩悩の興盛にそうろうにこそ。

といわれます。「久遠劫よりいままで流転せる苦悩の旧里はすてがたく」、いま私たちがここにこうしている世界を苦悩の旧里といってあります。苦悩する場所であるにもかかわらずすてがたく、「安養の浄土」はこいしからずというのです。安養の浄土、これは『正信偈』に「至安養界証妙果」とある安養界です。ほんとうに安んずる心が養われ身がはぐくまれていくところ、それが浄土です。われわれが生きている世界は、心身共に安んずるところでない。これが片づけば安心だといっているうちにちゃんと次がまた出てくる。それにもかかわらず、早く浄土へ参りたいというような心が起こらないのです。「まことに、よくよく煩悩の興盛」、よくよく煩悩が強く盛んであるといわれます。

正親含英先生は、流転する苦悩の旧里と浄土への願生を、こんなふうにいっておられます。

あればあって、憂い、なければ、あらばと悩む。親子、夫婦、財宝、あるにつけ、なきにつけ、さくべからざる憂悲苦悩でありましょう。四苦八苦であります。またよいと思うこともかならずしも行うことはできず、悪いと思うてもなさずに済まず、よいと思うてすることが周囲に対して

よいか悪いかさえわからず、かえって悪い結果になってくる。それをいかにしたらいいのであろう。小さい事件でも、みんなに心から満足してもらえぬ。どこかに無理をして、だれかにしのんでもらわねばならぬ事実。それをどうすればいいのであろうか。一人が幸いにほほ笑むかげには、一人あるいは幾多の人が苦しむ事実。それをどうすればいいのであろうか。やむを得ぬ人生だといってしまえばそれまでであろうが、そんなに都合よくあきらめ得るものであろうか。またあきらめていいものでしょうか。真に人生全体の幸いを願い、善を願うものに悲しみ傷むべきことではないでしょうか。さらに進めていえば、生きていくためにはだれかに迷惑をかけねば生きていけず、他を害せずに自らを満足さすことのできぬ事実。無意識に表れる一言一句さえどんなに大きな波紋をつくるかわからぬ恐ろしさ。それをどうすることができよう。怒るまじと誓っても、怒りの心に敗け、一度の瞋恚は長の親しみを破り、一つの失言は解けぬ恨みとなって表れます。その怒りも恨みも失言も不真実も、たしなみ通すことのできぬわが心の貧しさ、弱さを思うときは、ついに人生に望みを断たれるときではなかろうか。われの破れ果つる日ではなかろうか。しかも望みなくして生き得ぬ人生、破れ果ててなお断ち難い我のいとしさと願い。望みなき心を抱いて望みの門をたたかずにはおれぬもののやるせなき悲しみであります。かの世の願いはそこに現れます。かの世があると知識して願うのではない。知識分別の有無を越えて願われるかの世であります。ゆえにかくて願わるる浄土は、知識上の存在するかいなかの問題には入らぬのであります。

苦悩する旧里を生ききろうとすれば、浄土を願わずにはおれない。けれど、それなら一日も早く参らせてもらいたいかといえば、いや、待ってくださいというこころが起こる。それほどわれわれは「よくよく煩悩の興盛にそうろう」、ほんとうに煩悩の妄執が強く盛んなのです。

娑婆の縁つきて、ちからなくしておわるとき

けれどはっきりしていることは、

なごりおしくおもえども、娑婆の縁つきて、ちからなくしておわるときに、かの土へはまいるべきなり。

ということです。娑婆とは我々の生きている世界のことですが、その意味は忍土、堪忍土とも訳されて、いろいろな苦悩を受けていかねばならない所ということです。そして、その娑婆にある命は、「なごりおしくおもえども、娑婆の縁つきて、ちからなくしておわる」といわれるように、ご縁のままのでき事です。心で生きたいと思って生きていけるわけでもないし、死にたいと思って死ねるわけでもないのです。ご縁のものですから、「なごりおしくおもえども、娑婆の縁」が尽きたら、まさしく終わらなくてはならない。しかもみんな命は終わるので、こころがけで、命が延び縮みするのではないのです。長命を願っても、「百までも生きたら友達いなくなる」という川柳のように、長生きがいいとも限らないのです。生も死もご縁のものですから、「ちからなくしておわるときに、かの土へはまいるべきなり」と、死はご縁に任すのです。任せて生きているのが事実ですから、その事実に任せばいいのに、なごりおしくおもう煩悩が、その事実に任さないのです。思うように死んでみたいという人もいますが、思うのは自由ですが、それはできない相談でしょう。命終わるのはご縁のものでしかも道理なのです。人は、死というところではみんな平等です。みんな死する生を生きているのです。吉川英治さんは、「このお盆に生きている全部の人は、単に、今年度の生き残り分に過ぎない」といわれたそうですが、いま生きているのは死の執行猶予中なのです。

榎本栄一さんの詩にこんなのがあります。「煩悩さま」という題です。

いのちおわるまでいっしょに暮らし
いずれ別れる煩悩なれば
いまは大事に見守ります。

煩悩をご縁にして、煩悩だと気づかせてもらえる教えに出遇う、それが南無阿弥陀仏の道です。だから「あす散るかもしれぬ娑婆の花ではあるが、精一杯咲かせていただく」と詩っていかれるのです。

それこそが「娑婆の縁つきて、ちからなくしておわるときに、かの土へはまいるべきなり」です。なぜそういえるかというと、南無阿弥陀仏の信心に賜る利益は、現生正定聚であるからです。現在に信心をいただけば、そのときに肉体的な死ではありませんが、自我に死して事実に生きるという道を賜るのです。自我に死んで、つまり煩悩と気づいて、事実に生き直していける力を賜るのが信心、信の一念です。その信の一念が歩むのです。なにをご縁にして歩むかというと、自我を縁にして歩む。煩悩をご縁にして、ああ、そうであったか、ああ、そうであったかと、こう気づかされて歩んでいくのです。

そしてほんとうに身そのものがなくなるときに、成仏という世界を賜る。現在成仏するといったらいい過ぎです。けれど未来に成仏するのだといったら、これはいい足らない。そうでなくて成仏は当来です。現生正定聚が親鸞聖人の明らかにしてくださった南無阿弥陀仏の教えです。それは、生きている間はいつでも煩悩の興盛が見え続けていけるということでしょう。命が長生きするというだけが救いではない。ただ命を長引かすだけならば、機械的に生きのびることになりかねません。「老人がふえる増えると聞く辛さ」といった人もいますが、長生のみが幸せではない。娑婆の縁尽きたときには「死ぬときは死ぬがよろしくそうろう」とうなずける、「娑婆の縁つきて、ちからなくしておわるときに、かの土へはまいるべきなり」と生きていけることが大事なのでしょう。死んでいけるということは生きていけるということです。念仏は、死にざまを気にすることから解放されて生きていく教えなのです。それで、

いそぎまいりたきこころなきものを、ことにあわれみたまうなり。

といわれます。そんなに急いで死にたいと思わない煩悩いっぱいのものをことにあわれみたまうのです。そして、

これにつけてこそ、いよいよ大悲大願はたのもしく、往生は決定と存じそうらえ。

といわれます。われわれのは、小悲小願です。あなたのためを思ってとか、あなたにこうしてあげたいとかいうのは、小悲です。しかもその小悲も徹底し尽くすことはできない。親鸞聖人の御和讃に、

小慈小悲もなき身にて　　有情利益はおもうまじ

如来の願船いまさずは　苦海をいかでかわたるべき

とあります。われわれの在り方は、小慈小悲すらない。それで一刻も早く如来の大慈大悲のこころに出遇うことが大事だといわれます。

だから、

踊躍歓喜のこころもあり、いそぎ浄土へもまいりたくそうらわんには、煩悩のなきやらんと、あやしくそうらいなましと云々

といわれる。踊躍歓喜のこころもあり、いそぎ浄土へもまいりたく思うのは、煩悩がないのであろうかとかえって不審に思われるといわれたのです。

いよいよ大悲大願はたのもしく

中日新聞の投書に、あるお寺の門前に墨書されていた詩が、

賜物の一日を、

われは生くるのみ。

苦は苦の色に、

輝くならん。

と出ていました。なるほどそうでしょうね。苦は好きだとはいえない。苦は嫌だが、嫌は嫌なりにそれをご縁にして輝いていきたいものだというのでしょう。

それから、「野菊」という題の詩もありました。

野菊が咲いている。
覆い隠さんばかりに覆い茂った草むらで
野菊が咲いている。
いつかその草たちといっしょに
刈り倒されるかもしれないあぜ道で、
ここで生まれたからここで咲いている。
ただそれだけのことなのと、
なんでもない顔をして、
あたりまえの顔をして、
あぜ道の草の中、
いま野菊が咲いている。

ここで生まれたからここで咲いている、そんなふうになかなかいえないのです。日向より日陰でよく咲く花もあるのに、もうちょっと日の当たるところだったら、もっとりっぱに咲いたのにと、そんなことばかりいっている私は、あたりまえの顔をしてそこで咲けるかどうか。しかしそのことのためにはわが思いに死んで事実に生きると信の初一念に帰らなければなりません。南無阿弥陀仏と頭が下がることを通して、煩悩の所為なり、煩悩の所為なりと、こう帰って生き直すことが大事なのでしょう。

もう一つ東井義雄先生の詩に、こういうのがあります。

なにもしてあげることがなく
できなくてすみません
ぽつりとそんなことを言う妻
なんにもしてあげることができなくてすまんのはこっちだ
なにもかも
着るものから食べ物からパンツの洗濯までしてもらってばっかりで
なんにもしてあげることができなくているのはこっちだ
しかも妻にすまんと言われるまで
すまんのはこっちだということさえ気がつかないでいた
こっちこそほんとうにすまん

それほどに「よくよく煩悩の興盛」なのです。しかしその「よくよく煩悩の興盛」を通して、「いよいよ大悲大願はたのもしく」と弥陀の誓願に帰っていくことができる。煩悩はなくなりませんが、煩悩を縁にして、煩悩の所為なりと気づいて、他力の悲願はかくのごときのわれらがためなりけりと帰ることができる。そういう「往生は決定」と存じる道を確かめながら歩んでいくのが南無阿弥陀仏の生活だというのです。

もちろんそのためには、繰り返し申しますが、第二条にありました、「ただ念仏」の信知がはっきりすることがさきです。しかし、一度はっきりしたら解決するのではなくて、「踊躍歓喜のこころもあり、いそぎ浄土へもまいりたくそうらわんには、煩悩のなきやらんと、あやしくそうらいなましと云々」と、聞法する中で、いよいよ煩悩の興盛を思い知らされながら、本願の念仏をいただいていく、これが信心の歩みだと教えられるのが、第九条です。

第十条　念仏には無義をもって義とす

（原　文）

一　「念仏には無義をもって義とす。不可称不可説不可思議のゆえに」とおおせそうらいき。そもそもかの御在生のむかし、おなじこころざしにして、あゆみを遼遠の洛陽にはげまし、信をひとつにして心を当来の報土にかけしともがらは、同時に御意趣をうけたまわりしかども、そのひとびとにともないて念仏もうさるる老若、そのかずをしらずおわしますなかに、上人のおおせにあらざる異義どもを、近来はおおくおおせられおうてそうろうよし、つたえうけたまわる。いわれなき条々の子細のこと。

（現代語訳）

「念仏には、人間の思慮分別がまじわらないことをもって、本義とします。なぜなら、念仏は言葉にあらわして、たたえることも説くことも考えることもできない法だからです」と、お聞きしました。
おもえば、かつて親鸞聖人がご存命のころ、同じ志で関東から京都まで身をはこび、信心の同一のもとに、まことの浄土へ生まれる身となった朋は、みな同じように聖人から教えの本意をお聞きしたが、その人びとについて念仏する老若のなかには、聖人の仰せにならないことをいいあう人も、最近は数多くいると聞いています。それらの誤りの一つひとつについて、詳しく述べていきます。

親鸞語録の結語

第十条は、読むとわかりますように、

「念仏には無義をもって義とす。不可称不可説不可思議のゆえに」とおおせそうらいき。

というところで、いちおう文章が切れています。第一条から第十条までは、各条の終わりが「と云々」「とおおせそうらいき」ということばになっています。ほとんど「と云々」ですが、「とおおせそうらいき」というところが二か所ありました。第三条とこの第十条です。それで、この「とおおせそうらいき」は、特に法然上人の教えの伝燈をそのまま受けていることばだと注目される先生もおられます。

前半の九条に比べますと、第十条は『念仏には無義をもって義とす。不可称不可説不可思議のゆえに』とおおせそうらいき」というわずか一行余りです。そして、

そもそもかの御在生のむかし、おなじこころざしにして、あゆみを遼遠の洛陽にはげまし、信をひとつにして心を当来の報土にかけしともがらは、同時に御意趣をうけたまわりしかども、そのひとびとにともないて念仏もうさるる老若、そのかずをしらずおわしますなかに、上人のおおせにあらざる異義どもを、近来はおおくおおせられおうてそうろうよし、つたえうけたまわる。い

われなき条々の子細のこと。

は、後半の歎異八条へつなぐ文章といえます。

『歎異抄』は、いちばん初めに序が置かれておりました。それから、第一条は、親鸞聖人の信心を表白した総説だと申しました。そして第二条で問答が置かれ、第九条でまた「念仏もうしそうらえども」という問答を設けて、この第十条で前半が終わります。そういうことからいえば、この第十条は、親鸞語録の結語だといえましょう。

その結語がまず「念仏には無義をもって義とす」です。「義」という字が二回あります。『親鸞聖人血脈文集』には、

義ということは、はからうことばなり。行者のはからいは自力なれば、義というなり。

といわれますから、初めの「無義をもって」の「義」は、いわゆる人間の分別、はからい、人知を指すといっていいでしょう。後の方の「義」は本義とするという意味ですから、後の「義」は仏智です。つまり、念仏にははからいのないのが本義であって、法義だというのが師訓十か条の結語なのです。だから、念仏に義を立てるはからいは異義になるのです。はからいというのは分けて考える分別です。分けて考えるところに人間の計算が入ります。はからいは人間心です。人間心は全部都合心で、主観です。念仏を主観、自分の頭でわかろうとするから、お念仏が響かないしいくら称えても安心できないのです。安心できないから、安心しようとはからうのですが、そのはからいはいくら重ねても、安心にはならないのです。

分別で見ているかぎり、ものの実相が見えません。つまりあるがままが見えないと、人にも物にも出遇えません。親鸞聖人は、『正像末和讃』に、

他力不思議にいりぬれば　義なきを義とすと信知せり

といわれます。他力不思議という厳然たる事実に頭が下がって、義とする人間心が正直にまちがいだと信知するのが念仏なのです。はからうという人間心が無効だという仏智を賜るのが、念仏の本義だというのです。

『プレジデント』誌に、江坂彰氏の『歎異抄』についての意見が出ていました。「サラリーマン時代の殺人」と小見出しのついた部分だけをちょっと読んでみます。

わたし自身、サラリーマン時代自分が昇進していく過程で、ずいぶん人を殺してきた。こいつは役立たないから不要だとか、この男は将来のライバルになりそうだからいまのうちに殺しておけ、これは気にくわないから、どっか地方へ飛ばせばいいなど、意識下の殺人はたえずやってきた。自分を引き上げてくれる上司にはすりより、自分を評価しない上役は露骨に警戒心をむき出し、スキあらばおっぱらおうとした。できればこの地上から消え去ってくれることを夢想した。じっさい人事権をにぎったときも、公平という面ではずいぶん悩んだ。人事は公平にすべしというが、当事者が私心を離れて公平にやることは不可能に近い。公平にやっているつもりでも、どこかに私心が入っている。身の安全のため、人を治すより殺す方に熱中している自分を知って、ひどく衝撃を受けたことがある。「わがこころのよくてころさぬにはあらず」。殺すも殺さぬも業縁であ

る。人を殺す悪の可能性を心に持つ我ら凡夫を救済するのが阿弥陀の慈悲である。

わたしは役員寸前で、トップの勢力争いに巻き込まれ、左遷されるというにがい体験をもっている。悲しみで心が騒いだ。こんなに懸命に会社のために頑張ってきたのにという無念さもあった。にわかに『歎異抄』が読みたくなった。声を出して読んでいるうちに、わたしをとばしたトップに対する怨念は、ふしぎなほど跡形なく消えていった。かりに立場が逆なら、わたしも又、自分を飛ばした上司をけ飛ばしてしまっただろう。殺すか殺さないかはほんのわずかの差でしかない。

仕事柄会社の人事担当者から、いろんな相談を受けるが、できるだけ『歎異抄』を読むことを勧めている。人の心の痛みがよくわかる。正直な話、わたしはサラリーマン時代、自身の能力を自慢するところがあり、人と組織を合理的、機能本位で考えすぎた。そういう人間はえてして他人の心の痛みのわからない、面白くないタイプになりがちである。いわば過剰な合理主義、機能主義者である。わたしがそういう欠点をもちながら、それにともかく歯止めをかけることができたのは『歎異抄』のおかげである。

考えてみればチンタラチンタラやっているように見えるサラリーマンも、上司にゴマをするだけが取り柄のサラリーマンも、昇進のため、妻子のために、泣きながらそれをやっている。必死になって生きようとしているのである。その人がその人なりに悩み、苦しみ懸命に生きているその部分を認めようとしない善意の悪ほど、やっかいなものはない。過剰な能力主義もやはり善意の悪である自分が会社のためといって、あるいは善意だと思って一生懸命やっていることでも、見直す眼が与えられれば、それは善意の悪でしかないのでしょう。人間の分別は、お互いどの人もこの人も精一杯考えているのです。けれど、どれほど一生懸命に考えても、結局それはあるがままではありません。自分の見たままで、感じたままなのです。それも自分のエコヒイキの感じたままです。だから、その見方はみな個人個人でばらばらです。そして、その見方も、その時の自分の都合で変わるのです。だから、私の都合心とあなたの都合心が合うことは少ないのです。それで、他のために精一杯いいようにはからっても、思うようにいかず、悪くなっていくこともあるのです。

念仏には無義をもって義とす

河合隼雄先生は、中日新聞に、

世の中にはほんとうに不幸な人がおられる。早く親に死に別れた人、思いがけない事故に遭った人、難病にかかった人、しかもそのようなことが繰り返される人、すこしでもうまく行きかけると次の不幸がやってくるのである。あまりのことに怒る気も嘆く気もなくなったと言われた人もある。そしてそれらはすべて本人の責任ではない。なにも悪いことをしていないのにと言われる人もある。このような人にお会いしていると、人間というものは不公平にできているなと思ったりする。それでもともに歩んでいると、また道が開けてくるのだが、ここではそんなたいへんな話ではなく、もうすこし身近な話をしてみよう。

ある男子の高校生が学校へ行かなくなった。本人は登校しなくてはと思うのだが、朝になると足がすくんで歩けなくなるような感じがする。両親もやきもきするがどうしようもない。本人は学校へ行かないだけでなく、昼夜が逆転してしまった。昼の間は眠ってばかりというほどになった。たまりかねて両親がそろって専門の相談機関を訪れた。そこでの話によると、父親は中学校を出ただけで働かねばならず、大いに苦労したが、なんとか頑張って自営の仕事を切り開き、まずまずといえるところまでやってきた。そこで自分の息子には同じような苦労をさせたくないと思い、大学卒の学歴をつけてやりたいと考えて、小学校のときから家庭教師をつけてやったりした。そのようにして子どもが苦労しないように、幸福になるようにと思ってしてやっているのに、親の心子知らずというべきか。子どもは学校に行かず、怠けているのはけしからんと父親は嘆くのである。

この話を聞いていると、父親としては、子どもの幸福のためにと願っていることがほんとうに子どもの幸福のためになっているのだろうかと考えさせられる。苦労をしないようにというが、たしかに中学校を出て、すぐ仕事をするのも苦労だが、家庭教師をつけられて、自分の意思におかまいなく勉強させられるのも苦労ではないかと思う。もちろん子どものときに苦労することは必要かもしれない。しかし人間にとって自分の意思を無視して押し付けられることは、いちばんの苦痛ではなかろうか。このような話を聞いて思うことは、せっかく幸福の道も用意されているのに、苦労して不幸の道を歩んでいるのではないかということである。こんなときこの父親が、自分のしていることを幸せ眼鏡なんてものをかけて見ると、はっと気がついて、子どものほんとうの幸せを自分はお金をかけて、努力して奪おうとしていることがよく見えてきたりするとほんとうに便利なのだが、などと思ったりする。

われわれおとなが子どものころは、物がない、学校に行きたくても行けないなど、何々がないという不幸が多かった。そこでどうしても物がある、学歴があるなどということを幸福と思い、それを追いかけ追いかけして、いろいろな物が手に入ったものの、はたしてそれがほんとうの幸福かという疑問が生じてきたといっていいだろう。そこでわれわれはこれまでのような単純な幸福感に立って、例に挙げた父親のように子どもの幸福を願って、かえって不幸に追い込むようなことをせずに、幸せ眼鏡を手に入れて、物事をもう一度見直してみることが必要と思われる。

と、書いておられました。

河合先生のいわれる幸せ眼鏡は、自分の考えている幸せが、ほんとうの幸せかどうかを見直させてくれる眼鏡のことでしょう。私の眼鏡はまちがっているのではないか。自分の眼鏡は主観の色眼鏡であったとハッと気づかせる教えを幸せ眼鏡というのでしょう。そういうことでいえば、「念仏には無義をもって義とす」というのは、幸せ眼鏡を一言でいいあらわす、一法句なのでしょう。

自分の眼鏡が間に合うと思っているうちは、念仏をいただけません。われわれの分別、はからいがすたるということが念仏申すということです。だから念仏について、こういう利益がある、こう理解するなどといろいろなことをいうけれども、いろいろいうその思いが全部すたったところが、南無阿弥陀仏だと。そういうのが「無義をもって義とす」ということでしょう。

その南無阿弥陀仏の教えについて、親鸞聖人は『正像末法和讃』で、

獲の字は、因位のときうるを獲という。得の字は、果位のときにいたりてうることを得というなり。名の字は、因位のときのなを名という。号の字は、果位のときのなを号という。自然というは、自は、おのずからという。行者のはからいにあらず、しからしむということばなり。然というは、しからしむということば、行者のはからいにあらず、如来のちかいにてあるがゆえに。法爾というは、如来の御ちかいなるがゆえに、しからしむるを法爾という。この法爾は、御ちかいなりけるゆえに、すべて行者のはからいなきをもちて、このゆえに、他力には義なきを義とすとしるべきなり。

自然というは、もとよりしからしむるということばなり。弥陀仏の御ちかいの、もとより行者のはからいにあらずして、南無阿弥陀仏とたのませたまいて、むかえんとはからわせたまいたるによりて、行者のよからんともあしからんともおもわぬを、自然とはもうすぞとききてそうろう。ちかいのようは、無上仏にならしめんとちかいたまえるなり。無上仏ともうすは、かたちもなくましします。かたちもましまさぬゆえに、自然とはもうすなり。かたちましますとしめすときは、無上涅槃とはもうさず。かたちもましまさぬようをしらせんとて、はじめに弥陀仏とぞききならいてそうろう。弥陀仏は、自然のようをしらせんりょうなり。この道理をこころえつるのちには、この自然のことは、つねにさたすべきにはあらざるなり。つねに自然をさたせば、義なきを義と

すということは、なお義のあるべし。これは仏智の不思議にてあるなり。といわれます。つまり、阿弥陀仏は、自然のありようをしらすはたらきであると、自然法爾ということばで「無義をもって義とす」ることがいわれます。

自然法爾の教え

自然法爾については、三つに分けて了解されてきました。まず本来のあるがままのことを無為自然といいます。あるがままにあるのが無為自然ですから、無碍自在のあり方をあらわします。ものが人間のはからいを超えてあるがままにある。水は低きに流れる。生あるものはかならず死する。みな因縁の道理のあるがままにある。人間の思わくや行動を超えて、真理のままにある、あるがままなのです。

それに対してわれわれの行為は業道自然です。これはあるがままからいえば、思うままということです。思うままに生きようとすれば、かならず思うままにならないこととぶつかる。それを自然というのは、自業自得としてあるからです。業、つまり行為の結果が必然する自然です。たとえば、時間待ちでたまたまパチンコ屋へ入ったら、予想以上に景品をもらった。そうすると次はすなおにその場を通れない。寄ってみようか。いや、そんなうまいことはそうは続かないから寄らないほうがいいなどと思う。うっかり寄ってどんと負けると、その次の時は負けた分を取り戻そうということになる。これも行為がもたらす自然の結果でしょう。自分のつくった業は、そのままた自分が引き受けていかなくてはならないようになっている。

それは、本来のあるがままからいえば、反自然的にあるともいえましょう。それで、あるがままの世界にあるものはあるがままへ帰らないかぎり、不安なのです。自然においてあるのですから、自然に帰れば安定するのです。それを思うままにしようとして自然から飛び出そうとするから落ちつけないのです。自然から飛び出せると思っているのは、業道にいる者のはからいなのです。「でも猿は核兵器など作らない」というように、思うままにしようとして、いよいよ思うままにならない世界を作り上げているのが、われわれ人間の生き方です。だから、落ち着くには本来へ帰るということが必要なのです。

ところがその本来のあるがままが受け取れないから、衣食住をはじめとして、いろんな行動をおこすのです。裸で出たのだから裸に帰るだけなのに、それが引き受けられない。それで衣装をたくさんほしくなる。それも同じ着るなら、いいものを着なければということになる。そして安く手に入れて人によく見えたらもっといいということになる。どれだけものがあっても死ぬときは裸なのに、着るもの一つも任すことができない。あるがままに任すことができないから、努力して思うままにしようとする。考えてみると、努力してあるがままから飛び出せば飛び出すほど帰るときは大変なのです。高いところへ上がったものほど落ちるときは苦しい。われわれのように低空飛行ばっかりしていると、落ちるときは比較的楽なのです。

いずれにしても、出たところへもう一度帰ってこなくてはならないのです。だから早く帰ればいいようなものですが、そうはいかない。しかし、もとへ帰らないかぎり落ち着きません。そういう意味では、落ち着かないところに、本来へ帰りたいという願いが埋もれている。その埋もれている願いに帰らせようというはたらきも自然としてある。そのはたらきをもう一つの自然、願力自然というのです。本来へ帰らしめる、無為自然のあるがままにあらしめるはたらきです。すべてを思い通りにしようとしていたことが本末転倒であったと、業道自然が見えてくる。これが阿弥陀仏のはたらき、願力自然なのです。

それは特別なところへ帰らせるのではない。本来へ帰るのです。だから念仏というのは、なにも特別な知識とか特別な構造とかを覚えて、助かるのではなくて、南無阿弥陀仏と申すことにおいて、私の本来へ、ほんとうに落ち行くところへ帰らせてもらう。どうなっても私は私でよかったというところへ帰らせてもらう。業道自然と教えられて、業道を尽くさせてもらうのが、願力自然のはたらきなのです。それで、「弥陀仏の御ちかいの、もとより行者のはからいにあらずして、南無阿弥陀仏とたのませたまいて、むかえんとはからわせたまいたるによりて、行者のよからんともあしからんともおもわぬを、自然とはもうすぞとききてそうろう」と、いわれるのです。

足るとか足らんとか、済んだとか済まんとか、損したとか得したとか、善いとか悪いとかと一々義をたてるわれわれに、「南無阿弥陀仏とたのませたまいて、むかえんとはからわせたまいたる」のが弥陀の願力自然なのです。だから、いろいろいっても、「南無阿弥陀仏とたのませたま」う願力自然の念仏によって、そういうはからいのすべてが無効としらされる。願力自然が業道のはからいを転じて、無為自然に帰らしめる。それではからいの無いこと、無義であることが念仏の本義であって、それこそ仏智だといわれるのです。

だから仏智は人間の分別にたいして無分別智だと教えられます。その無分別智に出遇うのが南無阿弥陀仏とたのませたまうということだと。あるがままをあるがままと見て、あるがままに帰らしめるようなはたらきが南無阿弥陀仏なのです。それで親鸞聖人は、『教行信証』に善導大師の文を引いて、仏に従いて逍遙して自然に帰す。自然はすなわちこれ弥陀の国なり。

と、つまり自然こそ弥陀の国だといわれるのでしょう。

不可称・不可説・不可思議

その次に、

「不可称不可説不可思議のゆえに」とおおせそうらいき。

といわれます。仏智は実相、自然法爾として本来へ帰らしめるはたらきを持つから、念仏は無義をもって本義とするのです。だから、無義をもって義とする念仏は不可称不可説不可思議だといわれるのです。不可称の称は、はかるという意味と讃えるという意味があります。だから不可称というのは、実相のままに、あるがままに、私のことばで表現することは不可であって、たたえることはできないというのです。はかりの支点に自分を置き褒め殺しまでする人間に、仏智の南無阿弥陀仏を純粋にははかりたたえることなどできないのです。そういうことからいえば、私のはかりは間に合いませんでした、たたえることも不可能でしたと頭が下がったときに、はじめて無義の念仏に遇うのであって、いうならば懺悔しかないということなのです。それで、念仏ははかることとたたえることができない、不可称なのです。

同じようなことが不可説です。説きつくすことができない。人間が説くのは相対であって、私心が混じっているから偽にさえなる。だから説教は仏さましかできないのです。われわれは、時たま説教者といわれることがありますが、人間はお伝えするのがいいところ、それも自分流にしか伝えられません。仏さまのことばのままにお伝えするというようなことはできないことです。だから自分流にしかお伝えできませんと、教えられたこと聞いたことをお話させていただいてご叱咤いただくより手がないのです。

では、わからないのかというと、わからないということではないのです。南無阿弥陀仏は自然のようを知らせるのですから、これは明々白々な世界です。けれども、その自然を自分の智慧才覚の思わくの中で語ろうとすると、語れないのです。つまり、人間の思議を越えているというので不可思議というのです。思議というのもはからいです。そのはからいが不可というところではじめて南無阿弥陀仏に出遇い、あるがままに帰らせてもらえるのです。

だから仏さまの心がわかったときは、自分のはからいがわかったときです。自分が説いたりはかったり考えたりしていることが一つも間に合わないことであったと、ほんとうに不可であることに気がついたときが、仏さまに出遇えるときであって、それが念仏なのです。

それで、親鸞聖人は「信巻」に、

ただこれ不可思議・不可称・不可説の信楽なり。

と、念仏の信心についても不可思議不可称不可説といわれ、つづいて、

如来誓願の薬は、よく智愚の毒を滅するなり。

といわれます。念仏にたまわる信心の智慧は、智愚の毒を滅するといわれる。人間のはからいは、智も愚も毒といわれる。われわれは愚かなのは毒だが、賢いのは毒でないと思っているでしょう。けれど、人間はいかに賢いといっても、その賢い全体が分別ですから毒なのです。自分は聞いている、自分は知っている、自分はできているといって平気で他を切り捨てていきます。自分が正義だと思うと、正義でないとおもうものは問題にもしません。自分が正しいといったら、他はまちがっていると思うから、妻であろうと息子であろうと親であろうと、否定していくのです。

だから人間の智には、毒が混じるのです。ほんとうの正義なら、他を否定したり切り捨てる必要はない。正義はいずれわかるのですから、任せればいいのです。ところがそうはいかない。人間の智は思議ですから、正義といった途端に切り捨てていくものを持っている。人間の智が不完全であるからダメというのではない。見通しが甘かろうと厳しかろうと、思議である限り智も愚も毒なのです。人間の智には、毒が入っているということを押さえて、思議を越えている、不可思議だというのです。

ただしここでいう不可思議は、一切不可思議なのです。ある部分の不可思議ではない。われわれが不思議だなというのは、ある部分だけです。不思議な夢を見たとか、不思議なことがあったとかいい

ますが、それは二三のことでしょう。二つや三つを不思議というのは迷信です。仏法で不思議というのは、一切不可思議であることをいうのです。だから「念仏には無義をもって義とす。不可称不可説不可思議のゆえに」というのは、南無阿弥陀仏はわれわれの思わくを全部越えた無心の表現だというのです。無心をわれわれに実現するのが南無阿弥陀仏の教えだというのです。だから、念仏する私に義はないのです。

不可称不可説不可思議は、ことばもたえたりということでしょう。ことばもたえたりでは、いうてみようもないしわかってみようもないではないかというが、無心にふれた感動があるから、無限に表現できるのです。『教行信証』の「行巻」に弥陀の誓願を讃嘆する喩えがあります。まず、

> 敬いて一切往生人等に白さく、弘誓一乗海は、無碍、無辺、最勝、深妙、不可説、不可称、不可思議の至徳を成就したまえり。何をもってのゆえに、誓願不可思議なるがゆえに。

といわれ、ありとあらゆるものの中に不可思議のはたらきを感得することができるとして二十八の喩えが出ます。まず、

> 悲願は、たとえば、太虚空のごとし、もろもろの妙功徳広無辺なるがゆえに。なお大車のごとし、あまねくよくもろもろの凡聖を運載するがゆえに。

と始まって、以下続きますが、そこには、自然界、道具類、あるいは父母などの人間関係の中に、誓願の不可思議のすばらしさを感ずることができると、書かれています。

だから不可称、不可説、不可思議といったら、なんにもわからないということではない。念仏に無

心を感ずれば、誰にでも大いにわかる。しかし、われわれの小賢しい口でたたえたり、説いたり、考えを巡らすと、仏智を浮き彫りにせずに、小さく狭い、そして個人の独断と偏見の入ったものにしてしまう。あるがままはあるがままに、そのままはそのままに任せて、そこからそれぞれのご縁に従って、不可称不可説不可思議と頂戴していく、それが南無阿弥陀仏の教えだというのでしょう。だから、不可称不可説不可思議はわからないことではなくて、わかる必要のないほど明々白々のことなのです。

はからいを入れる必要のない世界

『正像末和讃』には、

五濁悪世の有情の　選択本願信ずれば
不可称不可説不可思議の　功徳は行者の身にみてり

とあります。

だから無義をもって義とする念仏は、南無阿弥陀仏を、南無阿弥陀仏のままに頂戴することです。念仏すれば、病気が治るとか、いいことが来るとか、一つぐらいは思うようになるだろうとか、この世ではダメでもあの世へ行ったらいいところへ行くのだろうとか、そんな私見をつけるのではない。そういう私見、一切のはからいが寂滅したのを、不可称不可説不可思議の功徳というのでしょう。一々のはからいを入れる必要のない世界を感じるのは、このうえない幸せでしょう。思うようにならないと、幸せを感じられない世界は狭いし不幸です。思いを越えて不可称不可説不可思議とうなずく世界は、広いでしょう。そういうはからいのない広く深い世界に出遇う南無阿弥陀仏の教えを「選択本願信ずれば、不可称不可説不可思議の、功徳は行者の身にみてり」と讃嘆しておられるのです。念仏は、いつでも不可称不可説不可思議なのです。その不可称不可説不可思議を、南無と頭が下がることを通して、不可称不可説不可思議のままに信知したら、不可称不可説不可思議の無量の功徳をたまわると。その事実にうなずくのが念仏申すことだと、こう教えていただいているのです。

中日新聞に「人間」という題のこんな歌が出ていました。

生まれ出るとき赤子は激しく泣き叫ぶ。
その瞬間から始まるなにかを予期するかのように。
生まれたばかりの赤子は、
その小さな指を固く固く握り締めている。
目には見えないなにかを逃さないでいるかのように。
やがて視界を持った赤子は、
目に入るものすべてを見たがる。
口に入れたがる。
知らなくてもいいことがたくさんあることも知らずに。
いまの私は見たくないものを見たり、
知りたくもないことを味わったり、

ふいにほおをぬらしたりする。
いつしかこんなに大きくなってしまった。
人間ていったいなんだろう。
人々は言う。会うごとに、
あら、お出かけですか。どちらへと。
それで終わっているのです。「あら、お出かけですか。どちらへ」と。あっちがいい、こっちがいいと分別して、自分の都合のいいほうへばかり行っております。「キャデラック乗るには乗ったが霊柩車」という川柳がありましたが、義を立てて、あっちがよかった、こっちがよかったといっていると、気がつくと「間もなく終点の火葬場です。どなたさまもお忘れもののなきようにお降りください」というこ とになっているのでしょう。「あら、おでかけですか。どちらへと」と聞かれたとき、ここにあるままが不可称不可説不可思議に出遇いに行くといえるでしょうか。
新聞の投書に、
百花みな香りあるがごとく、
人の世の人の仕種、
みな香りあり
ということばがありました。不可称不可説不可思議は、「百花みな香りあるがごとく、人の世の人の仕種、みな香りあり」といただくことでしょう。ところがわれわれは、あのにおいは好きだけれど、これは嫌いなどといって、もう香りをかがないでしょう。はからいで臭気芬々と生きているのです。そうでなくて、みな香りありでいいではないか、はからいをはなれよと教えられる。それが、無量の功徳をたまわる不可称不可説不可思議の念仏の教えであるといわれるのです。

異義の八か条の序

こうして第一条の「弥陀の誓願不思議にたすけられまいらせて」から始まって、念仏者の人間関係の問題、念仏者自身の問題が展開され、第九条の「念仏もうしそうらえども」という問いのところまで念仏に遇った生活が深められてきました。そうしていちばん最後に「念仏には無義をもって義とす」とまとめられたのです。不可称不可説不可思議の世界に立ち返らせてもらう。そういう教えに出遇わせてもらうことこそ、最高の功徳なのだと。だから「念仏には無義をもって義とす。不可称不可説不可思議のゆえに」といわれるのです。これが南無阿弥陀仏の極意だと教えてくださるのです。『歎異抄』の前半はこの「とおおせそうらいき」で終わります。親鸞聖人の教えが十条にまとめられているのでこれを師訓十か条といいます。親鸞語録です。親鸞語録は、不可称不可説不可思議で終わるのです。

こうして親鸞語録である「師訓十か条」が終わって、

そもそもかの御在生のむかし、おなじこころざしにして、あゆみを遼遠の洛陽にはげまし、信をひとつにして心を当来の報土にかけしともがらは、同時に御意趣をうけたまわりしかども、そのひとびとにともないて念仏もうさるる老若、そのかずをしらずおわしますなかに、上人のおおせにあらざる異義どもを、近来はおおくおおせられおうてそうろうよし、つたえうけたまわる。いわれなき条々の子細のこと。

といわれます。

「そもそもかの御在生のむかし」からあとは後半の歎異八条へのつなぎになるのです。「御在生のむかし」というのは、親鸞聖人がおられたころを指しています。「おなじこころざしにして、あゆみを遼遠の洛陽にはげまし」、おなじこころざしというのは、念仏を申すものとして、不可称不可説不可思議とうなずく同朋がということです。洛陽は京都のことをいうのですが、もとは中国の昔の都があった所で、それにちなんで京都を洛陽というのです。いまでも京都のことは洛という字を使います。洛中洛外とか上洛とかいうでしょう。遼遠は遠い。関東から十余か国のさかいを越えて、遠い京都まで身命をかえりみずして歩いてきたことをいうのです。

「信をひとつにして心を当来の報土にかけしともがらは」、当来の報土、これも大事なことばです。報土はお浄土ですが、未来といわずに当来という。未来ならまだ来ないという意味ですが、当来はまさに来るべきところということです。浄土の門がここに開けていることをひたすら求めてきたというのです。「同時に御意趣をうけたまわりしかども」、共に上洛して同じように親鸞聖人からお話を聞いた。また聞きではなくて、直に生きた言葉を生き生きと聞いたのです。「そのひとびとにともないて念仏もうさるる老若」、その尋ねた人たちの弟子ということですから、親鸞聖人からいえば、孫弟子になる。若い人もいるし、お年を召したかたもおられた。「そのかずをしらずおわしますなかに」。そういうたくさんたくさんのかたがたがおられる中に、「上人のおおせにあらざる異義どもを」親鸞聖人のおっしゃらなかった異義が出てきた。親鸞聖人から聞いた法義と、関東で孫弟子たちが了解する法義とは全く違うようになってきた。無義の教えに、義を立てる異義の人々がでてきた。異義は人間のはからいにあう義ですから、伝わるのも早いのでしょう。それで、最近は異義をたくさん耳にするようになった。「近来はおおくおおせられおうてそうろうよし」、ああでもない、こうでもないと人間心にあう声が、向こうで上がりこっちで上がり、口々にいいあうようになってきた。そういう「いわれなき条々の子細」、親鸞聖人がおっしゃりもしなかった、根拠のない異義の条々を挙げると唯円大徳はいわれて、八か条にまとめてこのあとに述べていかれるのです。異義はいろいろあったのでしょうけれども、大きくまとめたら、この後の八カ条になるということでしょう。

だから『歎異抄』という書物の題目の文字どおりにいえば、後半のほうがその名にふさわしいのです。けれども実際には後半よりも前半がよく読まれております。それは歎異の基礎になるような親鸞聖人のことばが置かれているからです。しかもそのことばは、親鸞聖人の単なる仰せではなくて、唯円大徳の懺悔となり血肉になった親鸞聖人のことばです。唯円大徳がいくつになっても親鸞聖人のおかげといえる、唯円大徳の御信心となって唯円大徳を歎異させ唯円大徳を生き生きさせてきたことば、つまり「耳底にとどまるところ、いささかこれをしるす」という内容をもっているのが前半の十条であったのです。だから前半は特によく読まれているのです。

松井憲一（まつい　けんいち）

1940年、三重県に生まれる。1967年大谷大学大学院博士課程修了。大谷大学助手を経て、大谷大学非常勤講師。1998年、真宗大谷派道専寺住職35年を経て退職。同年４月より京都洛北で道光舎を主宰する。

著書　「願いに生きる」「大人の相」「あるがまま」「みな光る」「覚める」「豊かに生きる」「親鸞教徒の仏跡参拝」（白馬社）「聞法―（現代の聖典に学ぶ）」（大垣教区）など多数

住所　京都市北区紫野上御所田町55

歎異抄講話　上
聖人のつねのおおせ

二〇〇一年八月二〇日　初版第一刷発行

著　者　松井憲一
発行者　西村七兵衛
発行所　株式会社　法藏館
京都市下京区正面通烏丸東入
郵便番号　六〇〇-八一五三
電話　〇七五-三四三-〇〇三〇（編集）
　　　〇七五-三四三-五六五六（営業）

印刷・製本　亜細亜印刷

ISBN 4-8318-7808-1 C0015